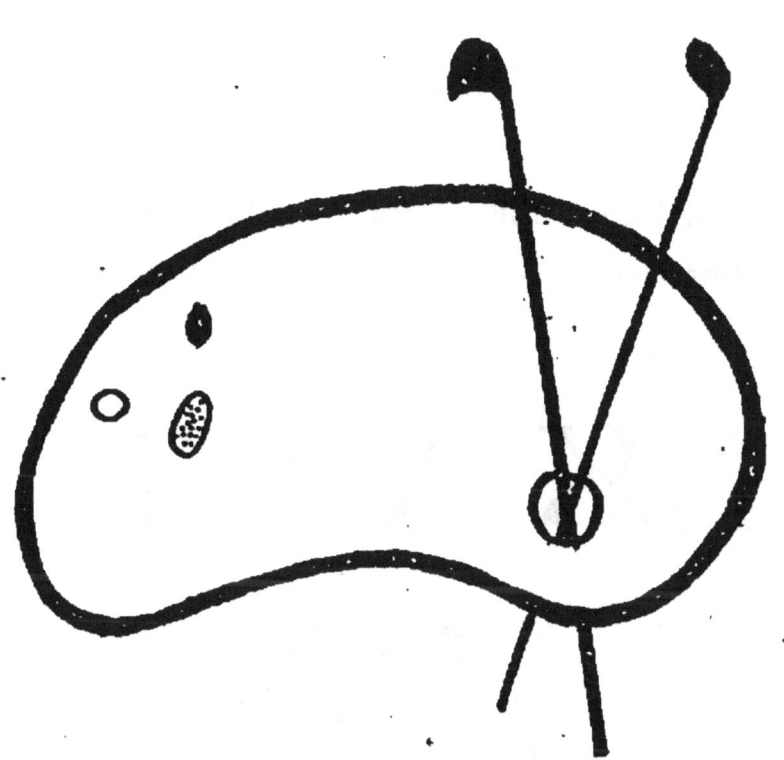

**COUVERTURE SUPERIEURE ET INFERIEURE
EN COULEUR**

COLLECTION COURONNÉE
PAR LA SOCIÉTÉ NATIONALE D'ENCOURAGEMENT AU BIEN

LES GRANDES IDÉES MORALES ET LES GRANDS MORALISTES

PAGES CHOISIES

PAR

J. VAUDOUER | **L. LANTOINE**
PROFESSEUR AU LYCÉE FÉNELON | PROFESSEUR AU LYCÉE RACINE

KANT

PARIS
Librairie d'Éducation nationale
ALCIDE PICARD ET KAAN, ÉDITEURS
11, RUE SOUFFLOT, 11

Propriété réservée.

A LA MÊME LIBRAIRIE

LUDOVIC CARRAU. — Notions de Morale. 1 vol. in-8 broché	2 75
Relié toile	3 »
J. VAUDOUER. — Lectures morales et littéraires. 1 vol. in-18. Relié toile	1 80
ROCHEROLLES. — Grammaire, langue française et littérature.	
Cours préparatoire. 1 volume in-18 cartonné	0 50
Livre du maître. 1 vol. in-18, relié toile	1 50
Cours élémentaire. 1 volume in-18 cartonné	0 75
Livre du maître. 1 vol. in-18, relié toile	2 »
Cours moyen. 1 volume in-18 cartonné	1 25
Livre du maître. 1 volume in-18 relié toile	2 50
ROCHEROLLES et PESSONNEAUX. — Cours supérieur de Grammaire, langue française et littérature. 1 vol. in-18 cartonné... 2 25 Relié toile	2 60
Livre du maître. 1 volume in-18 relié toile	5 »
DRIAULT. — Exercices de Grammaire en rapport avec le Cours supérieur. 1 volume in-18 cartonné.... 0 90 Relié toile	1 25
Livre du maître. 1 vol. in-18, relié toile	2 50
J. PORCHER, A. BESSOU, A. PERRIN, J. VAUDOUER. — Précis d'Histoire de la Littérature Française. 1 fort vol. in-18 broché. 3 » Relié pleine toile	3 50
A. BESSOU et G. ELWALL. — Morceaux choisis d'auteurs français du XIIᵉ au XXᵉ siècle (prose et poésie). 1 vol. in-18 relié pleine toile	3 »
LA FONTAINE. — Fables et choix de Poésies diverses. Édition annotée par J. BERTHET, professeur au lycée Condorcet. 1 fort vol. illustré de 18 compositions d'OUDRY, broché.... 2 60 Cartonné classique. 3 » Relié pleine toile	3 50
J.-J. ROUSSEAU. — Morceaux choisis. Introduction et notes, par V. SCHROEDER, professeur au lycée Carnot. 1 fort vol. illustré de 23 compositions, broché	2 60
Cartonné. 3 » Relié pleine toile	3 50
DELAPIERRE et De LAMARCHE. — Exercices de mémoire. Morceaux de prose et de poésie empruntés aux classiques.	
Cours élémentaire. 1 volume in-18 cartonné	0 30
Cours moyen. 1 volume in-18 cartonné	0 60
Cours supérieur. 1 volume in-18 cartonné	0 80
J. VAUDOUER. — Lectures expliquées. Lecture expressive. Prose. Poésie. Explication du texte. Remarques grammaticales. 1 vol. in-18 cartonné	0 60
FÉNELON. — De l'Éducation des filles, avec introduction, notes et commentaires, par G. COMPAYRÉ. 1 vol. in-18 broché. 1 50 Relié toile	2 »
BURLE. — L'Histoire nationale racontée aux enfants. 1 vol. in-16 cart.	0 75
EDGAR ZEVORT. — L'Histoire nationale racontée aux adolescents. 1 fort volume in-4°, cartonné	1 25
Ces deux volumes sont publiés sous la direction de M. EDGAR ZEVORT, Recteur de l'Académie de Caen.	
CAMUS. — Lectures historiques sur l'histoire nationale (1789-1900). 1 vol. in-12, relié toile souple	3 50
E. COMBETTE. — Arithmétique, Système métrique et Géométrie.	
Cours élémentaire. 1 volume in-8 cartonné	0 80
Problèmes et Exercices complémentaires. 1 volume in-18 cartonné	0 45
Cours moyen et supérieur. 1 volume in-18 cartonné	1 60
Livre du maître. 1 volume in-18 cartonné	2 50
COMBETTE et CUISSART. — Choix de problèmes donnés dans les examens 1 volume in-18 cartonné	1 25
Livre du maître. 1 volume in-18 cartonné	3 50
EDMOND PERRIER. — Éléments de Sciences physiques et naturelles. 1 volume in-18 cartonné	0 75
MARCHEF-GIRARD. — Cours d'Économie domestique. 1 vol. in-18 broché	2 25
Relié toile	2 60
LIEBERMANN. — L'Allemand enseigné. Lecture, écriture, prononciation. Méthode pratique en 4 cahiers. Le cahier	0 40
EAST. — L'Anglais enseigné. Lecture, écriture, prononciation. Méthode pratique en 3 cahiers. Le cahier	0 40

LES GRANDES IDÉES MORALES ET LES GRANDS MORALISTES

———

CET OUVRAGE

DONT LA PROPRIÉTÉ EST RÉSERVÉE, A ÉTÉ DÉPOSÉ

AU MINISTÈRE DE L'INTÉRIEUR

A LA MÊME LIBRAIRIE

Les Grandes Idées Morales
et les Grands Moralistes

Collection couronnée par la Société nationale d'Encouragement au Bien

PAGES CHOISIES
PAR

J. VAUDOUER | **L. LANTOINE**
Professeur au Lycée Fénelon. | Professeur au Lycée Racine.

LA PHILOSOPHIE MORALE AU XIXe SIÈCLE. — L'humanité; la solidarité. 1 volume in-12, cartonné............ 1 50
LA PHILOSOPHIE MORALE AU XVIIIe SIÈCLE. — Le droit; la justice; la tolérance. 1 volume in-12, cartonné... 1 50
PLATON. — Le sentiment de l'idéal; la justice; le châtiment. 1 volume in-12, cartonné...................... 1 »
ARISTOTE. — La vertu et le bonheur; l'amitié; les vertus pratiques; l'éducation. 1 volume in-12, cartonné.. 1 »
BOSSUET.. Pages choisies. 1 volume in-12, cartonné. » 50
DESCARTES   —   1 volume in-12, cartonné. » 60
NICOLE....   —   1 volume in-12, cartonné. » 50
MONTAIGNE   —   1 volume in-12, cartonné. » 50
PASCAL....   —   1 volume in-12, cartonné. .» 60
SOCRATE. — Les lois non écrites; la famille; le travail; la Providence. 1 volume in-12, cartonné............ » 50
LES STOÏCIENS : ÉPICTÈTE, MARC-AURÈLE. — Le devoir; la liberté; la force d'âme; l'amour des hommes. 1 volume in-12, cartonné................................ » 60
KANT. — Le devoir absolu; le respect; la personne morale; le mensonge; les croyances nécessaires impliquées par la vie morale. 1 volume in-12, cartonné,............ 2 50

COLLECTION COURONNÉE
PAR LA SOCIÉTÉ NATIONALE D'ENCOURAGEMENT AU BIEN

LES GRANDES IDÉES MORALES ET LES GRANDS MORALISTES

PAGES CHOISIES

PAR

J. VAUDOUER **L. LANTOINE**
PROFESSEUR AU LYCÉE FÉNELON PROFESSEUR AU LYCÉE RACINE

KANT

PARIS
Librairie d'Éducation nationale
ALCIDE PICARD ET KAAN, ÉDITEURS
11, RUE SOUFFLOT, 11
—
Propriété réservée.

M. J. LACHELIER

Membre de l'Institut
Inspecteur général honoraire de l'Instruction publique.

HOMMAGE

de respectueuse reconnaissance.

KANT

PRINCIPAUX OUVRAGES A CONSULTER (1)

Nous ne saurions trop reconnaître combien nous devons à MM. E. Boutroux, V. Delbos, H. Lachelier, dont les travaux nous ont été d'un si grand secours.

Parmi les traductions, nous avons consulté, pour l'ensemble des ouvrages de Kant, la traduction Barni. Pour les *Fondements de la Métaphysique des Mœurs*, nous avons pris pour guide la traduction de M. H. Lache-

---

(1) E. Boutroux, *Revue des Cours et Conférences*, année 1900-1901. Cours sur la morale de Kant (Société française d'imprimerie et de librairie). — *Questions de morale et d'éducation* (Les morales scientifiques). Paris, Delagrave, 1895. — *Études d'Histoire de la Philosophie*. Paris, Alcan, 1897.

V. Delbos, *la Philosophie pratique de Kant*. Paris, Alcan, 1905.

Kuno Fischer, *Geschichte der neuern Philosophie* (t. IV et V de l'édition du jubilé). Immanuel Kant und seine Lehre, Heidelberg, 1899.

Borowski, *Darstellung des Lebens und Charakters Immanuel Kant's*. Kœnigsberg, 1804.

Bulletin de la Société française de philosophie, Séance commémorative du centenaire de la mort de Kant, 4e année, n° 5, mai 1904. Paris, librairie Armand Colin.

Fondements de la Métaphysique des Mœurs, traduction nouvelle, par H. Lachelier. Paris, Hachette, 1904.

Éléments métaphysiques de la Doctrine de la vertu, traduction Barni. Paris, Durand, 1855, Alcan.

Critique de la Raison pratique, traduction Picavet. Paris, Alcan, 1888.

lier. Il serait bon d'étudier, si l'on veut d'abord avoir une connaissance générale de la morale de Kant, l'introduction placée en tête de ce volume.

Nous avons consulté aussi, pour la *Critique de la Raison pratique*, la traduction de M. Picavet.

Le choix des morceaux contenus dans ce recueil nous a été singulièrement facilité par la bienveillance éclairée de M. Mortreuil, qui a bien voulu nous guider, dans les recherches que nous avons dû faire à la Bibliothèque nationale, pour ce volume de notre collection comme pour les précédents. Qu'il nous permette de lui adresser ici le témoignage de notre gratitude.

BIOGRAPHIE DE KANT [1]

« Kant a vécu jusque dans un âge très avancé, et jamais il n'est sorti de Kœnigsberg; c'est là qu'au milieu des glaces du Nord il a passé sa vie entière à méditer sur les lois de l'intelligence humaine. Une ardeur infatigable pour l'étude lui a fait acquérir des connaissances sans nombre. Les sciences, les langues, la littérature, tout lui était familier; et, sans rechercher la gloire, dont il n'a joui que très tard, n'entendant que dans sa vieillesse le bruit de sa renommée, il s'est contenté du plaisir silencieux de la réflexion. Solitaire, il contemplait son âme avec recueillement; l'examen de la pensée lui prêtait de nouvelles forces à l'appui de la vertu, et, quoiqu'il ne se mêlât jamais avec les passions ardentes des hommes, il a su forger des armes pour ceux qui seraient appelés à les combattre.

« On n'a guère d'exemple que chez les Grecs d'une vie aussi rigoureusement philosophique, et déjà cette vie répond de la bonne foi de l'écrivain. A cette bonne foi la plus pure, il faut encore ajouter un esprit fin et juste, qui servait de censeur au génie quand il se laissait emporter trop loin. C'en est assez, ce me semble, pour qu'on doive juger au moins impartialement les travaux persévérants d'un tel homme ». (Mme DE STAEL, *De l'Allemagne*.)

C'est en ces termes que, six ans après la mort de Kant (en 1810), Mme de Staël, dans son livre célèbre *De l'Allemagne*, rendait hommage à ce grand philosophe.

Quelques indications biographiques pourront servir à compléter ce portrait.

Kant était né à Kœnigsberg, le 22 avril 1724. Ses parents étaient d'humbles artisans, d'une probité et d'une droiture parfaites. Sa mère surtout, qu'il eut le malheur de perdre bien jeune, était une femme d'un grand cœur et d'un esprit élevé. A plusieurs reprises, le philosophe

---

[1] Voir V. DELBOS, *la Philosophie pratique de Kant*, p. 34 à 54.

rendit témoignage à l'éducation qui lui avait été donnée au foyer paternel (1). Kant fit ses études à Kœnigsberg, d'abord au collège Frédéric, sous la direction de Franz Albert Schulz, théologien remarquable par son savoir et sa piété; puis, à l'Université. Après avoir pris ses grades, il dut, pendant neuf ans, quitter sa ville natale, pour remplir, dans différentes familles nobles de la province, les fonctions de précepteur. Son ambition était d'enseigner un jour à l'Université. Il y obtint un poste en 1755; mais ce ne fut que plus tard qu'il parvint, successivement, et après une longue attente, aux plus hautes fonctions universitaires. Dès cette année 1755, sa vie tout entière fut consacrée à ses travaux scientifiques et philosophiques, soit qu'il enseignât, soit qu'il écrivît. Le labeur auquel il s'astreignait était prodigieux; presque aussi remarquable était l'inflexible régularité qui présidait à l'emploi de sa journée. Invariablement, en toute saison, Kant se mettait au travail le matin à 5 heures précises, et ne se permettait quelque délassement, au milieu du jour, que pour reprendre pendant toute la soirée. Cette activité et cette régularité rigoureuse expliquent en partie comment, dans une période relativement courte, de 1781 à 1797, Kant a pu produire tant d'ouvrages qui portent la marque d'une pensée si puissante.

Le livre qui rendit tout à coup célèbre son nom, inconnu jusqu'alors, fut la *Critique de la Raison pure* (1781). Cet ouvrage contenait toute une philosophie nouvelle, dont les *Prolégomènes à toute métaphysique future* (1783) furent

---

(1) Kant disait :

« Je n'oublierai jamais ma mère; c'est elle qui a semé et développé en moi les premiers germes du bien; elle a ouvert mon âme aux impressions de la nature; elle a éveillé et étendu mes idées, et ses leçons ont exercé une influence salutaire sur ma vie tout entière. »

Il disait aussi :

« Mes parents étaient de simples artisans. C'étaient des modèles de probité, d'ordre et de dignité morale. Ils ne m'ont point laissé de fortune (ni de dettes); mais ils m'ont donné une éducation qui, au point de vue moral, n'aurait pu être meilleure, et pour laquelle, chaque fois que mon souvenir s'y reporte, je me sens pénétré à leur égard de la plus profonde reconnaissance. »

l'explication et le complément. Puis, vinrent les traités de morale :

Les *Fondements de la Métaphysique des Mœurs*, en 1785.
La *Critique de la Raison pratique*, en 1788.

Enfin, en 1797, la Théorie du Droit et la Théorie de la Vertu parurent sous le titre commun de *Métaphysique des Mœurs*.

Dans l'intervalle, en 1790, Kant avait publié la *Critique du Jugement*.

Un peu plus tard, quatre articles qu'il avait écrits sur les rapports de la religion et de la philosophie l'exposèrent à de mesquines tracasseries de la part du roi Frédéric-Guillaume II. A la mort de celui-ci, Kant, ayant recouvré sa liberté d'action, réunit ses articles en un volume intitulé : *De la Religion dans les limites de la pure raison* (1794).

Son dernier livre, *l'Anthropologie*, parut en 1798.

Déjà, l'année précédente, Kant avait dû renoncer à l'enseignement ; toutefois, pendant les années qui suivirent, il travailla encore à un dernier ouvrage. Il s'éteignit le 12 février 1804, à l'âge de quatre-vingts ans.

FONDEMENTS DE LA MÉTAPHYSIQUE DES MOEURS

INTRODUCTION.

Sommaire.

Au début de l'introduction des *Fondements de la Métaphysique des Mœurs*, Kant rappelle que les anciens divisaient la philosophie en trois parties : la *Physique*, la *Morale* et la *Logique*.

La Logique est la connaissance des lois de l'esprit indépendamment de tout objet défini; la Physique (et par là il faut entendre l'ensemble de ce que nous appelons les sciences, y compris la métaphysique), est la connaissance des lois de la nature ; la Morale est la connaissance des lois de la liberté.

Telle est aussi la division adoptée par Kant. Mettant à part la Logique, il compare entre elles la Physique et la Morale. La philosophie de la nature, de même que la philosophie morale, se compose de deux parties : une partie purement rationnelle, qu'on nomme *Métaphysique*, et une partie empirique, c'est-à-dire fondée sur l'expérience. Laissant de côté la philosophie de la nature, Kant se demande ce que doit être une philosophie morale. Il ne faut pas qu'elle soit un mélange confus de principes rationnels et d'observations tirées de l'expérience. Mais, si l'on veut que la morale ait quelque autorité, il faut absolument dégager ses principes, qui sont *a priori*, et dont la science constitue une *Métaphysique* (2), de ce que

---

(1) Voir H. LACHELIER, *Fondements de la Métaphysique des Mœurs*. Traduction nouvelle. Notes, p. 2, 3, 8. — V. DELBOS, *la Philosophie pratique de Kant*, p. 302, 315.

(2) Le mot *métaphysique* signifie : connaissance de ce qui est *au delà* de la *nature*.

peut nous apprendre l'observation de la nature humaine, observation qui donne lieu à une sorte de connaissance que Kant appelle *Anthropologie* (1). (p. 13-16).

EXTRAITS (2)

Je me demande si l'on ne pense pas qu'il est de la plus extrême nécessité de travailler à établir solidement une philosophie morale pure, entièrement dégagée de tout élément empirique appartenant à l'Anthropologie. En effet, il faut bien qu'il y ait une telle philosophie, et c'est ce qui résulte clairement de l'idée qu'on se fait communément du devoir et de la loi morale. Tout le monde reconnaîtra qu'une loi, pour avoir une autorité morale, c'est-à-dire pour fonder une obligation, doit être marquée d'un caractère de nécessité absolue ; que le commandement : « Tu ne mentiras point » n'est pas un commandement qui ne s'adresse qu'aux hommes seulement, sans que les autres êtres raisonnables, s'il y en a, aient à s'en préoccuper ; qu'il en est de même de toutes les autres lois morales proprement dites ; que, par conséquent, le fondement de l'obligation ne doit pas être cherché dans la nature de l'homme ni dans les circonstances extérieures où il se trouve placé, mais seulement *a priori* dans les concepts de la raison pure, et que tout autre précepte fondé sur des principes tirés de la seule expérience, même quand, en un certain sens, il serait un précepte universel, toutefois, pour peu qu'il s'appuie, ne fût-ce que par un seul mobile, sur des principes empiriques, peut bien s'appeler une règle d'action, mais non une loi morale.

---

(1) Le mot *anthropologie* veut dire science de l'homme.
(2) Voir *Revue des Cours et Conférences*, année 1900-1901, n° 21, 4 avril 1901, Cours de M. E. Boutroux.

Donc, non seulement les lois morales, ainsi que leurs principes, se distinguent essentiellement, dans l'ensemble de la connaissance pratique, de tout le reste, qui contient toujours quelque élément empirique ; mais encore toute philosophie morale repose entièrement sur sa partie pure ; et, appliquée à l'homme, elle n'emprunte pas la moindre chose à la connaissance empirique de l'homme même (à l'anthropologie) ; mais elle lui donne, comme à un être raisonnable, des lois *a priori* ; à la vérité, l'application de ces lois demande, en outre, un jugement affiné par l'expérience, soit qu'il s'agisse de discerner les circonstances auxquelles elles s'appliquent, soit qu'il faille leur frayer accès auprès de la volonté de l'homme et leur donner une influence efficace sur sa conduite ; car la volonté humaine, affectée elle-même par tant d'inclinations diverses, tout en étant capable de concevoir l'idée d'une raison pure pratique, n'a pas si aisément (il s'en faut de beaucoup) la force nécessaire pour donner de l'efficacité *in concreto* à cette idée dans la conduite de la vie.

Ainsi une métaphysique des mœurs s'impose de toute nécessité, et cela, non seulement parce que, en recherchant la source des principes pratiques qui résident *a priori* dans notre raison, elle répond à un besoin de la spéculation ; mais surtout, parce que la moralité est menacée d'être altérée dans sa source même, tant que ce conducteur, cette règle suprême de tout jugement juste, lui fait défaut. En effet, pour qu'une action soit moralement bonne, il ne suffit pas qu'elle soit *conforme* à la loi morale ; il faut de plus qu'elle ait été accomplie *en vue de cette loi ;* dans le cas contraire, il n'y aurait là qu'une conformité accidentelle et trompeuse, car un principe qui n'est pas moral, s'il produit parfois des actions légitimes, en produira plus souvent encore d'illégitimes. Or, pour avoir la notion de la loi morale dans toute sa pureté et dans toute son intégrité (ce qui est l'essentiel, dans la pratique), il ne faut la chercher que dans la philosophie pure ; c'est donc par là (par la métaphysique) qu'il faut commencer, et, sans elle, il ne peut jamais y avoir de philosophie morale. Et même une doctrine qui mêlerait les principes purs avec les principes empiriques ne mériterait pas le nom de philosophie (car la philosophie ne se distingue de la connaissance rationnelle vulgaire qu'en ce qu'elle fait une science distincte de ce que celle-ci ne conçoit que d'une manière confuse); elle mériterait bien moins encore le nom de philosophie morale, puisque, par cette confusion même, elle porterait atteinte à la pureté de la moralité, et irait contre son propre but.

. . . .

Ayant le dessein de publier plus tard une Métaphysique des mœurs, je la fais précéder de ces « Fondements ».

. . . .

Comme une Métaphysique des mœurs, nonobstant ce que ce titre peut avoir d'effrayant, est susceptible, toutefois, d'un certain degré de vulgarisation, et qu'elle est, dans une certaine mesure, accessible aux intelligences ordinaires, je considère qu'il est utile de publier séparément ces préliminaires qui servent à l'établir, afin de n'être point obligé plus tard d'introduire les subtilités inhérentes à un travail comme celui-ci, dans un enseignement qui doit être plus accessible.

. . . .

J'ai adopté dans cet écrit la méthode qui me paraît convenir le mieux, quand on veut s'élever d'abord par voie d'analyse des notions morales communes à la détermination du principe suprême de la moralité, puis redescendre ensuite, par voie de synthèse, de l'examen de ce principe et de ses sources, à ces mêmes notions morales communes dans lesquelles ce principe se trouve appliqué. Il en est résulté la division suivante :

1re section : *Passage de la connaissance rationnelle vulgaire de la morale à la connaissance philosophique.*

2ᵉ section : *Passage de la philosophie morale populaire à la métaphysique des mœurs.*

3ᵉ section : *Dernier pas : De la métaphysique des mœurs à la critique de la raison pratique* (1).

(1) Voir H. Lachelier, *Fondements de la Métaphysique des Mœurs*, note 1, p. 10.

PREMIÈRE SECTION

PASSAGE DE LA CONNAISSANCE RATIONNELLE VULGAIRE DE LA MORALE A LA CONNAISSANCE PHILOSOPHIQUE

Sommaire.

Une seule chose, dans l'homme, est absolument bonne, c'est-à-dire bonne sans restriction, c'est la bonne volonté. La volonté bonne est celle qui n'est déterminée à agir que par la raison. Sinon, pourquoi la raison aurait-elle été donnée à l'homme? Pour le guider dans la recherche de son bonheur personnel? Mais la raison n'y est guère propre : un instinct serait bien mieux approprié à cette fin. Il reste que la raison, dans l'homme, ait pour fin de produire une volonté bonne par elle-même (p. 18-24).

A quoi reconnaissons-nous que notre volonté est bonne? — Quand nous agissons par devoir. Et la bonne volonté se manifeste, en ce cas, avec d'autant plus d'évidence, que l'action prescrite par le devoir est contraire à nos inclinations (p. 24-29). En effet, une bonne action n'est pas une action qui flatte nos inclinations ; au contraire, elle n'est bonne que parce que son auteur s'est déterminé à l'accomplir en vertu d'un principe entièrement indépendant de la sensibilité. Or, il n'y a qu'un seul principe de cette nature, c'est la loi morale (p. 29-30). Par conséquent, le seul principe qui détermine la volonté quand elle se détermine à agir par devoir, c'est le respect pour la loi morale.

On peut donc définir le devoir : *la nécessité d'accomplir une action par respect pour la loi* (p. 30-33).

Mais puisque, pour agir par devoir, la volonté ne doit pas tenir compte des stimulants qu'elle pourrait trouver dans les effets provenant de l'accomplissement de la loi, puisqu'elle est obligée, en ce cas, de faire comme si ces effets n'existaient pas, il reste que, quand elle agit par devoir, elle ne cherche qu'à mettre ses maximes d'accord avec la loi. Or, la loi est universelle.

D'où il résulte qu'agir par devoir, c'est agir *d'après une maxime telle qu'on puisse vouloir qu'elle soit une loi universelle* (p. 33-36).

Tel est le principe de la morale. C'est une règle que tout homme porte en lui-même, quoiqu'il ne la formule pas d'une manière abstraite, et il ne la perd jamais de vue. Mais, s'il en est ainsi, à quoi bon une doctrine scientifique de la morale? C'est que l'homme sent en lui un puissant contrepoids aux commandements du devoir : ce sont ses penchants, qui le portent à chercher son bonheur personnel. Et de ce désir du bonheur naît en lui une tendance qui le porte trop souvent à plier la règle du devoir au gré de ses désirs. De là la nécessité, pour la raison vulgaire, de se défendre, et de chercher du secours dans une *philosophie pratique*. Il y a donc lieu de passer de la philosophie morale populaire à la métaphysique des mœurs.

EXTRAITS (1)

Kant part de ce principe que ce qui est absolument bon, aux yeux de tout homme sensé, c'est la bonne volonté, et par là il entend la volonté résolue à faire le bien. Tous les avantages naturels ou sociaux, toutes les qualités naturelles étrangères à cette bonne volonté, ne sont que des biens relatifs, et peuvent même devenir un mal. Seule la bonne volonté, alors même que ses efforts seraient vains, ne cesserait pas d'être bonne et ne perdrait rien de sa valeur.

On ne peut concevoir nulle part en ce monde, ni même, en général, en dehors du monde, rien qui puisse, sans restriction, être tenu pour bon, si ce n'est *une bonne volonté*. L'intelligence, l'esprit, le jugement, et tous les *dons* intellectuels, quelque nom qu'on leur

---

(1) Voir *Revue des Cours et Conférences*, année 1900-1901, n° 23, 18 avril 1901. Cours de M. E. Boutroux. — V. Delbos, *la Philosophie pratique de Kant*, p. 319-343.

donne, ou, d'autre part, le courage, la résolution, la persévérance dans les desseins, quand ces qualités ne sont que des qualités du *tempérament* (1), sont sans doute à bien des égards choses bonnes et désirables ; mais ces mêmes qualités peuvent devenir mauvaises et pernicieuses au plus haut point, si la volonté qui les met en œuvre, et dont la nature particulière a reçu, pour cette raison, le nom de *caractère* (2), n'est pas une volonté bonne. Il en est de même des dons de la fortune. Le pouvoir, les richesses, l'estime générale, la santé même et tout cet ensemble de bien-être et de satisfaction de son sort qu'on désigne sous le nom de *bonheur*, ne servent qu'à produire de l'assurance, et conduisent par là à l'orgueil, là où ne se rencontre pas une volonté bonne qui rectifie l'influence que le bonheur produirait, sans elle, sur notre sensibilité, et qui redresse, en le rendant conforme à une loi universelle, le principe qui préside à toute notre conduite (3). Sans compter qu'un spectateur raisonnable et impartial ne pourrait jamais être satisfait à la vue d'une suite ininterrompue de pros-

(1) Voir KANT, *Fondements de la Métaphysique des Mœurs*, traduction de M. H. Lachelier, p 11, notes 1 et 2

(2) Ce qui *caractérise* l'homme, ce n'est ni son intelligence, ni sa sensibilité, mais seulement sa volonté, et sa volonté en tant qu'elle agit selon des principes. L'usage confirme cette définition : on dit d'un homme qu'il a du caractère quand il est fermement attaché à ses principes.

(3) Cette idée, qu'il n'y a pas de comparaison à établir entre la vertu et les autres biens avait déjà été exprimée par Kant dans ses leçons :

« Le véritable prix de la vertu est la paix intérieure de l'âme, que les autres biens bouleversent ou corrompent. L'instruction, la gloire, la richesse, toutes ces choses n'ont pas en elles le vrai bien. Il n'y a donc que la vertu pour constituer le bonheur véritable ; il n'y a qu'elle pour trouver dans l'abondance comme dans la pénurie, dans les larmes comme dans la joie, de quoi se contenter. Puisque ainsi la vertu n'a rien qui lui manque, il n'y a rien qui, pour elle, vaille d'être désiré. »

Fragment traduit et cité par V. Delbos, dans son ouvrage intitulé : *la Philosophie pratique de Kant*.

pérités chez un être que n'ennoblit aucun trait d'une volonté pure et bonne, si bien que la bonne volonté nous paraît être la condition indispensable pour mériter d'être heureux.

Sans doute, certaines qualités peuvent venir en aide à cette bonne volonté, et alléger sensiblement sa tâche; toutefois, ces qualités n'ont pas une valeur intrinsèque absolue ; car elles supposent toujours une bonne volonté qui serve de mesure à l'estime qu'on fait d'elles, d'ailleurs, avec raison ; et cela ne permet pas de les considérer comme bonnes d'une bonté absolue. Conserver de la modération dans les émotions et les passions, rester maître de soi, apporter du sang-froid et de la présence d'esprit dans ses réflexions, ne sont pas seulement des manières d'être bonnes à bien des égards ; ces qualités semblent même constituer en grande partie la valeur *interne* de la personne. Cependant, il s'en faut bien qu'on puisse les déclarer bonnes sans restriction (quoique les anciens leur aient attribué une valeur absolue). Car lorsqu'elles ne sont pas dirigées par les principes d'une volonté bonne, elles peuvent devenir extrêmement mauvaises ; ainsi, par exemple, le sang-froid chez un scélérat, a pour effet non seulement de rendre un tel homme beaucoup plus dangereux, mais même aussi de le faire paraître à nos yeux, sans autre considération, bien plus exécrable qu'il ne nous eût paru sans cela.

Ainsi, ce qui rend la bonne volonté bonne, ce ne sont pas ses effets ou ses résultats, ni la possibilité qu'elle nous donne d'atteindre à un but quelconque que nous pourrions nous proposer : la bonne volonté est bonne en elle-même, uniquement par le vouloir, et, considérée en elle-même, elle est, sans comparaison, d'un prix infiniment supérieur à tout ce qu'elle pourrait produire, soit pour contenter une inclination quelconque, soit même, si l'on veut, pour satisfaire toutes les inclinations ensemble. Même quand, par un sort contraire, ou par la parcimonie d'une nature marâtre, une telle volonté viendrait à se trouver complètement dépourvue des moyens d'exécuter ses intentions; quand ses plus grands efforts demeureraient stériles, si bien qu'il ne lui resterait plus que d'être ce qu'elle est : une volonté bonne (et par là il faut entendre, non un simple souhait, mais l'emploi de tous les moyens qui sont en notre pouvoir), elle brillerait encore de son propre éclat, comme une pierre précieuse, c'est-à-dire comme une chose qui a en elle-même toute sa valeur. L'utilité ou l'inutilité ne peuvent rien ajouter, rien retrancher à cette valeur. L'utilité pourrait seulement être comparée à une monture, qui permettrait de manier plus facilement la pierre précieuse, dans le commerce ordinaire, ou encore qui servirait à attirer sur elle l'attention des amateurs inexpérimentés, mais qui n'est pas ce qui la recommande aux vrais connaisseurs, ni ce qui permet d'en déterminer le prix.

Il y a néanmoins dans cette idée de la valeur absolue de la volonté pure, abstraction faite de son utilité, quelque chose de si étrange que, bien qu'une telle manière de voir soit pleinement d'accord avec la raison commune, néanmoins elle éveille dans l'esprit quelque soupçon, en sorte qu'on se demande si elle n'est pas l'effet d'une imagination qui s'égare en cherchant à s'élever trop haut, et si nous n'aurions pas mal interprété le dessein qu'a eu la nature en donnant à notre volonté la raison pour la régir. Nous allons soumettre cette idée à l'examen, en nous plaçant à ce point de vue.

Nous poserons d'abord en principe que, dans les dispositions naturelles d'un être organisé, c'est-à-dire pourvu de tout ce qui est nécessaire à sa fin, qui est sa propre conservation, on ne trouve aucun organe qui ne soit précisément celui qui convient le mieux et qui est le mieux adapté à cette fin. Si donc, en donnant à un être la raison et la volonté en partage, le but de la nature eût été la *conservation*, le *bien-être*, en un mot le *bonheur* de cet être, la nature aurait bien mal pris ses dispositions en faisant choix de la raison pour exécuter son dessein. En effet, toutes les actions nécessaires pour atteindre cette fin, et, par conséquent, la règle de toute sa conduite, lui auraient été tracées par un instinct avec bien plus de précision, et un instinct serait aussi infiniment plus propre à atteindre une telle fin, que ne peut l'être la raison. Si donc, en ce cas, la raison avait été donnée à cet être comme un surcroît de faveur, elle n'aurait servi qu'à lui permettre de contempler les heureuses dispositions de sa nature, à les admirer, à s'en féliciter, et à rendre grâces à la cause bienfaisante qui l'aurait créé tel, mais non à soumettre sa faculté de désirer à la direction faible et trompeuse d'un tel guide, ni à empiéter sur l'œuvre de la nature. En un mot, la nature aurait pris ses mesures pour empêcher la raison de s'employer à *l'usage pratique*, et d'avoir la témérité de concevoir, avec ses faibles lumières, le dessein de parvenir au bonheur, et de se croire capable de trouver les moyens propres à y conduire ; elle se serait réservé non seulement le choix des fins, mais aussi celui des moyens, et, avec une sage prévoyance, elle aurait placé exclusivement l'un et l'autre de ces deux choix sous la garde de l'instinct.

Et en fait, nous voyons que, plus une raison cultivée s'attache à la poursuite des jouissances et du bonheur, plus la personne, en pareil cas, s'éloigne du vrai contentement ; de là résulte chez plusieurs, surtout chez les natures les plus affinées, quand elles ont la sincérité de le confesser, un certain degré de *misologie*, c'est-à-dire d'aversion pour la raison ; en effet, après avoir pesé tous les avantages que leur ont procurés, je ne dis pas seulement les arts qui servent au luxe vulgaire, mais même les sciences (qui, à leurs yeux, ne sont en définitive que le luxe de l'intelligence), elles trouvent qu'en somme elles en ont retiré plus de peine que de satisfaction ; aussi, loin de mépriser le vulgaire, elles en viennent à porter envie à ces hommes simples, plus enclins à se laisser guider seulement par l'instinct, et moins accoutumés à soumettre leur conduite aux calculs de leur raison. Il faut aller plus loin, et reconnaître que l'opinion de ceux qui déprécient et qui considèrent comme moins que rien ces pompeux éloges qu'on fait couramment de toutes les prérogatives que nous confère la raison au point de vue de notre bonheur et de notre satisfaction personnelle, n'est nullement l'effet d'un esprit chagrin ou d'une âme peu reconnaissante envers la bonté de la Providence : au fond, un tel jugement repose sur cette idée que la vie a un but tout autre et infiniment plus noble ; que la destination propre de la raison est de tendre vers cette fin, et non vers le bonheur, et que, pour ce motif, cette fin est la condition suprême à laquelle l'homme, la plupart du temps, doit subordonner ses desseins particuliers.

En effet, puisque la raison n'est pour la volonté qu'un guide peu sûr, soit qu'il s'agisse de déterminer les objets de son choix, soit qu'il s'agisse de donner satisfaction à nos besoins (que cette même raison multiplie, d'ailleurs, dans une large mesure), — et il faut avouer qu'un instinct implanté en nous par la nature nous aurait conduits plus sûrement à ce but, — comme néanmoins cette même raison nous a été attribuée, à titre de faculté pratique, c'est-à-dire de faculté qui doit exercer une influence sur la *volonté*, il faut bien que sa véritable destination soit de produire une volonté bonne, non pas bonne à titre de *moyen* de parvenir à un but étranger à elle-même, mais une *volonté bonne en elle-même*; or, pour cela, la raison était absolument indispensable ; et, en cela comme en tout le reste, la nature a procédé avec sagesse, et sans perdre de vue le but qu'elle se proposait d'atteindre, dans la répartition des aptitudes données aux créatures. Certes il se peut qu'une telle volonté ne soit pas le seul bien, la totalité du bien ; toujours faut-il qu'elle soit le bien suprême, et la condition de tous les autres biens, même du désir d'être heureux. En ce cas, il n'y a pas de contradiction entre la croyance en la sagesse de la nature, et ce fait que le développement de notre raison, indispensable à la première de ces deux fins (1) (laquelle est inconditionnée) ne nous permet que sous certaines restrictions, et parfois nous interdit même (du moins en cette vie) d'atteindre la seconde (2) (je veux dire le bonheur), laquelle est toujours un but conditionnel ; et l'on ne peut dire qu'en cela la nature aille contre ses fins, car, au fond, ce n'est que lorsque notre raison, qui reconnaît que sa destination pratique suprême est de fonder une volonté bonne, est parvenue à atteindre ce but, qu'elle est en état d'éprouver une satisfaction d'un genre qui lui est tout à fait propre, et qui consiste dans la joie d'avoir atteint un but qu'elle seule était capable de déterminer, joie qu'elle éprouverait même quand, pour y parvenir, elle aurait été obligée de n'avoir pas égard aux fins vers lesquelles nous portent nos inclinations.

Pour développer cette idée, que la bonne volonté doit être estimée pour elle même, et sans avoir égard à quelque considération étrangère, idée qui se rencontre dans tout esprit naturellement sain, si bien qu'on n'a pas à l'enseigner, mais simplement à l'expliquer, car elle domine toujours, au fond, tous nos jugements sur la valeur morale des actes, et elle sert de condition à tout le reste ; donc, pour développer cette idée, nous allons soumettre à l'examen le concept du devoir, lequel implique la notion d'une volonté bonne, quoique soumise à certaines limitations, et à certains obstacles subjectifs (3) ; il est vrai que ces obstacles, loin de nous cacher cette notion et de la rendre méconnaissable, ne servent, au contraire, qu'à la faire mieux ressortir par contraste, et qu'à la mettre plus en lumière.

---

(1) *La première de ces deux fins* : La raison a été donnée à l'homme pour produire en lui la bonne volonté.

(2) *La seconde :* La raison a été donnée à l'homme pour lui permettre de travailler à son propre bonheur.

(3) A *certains obstacles subjectifs :* c'est-à-dire à certains obstacles résultant de la nature même du sujet, et qui font que la volonté de chacun de nous ne peut être bonne d'une bonté absolue.

Je laisse de côté toutes les actions qui, de prime abord, sont reconnues contraires au devoir, quoiqu'elles puissent être utiles à tel ou tel point de vue; car, pour ces sortes d'actions, la question de savoir si elles peuvent avoir été accomplies *par devoir*, ne se pose même pas, puisque ce qui les caractérise, c'est d'être contraires au devoir. Je passe également sous silence les actions qui sont, en réalité, conformes au devoir, et qui n'offrent par elles-mêmes aucun agrément immédiat, mais qu'on accomplit toutefois lorsqu'on s'y sent porté par une autre inclination. Car, dans ce cas encore, il est aisé de discerner si l'action conforme au devoir a été faite par devoir ou par intérêt personnel. Mais, où cette distinction devient plus malaisée à établir, c'est quand l'action est conforme au devoir, et qu'en outre le sujet trouve à l'accomplir un plaisir *immédiat*. Par exemple, sans doute, il est conforme au devoir qu'un marchand n'abuse pas de l'inexpérience de ses clients en surfaisant le prix de ce qu'il leur vend, et, quand le commerce se fait en grand, un négociant avisé se garde bien d'agir de la sorte : au contraire, il établit un prix fixe pour tout le monde, si bien qu'un enfant peut acheter chez lui tout comme une autre personne. On est donc *honnêtement* servi: mais tant s'en faut qu'il faille en conclure que c'est *par devoir*, et pour se conformer aux principes de la probité que ce négociant agit ainsi. C'était ce qu'exigeait son intérêt. D'ailleurs, on ne peut pas non plus supposer qu'il ait eu pour chacun de ses clients une affection directe qui l'aurait empêché, par amour pour eux, de favoriser les uns de préférence aux autres. Voilà donc une manière d'agir dont le principe n'est ni le devoir, ni l'inclination, mais seulement l'intérêt personnel [1].

Au contraire, conserver sa vie est un devoir ; et de plus, chacun de nous y est porté par un penchant

---

[1] Voir KANT, *Fondements de la Métaphysique des Mœurs*. Traduction de M. H. Lachelier, p. 17, note 2.

immédiat. Mais c'est précisément pour cette raison que le soin, souvent plein d'anxiété, que la plupart des hommes prennent de leur existence, n'a aucune valeur en lui-même, et que les préoccupations qui leur inspirent cette maxime n'ont pas le caractère de la moralité. Ils veillent, d'ordinaire, à leur propre conservation, *conformément au devoir*, il est vrai, mais non *par devoir*. Cependant, que la fortune adverse, qu'une douleur sans espoir enlèvent à un homme toute espèce de goût pour la vie ; si cet infortuné est une âme forte qui, plus indignée qu'humiliée par l'injustice du sort, conserve sa vie, sans l'aimer, n'agissant en cela ni par goût ni par crainte, mais uniquement par devoir, alors, mais alors seulement, la maxime qui préside à sa conduite aurait un caractère vraiment moral.

C'est aussi un devoir que d'être bienfaisant, quand on le peut ; d'ailleurs, il y a des âmes si naturellement douées de sympathie que, sans aucun motif de vanité ou d'intérêt, elles trouvent une satisfaction intime à répandre la joie autour d'elles, et jouissent du bonheur d'autrui comme de leur propre ouvrage. Eh bien ! je soutiens que, dans ce cas encore, leur action, si conforme au devoir et si aimable qu'elle puisse être, n'a pourtant pas de véritable valeur morale, et qu'elle va de pair avec les autres inclinations, par exemple, avec l'amour de la gloire, qui, lui aussi, quand, par une heureuse rencontre, il coïncide avec ce qu'exigent le bien public et le devoir, et que, par conséquent, il est honorable, mérite bien nos éloges et nos encouragements, mais non notre respect ; car il manque à *la maxime* de ces actions le caractère de la moralité, qui consisterait à les accomplir non par inclination, mais par *devoir*. Mais maintenant, supposons qu'un chagrin personnel voile l'âme de ce philanthrope, et éteigne en lui toute compassion pour le sort de ses semblables ; que, tout en ayant encore le pouvoir de secourir l'infortune, mais n'ayant plus celui d'être touché de la misère d'autrui, tout préoccupé qu'il est de son propre malheur, il s'arrache néanmoins à cette insensibilité mortelle, et que, alors qu'aucune inclination ne l'y porte plus, il fasse encore du bien aux malheureux, non plus par attrait, mais uniquement par devoir ; c'est alors seulement que sa conduite aura une véritable valeur morale. Il y a plus : si la nature n'avait mis au cœur d'un homme qu'un médiocre degré de sympathie pour ses semblables ; si cet homme (honnête d'ailleurs) était froid et indifférent aux peines d'autrui, peut-être par tempérament, peut-être aussi parce que, doué d'une constance et d'une force d'âme à toute épreuve pour supporter ses propres maux, il suppose chez les autres ou exige d'eux les mêmes qualités ; si enfin, la nature n'avait pas travaillé à faire de cet homme (qui ne serait certainement pas son plus mauvais ouvrage) un philanthrope, ne pourrait-il trouver en lui-même la source d'une valeur bien supérieure à celle que lui donnerait une humeur bienveillante ? Certes si. Car c'est dans de telles conditions que peut commencer à percer la valeur du caractère, la seule valeur vraiment morale, la seule qui soit, sans comparaison, supérieure à toute autre, et qui, dans le cas donné, consisterait à faire le bien non par inclination, mais par devoir.

Assurer son propre bonheur est un devoir (du moins indirect); car un homme mécontent de son sort, en proie à une foule de soucis et de besoins qu'il n'a pas le moyen de calmer, pourrait facilement céder *à la tentation de transgresser son devoir*. Mais, de plus, même sans cette considération tirée du devoir, les hommes ont d'eux-mêmes une inclination des plus puissantes et des plus profondes qui les porte à vouloir être heureux ; car, en somme, l'idée du bonheur n'est autre chose que l'idée de la satisfaction de toutes nos inclinations. Seulement il se fait que les règles de l'art d'être heureux sont pour la plupart de telle nature qu'elles demandent des sacrifices à quelques-unes de nos inclinations ; d'ailleurs, il n'est pas non plus facile de se faire une idée nette et exacte de ce que peut être cette satisfaction complète de toutes nos tendances, qu'on appelle le bonheur. Aussi ne faut-il pas s'étonner qu'une seule inclination, quand elle promet un plaisir déterminé, et qu'elle peut être satisfaite à un moment précis, puisse l'emporter sur une idée incertaine et vague ; par exemple, il n'y a rien de surprenant à ce qu'un homme affligé de la goutte préfère, de propos délibéré, ne s'astreindre à aucun régime, quitte à souffrir ensuite ce qu'il pourra endurer, attendu que, selon son calcul, du moins en cette circonstance, il n'entend pas se priver d'une jouissance présente en vue de l'espoir, peut-être fallacieux, du bonheur d'être rétabli. Mais même en admettant cela, alors que le désir du bien-être ne serait pas suffisant pour déterminer sa volonté, quand même il compterait pour rien la satisfaction d'être en bonne santé, il resterait encore, dans ce cas comme dans les précédents, une loi qu'il serait tenu d'observer : celle qui lui commanderait de travailler à assurer son bien-être, non par inclination, mais par devoir ; et c'est alors seulement que sa conduite aurait, à proprement parler, une véritable valeur morale.

C'est sans doute ainsi qu'il faut interpréter les passages de l'Écriture où il nous est ordonné d'aimer notre prochain, même quand il est notre ennemi. Car l'amour, en tant qu'inclination, ne se commande pas. Mais faire du bien à nos semblables alors qu'aucun penchant ne nous porte vers eux, et même qu'une aversion naturelle et insurmontable nous en éloigne, voilà la véritable charité, charité d'un caractère *pratique* et non *pathologique* (1), charité qui réside dans la volonté et non dans un attachement de la sensibilité, dans les principes

---

(1) Les mots *pratique* et *pathologique* ont, chez Kant, un sens spécial, et s'opposent l'un à l'autre. Est *pratique* tout ce qui détermine la conduite conformément à la raison ; est *pathologique* tout ce qui met la conduite sous l'empire de la sensibilité, des *passions*. Par exemple, le respect est un sentiment *pratique*; l'amour ou la crainte sont des sentiments *pathologiques*.

mêmes de la conduite, et non dans une sympathie amollissante, et c'est seulement lorsqu'elle est entendue ainsi que la charité peut faire l'objet d'un précepte.

Ma seconde (1) proposition est celle-ci : *une action accomplie par devoir tire sa valeur morale, non du but qu'elle sert à atteindre, mais de la maxime suivant laquelle elle a été résolue ;* par conséquent, la valeur d'une action de cette nature ne dépend nullement de son succès, mais uniquement du *principe* en vertu duquel nous l'avons *voulue* et suivant lequel nous l'avons accomplie, abstraction faite des objets que pouvait se proposer notre désir. Il est évident, d'après ce qui précède, que les desseins que nous pouvons avoir en vue dans nos actions, ainsi que les effets de ces mêmes actions, quand notre volonté se les propose pour fins ou pour mobiles, ne peuvent donner à nos actions une véritable valeur morale, et par conséquent, une valeur absolue. En quoi peut donc consister une telle valeur, puisqu'il est impossible qu'elle réside dans le rapport qui existe entre la volonté et les effets que cette même volonté se propose ? La valeur morale des actions ne peut donc être que dans le *principe même de la volonté*, abstraction faite des fins que l'action permet de réaliser. En effet, la volonté se trouve placée, comme en tête d'une bifurcation, entre son principe *a priori* (2), lequel

---

(1) La première proposition n'est pas directement énoncée ; mais elle ressort des exemples précédents, et pourrait être formulée ainsi : *pour qu'une action ait une valeur morale, il faut qu'elle ait été faite par devoir, et non par goût ou par intérêt.*

(2) Son principe *a priori*. Quand nous agissons par devoir, le principe auquel nous obéissons ne nous vient pas de l'expérience ; il est *a priori* (antérieur à toute expérience). Quand nous agissons par passion ou par intérêt, nous ne voulons une chose que parce que l'expérience nous fait connaître qu'elle nous est agréable ou avantageuse. Ce n'est pas un *principe* qui nous fait agir en ce cas, mais un *mobile*, et un mobile qui a sa source dans notre expérience : il est *a posteriori* (postérieur à l'expérience).

est formel (1), et ses mobiles *a posteriori*, qui sont matériels, et, comme il faut bien qu'elle soit déterminée à agir par quelque chose, il faut nécessairement, lorsqu'une action est faite par devoir, que la volonté ait été déterminée à agir par le principe formel du vouloir, puisque, en ce cas, tout principe matériel lui a été enlevé.

J'énoncerais de la manière suivante ma troisième proposition, qui est la conclusion des deux précédentes : *Le devoir est la nécessité d'accomplir une action par respect pour la loi.* Pour un objet quelconque que je considère comme l'effet d'une action à laquelle je me résous, je puis bien avoir de l'*inclination*, il est vrai ; mais je ne puis *en aucun cas* éprouver du *respect* (2) ; et cela, parce que cet objet n'est qu'un effet de la volonté, et qu'il n'est pas la cause même, qui est l'activité de cette volonté. De même, pour une inclination, en général, qu'elle soit mienne ou étrangère à moi, je ne puis avoir du respect ; tout au plus pourrai-je l'approuver dans le premier cas, et l'aimer dans le second, c'est-à-dire la considérer comme favorable à mon propre intérêt. Mais cela seul qui se lie à ma volonté en qualité de principe, et non à titre d'effet ; ce qui n'est pas au service de mes inclinations, mais qui, au contraire, les domine, ou du moins exclut leur intervention de mes

---

(1) Un principe formel de la volonté est un principe qui ne contient que la *forme* même du vouloir. La *forme* du vouloir humain, c'est le fait même, mais le fait général, de vouloir raisonnablement, avec réflexion, possession de soi, liberté ; la *matière* de ce même vouloir, c'est telle ou telle chose que l'on veut, tel ou tel but qu'on se propose d'atteindre. Or, Kant affirme que la volonté doit être déterminée par sa propre *forme*, c'est-à-dire, par son propre caractère rationnel, et non par sa matière, c'est-à-dire, par tel ou tel but, quelque élevé qu'il soit, qu'elle peut se proposer d'atteindre.

Le précepte unique est donc : Agis comme il convient à un être raisonnable et libre d'agir.

(2) Au sujet de cette notion du respect, voir les extraits de *la Critique de la Raison pratique*, p. 150.

résolutions ; en un mot, la loi, seule, considérée en elle-même, peut être l'objet du respect, et, par conséquent, commander. Ainsi donc une action accomplie par devoir est celle dans laquelle il est fait complètement abstraction de toute influence de nos inclinations, et, par suite, de tous les desseins particuliers que peut se proposer la volonté ; mais alors, dans une telle manière d'agir, il ne reste plus rien qui puisse permettre à la volonté de prendre une détermination, si ce n'est, objectivement, la *loi*, et subjectivement, le *pur sentiment du respect pour cette loi pratique*, c'est-à-dire cette maxime (1) : prêter obéissance à la loi, dût-il en coûter à toutes nos inclinations.

Ainsi, la valeur morale d'une action ne réside pas dans les effets qu'on en attend ; elle ne réside pas davantage dans un principe de conduite qui ne s'appuierait que sur des motifs dérivés de ces mêmes effets. Car tous les avantages que nous pouvons attendre d'une action (soit pour l'agrément de notre vie, soit même pour le bonheur d'autrui) pourraient également nous être procurés par d'autres causes que la volonté d'un être raisonnable ; une telle volonté n'est nullement nécessaire pour cela. Et pourtant, c'est seulement dans cette volonté de l'être raisonnable que peut se rencontrer le bien suprême et absolu. Par conséquent, se *représenter la loi en elle-même, ce que seul assurément peut faire un être raisonnable*, et placer dans cette représentation de la loi et non dans les effets qu'on attend de l'action, le principe qui détermine la volonté à agir, voilà ce qui seul peut constituer ce bien préférable à tous les autres que nous appelons le bien moral, ce bien qui réside déjà dans la personne qui

---

(1) « Une *maxime* est un principe subjectif de la volonté ; le principe objectif de la volonté (c'est-à-dire celui qui *servirait* aussi subjectivement de principe pratique à tous les êtres raisonnables, si leur raison avait un empire absolu sur leur désirs) est la *loi pratique.* » (Note de Kant).

agit d'après cette représentation de la loi, sans qu'il soit nécessaire d'attendre, pour que ce bien se produise, les effets de l'action (1).

(1) « On pourrait m'objecter qu'en employant le mot *respect*, je me retranche derrière un sentiment vague, au lieu de résoudre clairement la question par un concept de la raison. Mais, quoique le respect soit un sentiment, ce n'est pourtant point un de ces sentiments que nous *recevons* par influence ; c'est, au contraire, un sentiment qui *se produit spontanément*, suivant un concept rationnel, et qui, par conséquent, se distingue par là spécifiquement de tous les sentiments de la première espèce, qui se rapportent tous à l'inclination ou à la crainte. Ce que je reconnais immédiatement comme une loi pour moi, je le considère avec respect, et par là j'entends que ma volonté a conscience d'être *sous la dépendance* de la loi, sans que cette dépendance ait été produite par l'intervention d'une influence quelconque sur ma sensibilité. Cette détermination de la volonté que la loi produit sans intermédiaire, et la conscience de cette détermination immédiate, est ce qui s'appelle *le respect* ; en sorte que le respect doit être considéré comme l'*effet* de la loi sur le sujet, et non comme la *cause* de cette loi. A proprement parler, le respect naît de l'idée d'une chose dont la valeur fait obstacle à mon amour-propre. Il s'adresse donc à quelque chose qui ne peut être considéré ni comme un objet d'inclination, ni comme un objet de crainte, bien qu'il ait quelque analogie avec l'un et l'autre de ces deux sentiments. L'*objet* du respect est donc, exclusivement, *la loi* ; à la vérité, cette loi, c'est *nous* qui *nous l'imposons à nous-mêmes* ; mais nous nous l'imposons comme une loi nécessaire par elle-même. En tant qu'elle est la loi, nous sommes sous sa dépendance, sans avoir à consulter notre amour-propre ; mais, en tant que nous nous l'imposons à nous-mêmes, elle est une conséquence de notre volonté ; sous le premier rapport, le sentiment qu'elle excite en nous a quelque analogie avec la crainte ; sous le second, avec l'inclination. Le respect que nous ressentons pour une personne n'est jamais autre chose que le respect pour la loi (pour la probité, par exemple), dont cette personne nous donne un exemple. Comme nous regardons comme un devoir de développer nos dons naturels, lorsque nous considérons un homme de talent, nous voyons en lui un *exemple d'une loi* (de la loi qui nous ordonne de travailler à devenir semblable à lui) ; et c'est de là que vient le respect que nous avons pour lui. Tout ce qu'on appelle *intérêt moral* consiste toujours et uniquement dans le respect de la loi. » (Note de Kant.)

Agir par devoir, c'est donc agir par respect pour la loi. Mais quels sont les caractères de la loi? Kant réserve cette étude pour la seconde section de ce traité. Toutefois, il est un caractère que la loi porte en elle-même : elle est universelle. Donc, pour savoir si une action est conforme au devoir, il faut se demander si la maxime qui prescrit cette action pourrait être une loi universelle. Ainsi, la volonté est bonne lorsque toutes les maximes qui déterminent sa conduite peuvent être érigées en lois universelles.

Mais quelle peut bien être cette loi dont la représentation doit déterminer la volonté sans aucun égard pour les effets attendus, si l'on veut que cette volonté puisse être appelée bonne absolument et sans restriction? Puisque j'ai dépouillé la volonté de tous les stimulants qu'elle pourrait trouver dans l'idée des effets provenant de l'accomplissement d'une loi quelconque, il ne nous reste plus, pour servir de principe à cette même volonté, que la conformité de nos actions avec une loi universelle ; en d'autres termes, je dois toujours agir de telle sorte que *je puisse vouloir en même temps que ma maxime devienne une loi universelle*. Ici, c'est simplement la conformité de la conduite avec l'idée d'une loi en général (et non avec l'idée d'une loi particulière, limitée à certaines actions précises qu'elle servirait à déterminer) qui sert de principe à la volonté, et qui, réellement, doit lui servir de principe, si le devoir n'est pas une vaine rêverie et une notion chimérique ; d'ailleurs, le sens commun est pleinement d'accord dans ses jugements pratiques, avec le principe qu'on vient d'émettre, et il ne le perd jamais de vue.

Étant donnée, par exemple, la question de savoir si, pour me tirer d'un embarras pressant, j'ai le droit de faire une promesse avec l'intention de ne pas la tenir. Ici je saisis aisément l'un et l'autre des deux sens que peut présenter la question : est-il prudent, ou bien est-il légitime de faire une promesse trompeuse ? Il peut se faire, sans doute, assez fréquemment, que cela soit prudent. Assurément je vois bien qu'il ne suffit pas d'échapper par un subterfuge à la difficulté présente, mais qu'il faut encore bien examiner si ce mensonge ne pourrait pas me créer des embarras plus grands que ceux dont je m'affranchirais sur le moment; et comme, malgré toute la *finesse* que je m'attribue, il ne m'est pas assez facile de prévoir toutes les suites de mon acte pour que je puisse être assuré que la perte de la confiance de mes semblables ne me sera pas plus préjudiciable que tous les maux auxquels j'essayerais de me soustraire par ce mensonge, je puis me demander s'il ne serait pas plus *habile*, ici encore, d'agir selon une maxime universelle, qui consisterait à me faire une règle habituelle de ne jamais rien promettre qu'avec l'intention de tenir? Certes, mais il m'apparaît tout de suite avec évidence qu'une telle maxime n'est fondée que sur la considération des suites de l'action dont on se met en peine. Or, être sincère par devoir est tout autre chose que de l'être par crainte des suites fâcheuses d'un mensonge: en effet, tandis que, dans le premier cas, l'idée de l'action considérée en elle-même contient déjà une loi pour moi; dans le second cas, au contraire, il faut que je regarde tout autour de moi pour découvrir quelles pourront bien être pour moi les conséquences de ma conduite. En effet, si je m'écarte du principe du devoir, il est certain que je ferai mal; tandis que si je m'écarte des maximes de la prudence, il se peut qu'en certains cas cela tourne à mon avantage, quoique, à tout prendre, il soit plus sûr de s'en tenir à ces maximes. Ainsi donc, pour trouver par la voie la plus courte et la plus sûre la solution de ce problème: une promesse fallacieuse peut-elle être légitime? je n'ai qu'à me poser la question suivante: « Serais-je content que ma maxime (me tirer d'embarras par une fausse promesse) ait la valeur d'une loi universelle (pour moi aussi bien que pour les autres), et pourrais-je me tenir à moi-même le langage suivant: On a le droit de faire des promesses trompeuses toutes les fois qu'on se trouve aux prises avec des difficultés auxquelles on ne peut échapper par une autre voie. Je ne tarderais pas à sentir que je puis bien vouloir que telle tromperie, en particulier, ait lieu, mais non que tromper devienne une loi universelle. Car, suivant une telle loi, il n'y aurait plus de promesse : il serait vain, en effet, de m'engager envers une autre persone à vouloir dans l'avenir telles actions déterminées, puisque mes semblables n'ajouteraient point foi à un tel engagement ou que si, par précipitation, ils y croyaient momentanément, ils ne tarderaient pas, une fois revenus sur cette première impression, à me payer de la même monnaie; et ainsi, ma maxime, dès qu'on tenterait d'en faire une loi universelle, se détruirait d'elle-même.

Je n'ai donc pas besoin d'une sagacité bien pénétrante pour savoir ce qu'il me faut faire pour que ce que je veux soit bon. Si peu d'expérience que j'aie des choses de la vie, si peu habile que je sois à adapter ma conduite aux circonstances, je n'ai qu'à me poser cette question : « Peux-tu vouloir aussi que ta *maxime* devienne une loi universelle ? » S'il n'en est pas ainsi, il faut la rejeter, et cela, non à cause du dommage qui pourrait en résulter pour toi, ou même pour autrui, mais parce que cette maxime ne peut figurer comme principe dans une législation universelle. La raison m'inspire d'une manière immédiate un sentiment de respect pour une telle législation ; et, bien que je ne *voie* pas encore sur quoi elle repose (car c'est au philosophe d'entreprendre, s'il le veut, cette recherche), du moins je comprends qu'il y a là l'appréciation d'une valeur qui surpasse infiniment la valeur de tout ce qui ne sert qu'à contenter l'inclination, et que la nécessité de faire une action par *pur respect* pour la loi pratique est ce en quoi consiste le devoir ; je comprends aussi que, devant le devoir, tous les autres mobiles doivent s'effacer, parce qu'il est la condition d'une volonté *bonne en elle-même*, et que la valeur d'une telle volonté est supérieure à tout.

DEUXIÈME SECTION

PASSAGE DE LA PHILOSOPHIE MORALE POPULAIRE A LA MÉTAPHYSIQUE DES MŒURS

Sommaire.

Ce dont la raison a besoin, pour lutter contre les penchants, c'est d'une doctrine qui établisse clairement ses principes propres, et ne permette pas de les confondre avec d'autres principes étrangers à elle. Or, deux méthodes peuvent s'offrir à nous dans la recherche des principes ; la première consisterait à interroger l'expérience, et à tirer les règles de notre conduite de l'étude de la nature humaine. Kant repousse cette méthode naturelle pour les raisons suivantes : 1° L'expérience ne nous permet pas de pénétrer les intentions de nos semblables, et, comme le fond de leurs intentions, comme les mobiles secrets de nos propres intentions, nous échappent, comment peut-on savoir si ces actions ont été faites par devoir ? 2° D'autre part, la loi morale est une loi universelle, qui s'applique à tous les êtres raisonnables; l'expérience ne pourrait nous faire connaître qu'une loi valable pour l'humanité. 3° Enfin, on ne peut tirer la moralité d'exemples ; car, quel que soit l'exemple proposé, il faut le juger d'abord d'après les principes de la morale ; or, ce sont ces principes que l'on cherche à établir.

Les principes de la morale ne dérivent donc pas de la *nature*. La morale ne peut pas être une sorte de *Physique* ou d'histoire naturelle de l'âme. Il faut que ses principes aient leur source dans ce qui est au-dessus et au delà de la nature (tel est le sens du mot *métaphysique*), c'est-à-dire, dans la raison, telle qu'elle est en elle-même, antérieurement à toute expérience. Un tel ensemble de principes *a priori* (antérieurs à l'expérience) est ce qu'on nomme la Métaphysique. La doctrine des principes de la morale est donc une *Métaphysique de Mœurs*. C'est cette science qu'il s'agit de constituer.

Et il n'y a pas lieu de craindre que la sévérité d'une telle doctrine fasse perdre à la morale quelque chose de son influence ; d'ailleurs, faute d'une telle science, il est impossible de produire dans les âmes auxquelles s'adresse cet enseignement, des intentions vraiment pures (p. 39-42).

Début des principes de la métaphysique des mœurs : *La formule du devoir est un impératif catégorique, c'est-à-dire un ordre absolu.*

La volonté est le pouvoir d'agir d'après la représentation d'une loi, c'est-à-dire d'après des principes. Et, comme le fait de rattacher les actions à leurs lois est l'œuvre propre de la raison, on peut dire que volonté et raison pratique sont une seule et même chose. Dans un être qui ne serait que pure raison, la volonté s'accorderait d'elle-même, nécessairement, avec la loi. Mais dans un être chez lequel, à côté de la raison, il y a place pour des penchants étrangers à elle, qui l'empêchent de se déterminer uniquement par raison, la loi prend la forme d'un commandement ; elle parle au mode *impératif* (p. 42-45).

Tous les impératifs sont : ou *catégoriques*, ou *hypothétiques*.

Un impératif est *hypothétique* quand il ne nous prescrit une action que conditionnellement, seulement comme bonne à titre de moyen, dans l'*hypothèse* où nous voudrions parvenir à certaines fins. L'impératif *catégorique*, au contraire, nous commande une action comme étant bonne en elle-même, absolument, et non comme bonne par rapport à quelque autre chose (p. 45-46).

Parmi les impératifs hypothétiques, les uns commandent en vue de fins techniques, simplement possibles ; telles sont les fins multiples qu'on se propose dans les arts, dans les applications des sciences ; ces impératifs constituent l'ensemble des *règles de l'habileté* ; les autres commandent en vue d'une fin que tous les hommes se proposent réellement ; mais seulement en vertu de leur nature sensible : ainsi, tous les hommes veulent être heureux. Ces impératifs sont des *conseils de prudence*. Enfin, l'impératif catégorique énonce les *commandements de la morale* (p. 46-49).

Les préceptes de l'habileté, de même que les règles de la prudence, ne sont, au fond, que des conseils. On peut toujours, *si* l'on s'affranchit de la fin, se dispenser de prendre les moyens d'y parvenir. Au contraire, l'impératif catégorique seul est une loi, parce que, seul, il commande sans condition (p. 49-52).

Mais une loi qui n'est soumise à aucune condition restrictive est une loi universelle. Il n'y a donc qu'un seul impératif catégorique; les différents devoirs ont tous en lui leur principe. Il se formule ainsi : *Agis d'après une maxime telle que tu puisses vouloir que cette maxime devienne une loi universelle de la nature* (p. 52-54).

Kant montre ensuite que cette formule s'applique exactement aux différentes classes de devoirs (p. 54-59).

Il justifie aussi cette même formule, en montrant qu'elle n'est pas dérivée des propriétés particulières de la nature humaine (p. 59-60).

L'impératif catégorique ne peut proposer à la volonté qu'une fin absolue, une *fin en soi*, et non une fin relative à quelque autre fin. Il faut bien qu'il y ait une fin absolue : car, s'il n'y avait que des fins relatives, la raison, remontant indéfiniment de fin en fin, ne pourrait trouver de principe suprême (p. 61-62).

Or, une telle fin existe; c'est l'être raisonnable, et la personne humaine considérée en tant qu'être raisonnable. L'impératif catégorique ne peut avoir pour objet qu'une fin en soi. Il peut donc s'exprimer encore par la formule suivante : *Agis de telle sorte que tu traites l'humanité, tant en ta personne qu'en celle d'autrui, toujours comme une fin, et que tu ne la considères jamais comme un simple moyen* (p. 62-67).

Mais un impératif catégorique ne se conçoit que si nous sommes nous-mêmes les auteurs de la loi à laquelle il nous ordonne d'obéir. Si la loi était portée par une volonté étrangère à la nôtre, nous ne pourrions être liés à cette volonté que par le désir ou par la crainte, c'est-à-dire par un intérêt, et l'impératif, au lieu d'être catégorique, ne pourrait être qu'hypothétique. Cette propriété qu'a l'être raisonnable de n'obéir qu'à une loi dont il est le législateur, est *l'autonomie* de la volonté (propriété qu'a un être de se donner à *lui-même* sa *loi*) (p. 67-70).

L'ensemble de toutes les volontés législatrices constitue

une sorte de système des êtres raisonnables, analogue aux trois règnes de la nature, et qui a reçu de Kant le nom de *règne des fins* (p. 70-73).

Dans un règne des fins, les choses ont un certain prix. Mais les personnes, seules, ont une dignité, parce que, seules, elles sont législatrices. Ainsi, ce qui constitue la *dignité de la personne humaine*, c'est l'autonomie de sa volonté (p. 73-75).

Cette section se termine par un dernier examen des différentes formules de l'impératif catégorique (p. 75-79), et Kant en conclut que l'autonomie de la volonté est la source du véritable principe de la morale. De même, l'hétéronomie (1) de la volonté est le point de départ de tous les faux systèmes (79-84).

EXTRAITS

« L'idée du devoir, et, en général, de la loi morale, quand elle est pure, et dégagée de tous les attraits que nous fait connaître l'expérience, exerce sur le cœur humain, par la voie de la seule raison (qui, en ce cas, a conscience du pouvoir qu'elle a d'être pratique par elle-même) une influence qui l'emporte d'autant plus sur celle de tous les mobiles que l'on pourrait recruter dans le champ de l'expérience, que notre raison, prenant conscience de la dignité de cette idée du devoir, méprise ces mobiles, et, peu à peu, parvient à les maîtriser. Au lieu qu'une morale composite, sorte d'amalgame de mobiles tirés des sentiments ou des inclinations et de notions rationnelles, ne peut nécessairement que rendre l'âme incertaine, hésitante entre des motifs qui ne se rapportent pas à un principe unique, et qui si, par hasard, ils peuvent mener au bien, le plus souvent aussi, conduisent au mal.

---

(1) Etymologiquement, une hétéronomie serait un état dans lequel une volonté recevrait sa *loi* d'*autre chose* qu'elle-même. Dans la langue de Kant, l'hétéronomie, pour la volonté, consiste à se déterminer par un *motif autre* que la *forme* de la volonté elle-même (autre que son caractère rationnel).

D'après ce qui vient d'être dit (1), il est clair que toutes les notions morales ont leur siège et leur origine, entièrement *a priori*, dans la raison, et cela, dans la raison de l'homme le plus vulgaire aussi bien que dans une raison capable des plus hautes spéculations ; que ces idées ne peuvent pas être tirées de notions empiriques, qui, comme telles, ne pourraient être que contingentes; que c'est précisément cette pureté de leur origine qui fait leur dignité et les rend propres à servir de principes suprêmes de conduite ; que, plus on cherche à mêler à ces notions des éléments empiriques, plus on affaiblit leur influence légitime et la valeur absolue des actions ; que ce n'est pas seulement pour les besoins de la théorie ou de la pure spéculation, mais aussi et surtout au point de vue de la pratique, qu'il est, pour la morale, de la plus extrême importance de ne puiser ses concepts et ses lois qu'à la source de la raison pure, et de les présenter purs et sans mélange d'éléments étrangers; bien plus : qu'il importe au plus haut point de déterminer la portée de cette connaissance pratique ou purement

(1) « J'ai une lettre de feu l'excellent Sulzer, dans laquelle il me demande ce qui fait que l'enseignement de la vertu, si convaincant qu'il puisse être pour la raison, produit pourtant si peu d'effet. J'avais différé ma réponse, pour la rendre plus complète : la voici. Il n'y a pas à cela d'autre cause, sinon que les maîtres n'ont pas exposé les principes de la morale dans toute leur pureté, et que, voulant trop bien faire, ils ont ajouté à l'idée du bien moral des mobiles empruntés de tous côtés : si bien que, pour rendre le remède plus efficace, ils l'altèrent. En effet, l'observation la plus simple montre que, lorsqu'on offre en exemple un acte de probité, exempt de toute vue intéressée sur cette vie ou sur l'autre, accompli avec constance, en dépit des sollicitations les plus vives du besoin et du plaisir ; et que, d'autre part, on retrace une action de tout point semblable à la première, mais dont l'auteur a subi l'impulsion de quelque mobile étranger, la première de ces deux actions éclipse la seconde et la laisse bien loin derrière elle ; elle élève les âmes, et excite en elles le désir de pouvoir agir de même. Les enfants mêmes, parvenus à l'âge de raison, ressentent cette impression, et c'est toujours ainsi, et non autrement, qu'il faudrait leur montrer leurs devoirs. » (Note de Kant.)

rationnelle de la morale, c'est-à-dire de déterminer la puissance de la raison pure pratique tout entière; et cela, non pas, comme la philosophie spéculative l'autorise, et même en certains cas, le juge nécessaire, pour faire dépendre les principes de la morale de la nature particulière de la raison humaine ; mais parce que, les lois morales devant avoir autorité sur tous les êtres raisonnables, il faut les tirer de la notion universelle d'un être raisonnable en général; enfin, c'est ainsi qu'il faut absolument exposer la morale : sans doute elle réclame, dans ses applications, le secours de l'anthropologie; mais elle doit d'abord être traitée tout entière indépendamment de cette dernière science, à titre de philosophie pure, c'est-à-dire de métaphysique (et cela peut se faire aisément dans cet ordre de connaissance tout abstrait); car il faut bien se persuader que, si l'on ne parvenait pas à se mettre en possession d'une connaissance de cette sorte, c'est en vain qu'on tenterait, non seulement de déterminer avec précision au point de vue spéculatif l'élément moral contenu dans toute action conforme au devoir ; je dis plus : même en se plaçant uniquement au point de vue des applications ordinaires de la morale à la vie pratique, et surtout au point de vue de l'éducation, il serait impossible de donner à la conduite pour fondement son véritable principe; il serait donc impossible de produire des dispositions d'un caractère vraiment moral, et de les greffer dans les âmes pour le plus grand bien de ce monde.

Ainsi donc, pour nous élever dans ce traité, par une gradation naturelle, non plus seulement des jugements moraux du sens commun (lequel vaut bien qu'on le prenne en considération) aux jugements de la philosophie (comme nous venons de le faire) ; mais encore pour passer d'une philosophie populaire, qui ne peut guère marcher que par des tâtonnements et par des exemples, à la métaphysique (qui n'est plus arrêtée par rien d'empirique, et qui, puisqu'elle a pour tâche de déterminer tout le domaine des notions rationnelles de cet ordre, s'élève jusqu'à la sphère des idées, où les exemples mêmes nous abandonnent), il faudra que nous poursuivions nos recherches sur la faculté pratique de la raison (1), à partir des règles générales selon lesquelles elle se détermine, jusqu'au point où nous verrons en jaillir la notion du devoir.

Toute chose, dans la nature, agit suivant des lois. Mais, seul, un être raisonnable a le pouvoir d'agir *d'après la représentation* de ces lois, c'est-à-dire d'après des principes; seul, un être raisonnable peut avoir *une volonté*. Et comme rattacher les actions à leurs lois est l'œuvre de la *raison*, la volonté n'est autre chose que la raison pratique. Quand, dans un être, la raison détermine infailliblement la volonté, nous concevons que les actions de cet être, qui objectivement sont nécessaires, le sont aussi subjectivement (2); la volonté, en ce cas, est la faculté de choisir *seulement* ce que la raison, indépendamment de toute inclination, reconnaît comme pratiquement nécessaire, c'est-à-dire comme bon. — Mais si la raison à elle seule ne suffit pas à déterminer la volonté, si cette dernière faculté est, en outre, assujettie à certaines conditions subjectives (à certains mobiles) qui ne s'accordent pas toujours avec les conditions objectives; en un mot, si la volonté, *en soi*, n'est pas parfaitement conforme à la raison (et tel est le cas chez l'homme), alors les actions qui, objectivement, sont reconnues comme nécessaires, deviennent, subjectivement, contingentes (3), et le mode de détermination par la loi, d'une volonté de cette

(1) La faculté pratique de la raison est le pouvoir qu'a la raison de diriger notre conduite selon ses principes propres.

(2) *Les actions, qui, objectivement, sont nécessaires, le sont aussi subjectivement.* Les actions objectivement nécessaires sont celles qui doivent être faites, qui sont obligatoires; et ces mêmes actions seraient subjectivement nécessaires, c'est-à-dire se produiraient infailliblement, *si* notre volonté n'était déterminée *que* par des principes rationnels.

(3) *Contingent* s'oppose à *nécessaire*. Une action contingente est une action qui pourrait ne pas avoir lieu, bien qu'elle se

sorte est une *contrainte*; en d'autres termes, le rapport des lois objectives avec une volonté qui n'est pas bonne d'une bonté absolue, est conçu, en ce cas, comme la détermination de la volonté d'un être raisonnable qui, à la vérité, obéit à des principes rationnels, mais sans que sa volonté s'y conforme nécessairement en vertu de sa propre nature.

L'idée d'un principe objectif qui contient une contrainte pour la volonté s'appelle un commandement de la raison, et la formule du commandement est un *impératif* (1).

Tous les impératifs sont exprimés par le verbe *devoir*; et ils indiquent par là le rapport qui existe entre une loi objective de la raison et une volonté que sa nature subjective ne soumet pas à cette loi d'une manière nécessaire (un tel rapport est une contrainte). Les impératifs disent qu'il serait bon de faire ou d'éviter telle ou telle action; mais ils le disent à une volonté qui ne se décide pas toujours par la seule considération de la bonté des actions. Or, ce qui est pratiquement *bon*, c'est ce qui détermine la volonté par une idée rationnelle ; non par des causes subjectives, mais, au contraire, objectivement, c'est-à-dire en vertu de principes qui sont considérés comme valables pour tout être doué de raison, en tant qu'il est doué de raison. Ce bien pratique est très différent de l'*agréable*; car un agrément n'exerce d'influence sur la volonté que par la sensation, c'est-à-dire par des raisons subjectives, valables seulement pour la sensibilité de tel ou tel individu et bien différentes d'un principe de la raison, lequel est valable pour tout le monde (2).

---

produise. Une action nécessaire est une action qui ne peut pas ne pas être.
(1) Voir *Revue des Cours et Conférences*, n° 23 (18 avril 1901), cours de M. E. Boutroux; — V. Delbos, *la Philosophie pratique de Kant*, p. 348-370; — H. Lachelier, *Fondements de la Métaphysique des Mœurs*, Préface, p. xv-xvii.
(2) « Cette dépendance des sensations, dans laquelle se trouve

Une volonté parfaitement bonne serait donc soumise tout comme une autre aux lois objectives (aux lois du bien) ; mais on ne pourrait pas pour cela se la représenter comme *contrainte* à n'agir que conformément à la loi, puisque d'elle-même, en vertu de sa constitution propre, une telle volonté ne pourrait se décider que par l'idée du bien. C'est pourquoi, pour la volonté *divine*, et, en général, pour une volonté *sainte*, il n'y a pas d'impératifs. Ici l'expression *devoir* n'est plus à sa place, puisque, de lui-même, le *vouloir* est nécessairement d'accord avec la loi. Il suit de là que les impératifs ne sont que des formules exprimant le rapport qui existe entre les lois objectives du vouloir, en général, et l'imperfection subjective de la volonté de tel ou tel être doué de raison, par exemple, de la volonté humaine.

la faculté de désirer, s'appelle inclination, et l'inclination, par conséquent, atteste toujours l'existence d'un *besoin*. Au contraire, cette dépendance des principes de la raison dans laquelle se trouve une volonté susceptible d'être déterminée par ces principes sans pourtant qu'elle le soit nécessairement, s'appelle un *intérêt*. L'intérêt ne peut donc se rencontrer que dans une volonté dépendante, qui n'est pas toujours d'elle-même conforme à la raison; on ne peut concevoir d'intérêt dans la volonté divine. Mais la volonté humaine elle-même peut *prendre intérêt* à quelque chose, sans pour cela *agir par intérêt*. La première de ces deux expressions marque l'intérêt *pratique* que l'on prend à l'action; la seconde, l'intérêt *pathologique* que l'on prend à l'objet de l'action. La première indique simplement que la volonté s'attache aux principes de la raison pour eux-mêmes ; la seconde, qu'elle ne fait appel à ces principes que pour les mettre au service de ses inclinations ; et en effet, dans ce dernier cas, le rôle de la raison se borne à indiquer une règle pratique qui permette de pourvoir aux besoins de l'inclination. Dans le premier cas, c'est l'action elle-même qui m'intéresse ; dans le second, ce n'est que le but de l'action (et seulement dans la mesure où ce but m'agrée). Nous avons vu, dans la première section, que, pour agir par devoir, il ne faut pas considérer l'intérêt que l'on peut prendre au but de l'action, mais qu'il faut, au contraire, n'avoir en vue que l'action elle-même, et le principe rationnel dont elle découle (c'est-à-dire sa loi). » (Note de Kant.)

Donc, tous les impératifs commandent, soit d'une manière *hypothétique* soit d'une manière *catégorique* (1). Les premiers nous représentent la nécessité d'agir de telle ou telle manière comme le moyen de parvenir à quelque autre chose, qu'on se propose (ou qu'il est possible qu'on se propose). L'impératif catégorique serait celui qui nous représenterait une action comme étant objectivement nécessaire par elle-même, et indépendamment de toute autre fin. Comme une loi pratique est toujours une loi qui nous représente l'action à faire comme bonne, c'est-à-dire comme étant celle que ferait nécessairement un être susceptible de se décider par raison, on peut considérer les impératifs comme des formules propres à déterminer quelle serait l'action qui, d'après les principes d'une volonté bonne en quelque manière, devrait nécessairement être accomplie. L'action n'est-elle bonne que par rapport *à autre chose* qu'elle-même, à titre de moyen, l'impératif est alors *hypothétique;* mais la considère-t-on comme *bonne en elle-même*, et, par conséquent, comme nécessaire de la part d'une volonté qui, d'elle-même, serait conforme à la raison, c'est-à-dire, comme un principe de la volonté, alors l'impératif est *catégorique*.

Ainsi l'impératif énonce l'action que je ferais bien de faire, et il exprime la règle de conduite qui s'imposerait à une volonté qui, d'elle-même, ne se porterait pas à faire une action par la seule raison qu'il est bon de la faire; tantôt, parce que le sujet ignore que l'action est bonne, tantôt parce que, même s'il le savait, ses maximes particulières pourraient être en opposition avec les principes objectifs de la raison pratique.

L'impératif hypothétique se borne donc à affirmer

---

(1) *Catégorique* signifie *absolu*, c'est-à-dire sans rapport à autre chose; catégorique s'oppose à *relatif. Je sortirai* est un *indicatif* catégorique et absolu. *Je sortirai, s'il fait beau*, est un *indicatif* hypothétique et relatif.

qu'une action est bonne en vue d'un but quelconque, *possible* ou *réel* (1). C'est un principe pratique, *problématique* (2) dans le premier cas, *assertorique* (3) dans le second. L'impératif catégorique, qui déclare objectivement nécessaire une action considérée en elle-même, en écartant l'idée de toute intention et de toute fin étrangère à l'action même, a la valeur d'un principe pratique *apodictique* (4).

On peut considérer que tout ce qui ne peut être produit que par les forces d'un être raisonnable peut devenir un but possible pour une volonté quelconque : aussi existe-t-il, dans la réalité, une infinité de principes pratiques, qui nous prescrivent l'action que nous devons faire si nous voulons atteindre tel but que nous pouvons nous proposer. Toutes les sciences ont une partie pratique, consistant en théorèmes qui démontrent que telle ou telle fin peut être atteinte, et en impératifs, qui prescrivent ce qu'il faut faire pour qu'elle puisse l'être. Aussi ces sortes d'impératifs peuvent-ils être appelés, d'une manière générale, *les impératifs de l'habileté*. Quant à savoir si le but poursuivi est raisonnable et bon, cela n'entre pas en question ; il s'agit seulement

---

(1) Un but possible, c'est-à-dire un but qu'il est possible, mais non pas certain, qu'on se propose. Par exemple, construire une maison, faire un tableau, résoudre un problème, etc. — Un but réel est un but que, en fait, tous les hommes ont réellement en vue. Ainsi, tout homme veut être heureux.

(2 et 3) Le *problématique correspond* au possible; l'*assertorique correspond* au réel. S'il s'agit d'un but possible, que vous pouvez vous proposer, je vous prescris les moyens de l'atteindre, *problématiquement*, c'est-à-dire, en sous-entendant : *si* vous vous le proposez; en effet, il y a là une *question* que je ne prends pas sur moi de résoudre. S'il s'agit d'un but réel, que vous vous proposez certainement, je vous prescris les moyens de l'atteindre, *assertoriquement*, sans doute ni réserve, car il est certain que vous devez les employer.

(4) *Apodictique* signifie *démonstratif*. Kant définit les jugements apodictiques « ceux dans lesquels on considère comme nécessaire l'affirmation ou la négation » (exprimée par ces jugements). Un principe apodictique est un principe qui a un caractère de nécessité, qui ne peut être autre qu'il n'est.

de ce qu'il faudrait faire pour atteindre ce but. Les préceptes que suit le médecin pour guérir radicalement son malade, et ceux que suit un empoisonneur pour tuer sûrement sa victime, sont de même valeur, en tant que les uns comme les autres servent à réaliser dans toute leur plénitude les intentions de leurs auteurs. De même, lorsque les enfants sont dans un âge encore tendre, comme on ignore quelles seront les fins qu'ils pourront bien avoir à poursuivre dans la vie, leurs parents cherchent généralement à leur faire apprendre *toutes sortes de choses*, et prennent soin de leur faire acquérir de l'*habileté*, c'est-à-dire l'aptitude à se servir des moyens propres à atteindre les *fins de toutes sortes qu'il leur plaira* de se proposer. Certes, ils ne peuvent affirmer qu'il entrera jamais dans les intentions des enfants qu'ils élèvent de s'attacher, en fait, à telle ou telle fin ; mais il suffit que cela *puisse* arriver ; et cette seule considération est pour eux d'un si grand poids, qu'ils en négligent communément le soin de former et de redresser le jugement de leurs enfants touchant la véritable valeur des choses que ceux-ci pourront un jour se proposer pour fins.

Il y a pourtant une fin que l'on peut considérer comme étant réellement poursuivie par tous les êtres raisonnables (en tant que ces êtres raisonnables sont en même temps des êtres dépendants, auxquels s'adressent des impératifs). Cette fin n'est pas simplement un but qu'ils *pourraient vouloir se proposer*, mais bien un but qu'en fait ils se *proposent* tous, poussés à cela par une nécessité de leur nature ; ce but, c'est le *bonheur*. L'impératif hypothétique qui met en évidence la nécessité pratique de telle ou telle action considérée comme le moyen d'assurer notre bonheur, est un impératif *assertorique* (1). Il ne faudrait pas le considérer comme néces-

---

(1) Un impératif assertorique est un impératif qui commande les actions propres à nous permettre d'atteindre un but que nous nous proposons *réellement*.

saire *seulement* pour parvenir à une fin incertaine, simplement possible ; mais bien comme nécessaire pour parvenir à une fin qu'on peut avec certitude supposer *a priori*, chez tous les êtres humains, car cette fin est inhérente à leur nature même. On peut appeler *prudence*, au sens étroit du mot, l'art de choisir les moyens propres à assurer notre félicité. Ainsi cet impératif, qui se rapporte aux moyens de parvenir au bonheur, en d'autres termes, cet impératif de la prudence, sera toujours hypothétique : l'action, en ce cas, n'est jamais prescrite d'une manière absolue ; elle ne l'est que comme un moyen propre à nous faire parvenir à quelque autre chose (1).

Enfin, il y a un impératif qui nous impose immédiatement une certaine conduite, sans y mettre pour condition une autre fin à laquelle cette conduite ne serait qu'un moyen de parvenir. Cet impératif est *catégorique*. Il ne concerne pas la matière de l'action, ni ce qui peut en résulter, mais la forme et le principe dont cette action même dérive ; et ce qu'il y a d'essentiellement bon dans un acte fait par obéissance à cet impératif, consiste dans l'intention, quel que puisse être le succès de l'action. On peut appeler cet impératif l'impératif de *la moralité*.

La différence qui existe entre la manière dont on *veut* suivant que l'on agit selon l'un ou l'autre de ces trois principes, est très nettement marquée par l'*inégalité* de la contrainte qu'ils imposent à la volonté.

(1) « Le mot *prudence* peut être pris dans deux sens différents : tantôt il s'applique à la prudence dans le commerce du monde ; tantôt, à la prudence personnelle. Dans la première acception, la prudence est l'art d'exercer sur nos semblables une influence qui nous permette de les faire servir d'instruments à nos desseins ; dans la seconde, c'est l'art de faire converger tous nos desseins en vue de nous assurer un avantage durable. C'est à cette seconde acception qu'il faut remonter pour déterminer la valeur de la prudence considérée dans le premier sens ; car de l'homme, qui n'est prudent que de cette première manière et non de la seconde, il vaut mieux de dire qu'il est avisé et retors, mais que, en définitive, il manque de prudence. » (Note de Kant.)

Pour rendre cette inégalité plus sensible, je crois que le mieux, d'après ce que nous avons dit, serait de les classer dans l'ordre suivant, en disant que les principes de la volonté sont : soit des *règles* d'habileté, soit des *conseils* de prudence, soit des *commandements* moraux (des *lois* morales). Car il n'y a qu'une *loi* qui implique en elle-même la notion d'une *nécessité inconditionnelle*, objective, et par là même valable pour tous universellement; et des *commandements* sont des lois auxquelles il faut obéir, c'est-à-dire qu'il faut suivre même en dépit de toutes nos inclinations. — Un *conseil* renferme bien une idée de nécessité ; mais cette nécessité est subordonnée à certaines conditions subjectives tout à fait contingentes; par exemple, à la question de savoir si tel homme en particulier considère telle ou telle chose comme nécessaire à son bonheur ; au contraire, l'impératif catégorique n'est restreint par aucune condition ; il est absolu, quoique pratiquement nécessaire ; donc, seul il peut, à proprement parler, s'appeler un *commandement*.

On pourrait encore appeler les impératifs de la première sorte, impératifs *techniques* (c'est-à-dire, qui se rapportent aux arts) ; ceux de la seconde sorte, impératifs *pragmatiques* (1) (qui se rapportent à la prospérité) ; et ceux de la troisième sorte, impératifs *moraux* (qui se rapportent à la libre conduite, c'est-à-dire aux mœurs).

Kant examine comment ces trois sortes de principes déterminent la volonté. Il remarque que rien n'est plus

(1) « Il me semble que le sens exact du mot *pragmatique* peut être déterminé avec toute la précision désirable de la manière suivante. On nomme *pragmatiques* les *sanctions* qui ne dérivent pas immédiatement, à titre de lois nécessaires, du droit des états, mais qui ne procèdent que du souci de la prospérité générale. Un traité d'histoire est composé au point de vue *pragmatique* quand il enseigne la *prudence*, c'est-à-dire quand il enseigne aux hommes à pourvoir à leurs intérêts mieux ou du moins aussi bien que l'ont pu faire leurs ancêtres. » (Note de Kant.)

facile à concevoir, en ce qui concerne les règles de l'habileté. Car, en ce cas, *qui veut la fin veut les moyens*. Il en serait de même des règles de la prudence, si les conditions du bonheur pouvaient être déterminées avec la même certitude. Seulement, en fait, il est loin d'en être ainsi.

Les impératifs de la prudence, s'il était aussi facile de donner une idée précise du bonheur (1), ne différeraient pas des impératifs de l'habileté, et seraient comme eux analytiques (2). Car on pourrait dire, dans ce cas comme dans le précédent : qui veut une fin, veut par là même, nécessairement, s'il est raisonnable, les seuls moyens qu'il y ait d'y parvenir. Mais c'est une chose fâcheuse qu'il soit si difficile de déterminer exactement l'idée du bonheur : si bien que, alors que tout le monde souhaite y parvenir, jamais pourtant personne n'a pu dire au juste et sans se contredire ce qu'il souhaitait et voulait en réalité. La cause en est que les éléments dont se compose l'idée du bonheur sont tous, sans exception, empiriques, c'est-à-dire empruntés à l'expérience ; et d'autre part, l'idée du bonheur implique l'idée d'une totalité absolue, d'un maximum de bien-être, non seulement dans le présent, mais encore dans l'avenir. Cela étant, il est impossible qu'un être fini, si perspicace, et, en même temps si puissant qu'on le suppose, parvienne à se faire une idée nette de ce qu'il veut réellement à cet égard. Veut-il des richesses ? Que de soucis, que d'envie, que d'embûches ne court-il pas le risque de s'attirer ? Veut-il du savoir et du discernement ? Peut-être la perspicacité qu'il acquerra

(1) S'il était aussi facile de donner une idée précise du bonheur qu'il l'est de déterminer avec exactitude le but des différents arts, comme, par exemple, de l'architecture.

(2) Une proposition analytique est une proposition dans laquelle, le sujet étant connu, on peut, par voie d'analyse, en tirer l'attribut. Cette proposition : « qui veut la fin, veut les moyens », est analytique, parce que l'idée de moyen est contenue nécessairement dans l'idée de fin, et peut en être tirée par analyse.

ne servira-t-elle qu'à le faire trembler en lui faisant apercevoir des maux inévitables, auxquels il n'aurait pas eu l'idée de songer ; peut-être, en se créant de nouveaux besoins, verra-t-il s'accroître encore la multitude de ses désirs, déjà pourtant trop nombreux. Veut-il au moins la santé? Mais combien de fois la faiblesse physique n'a-t-elle pas préservé les hommes d'erreurs auxquelles les aurait conduits un état de santé parfaite? Et ainsi de suite. Bref, il n'est au pouvoir d'aucun de nous de déterminer en toute certitude, selon un principe quelconque, ce qui peut le rendre heureux véritablement ; pour cela, il faudrait posséder l'omniscience. Il n'y a donc pas de principes déterminés qui puissent conduire au bonheur ; tout au plus peut-on donner à cet égard quelques conseils empiriques, comme de suivre un régime, de faire des économies, de se montrer poli, bon, réservé, etc., toutes choses dont l'expérience nous enseigne qu'elles sont encore, à tout prendre, les meilleurs moyens de parvenir à la prospérité. De tout cela il résulte que, à proprement parler, les impératifs de la prudence ne peuvent pas commander ; qu'il faut les regarder plutôt comme des conseils (*consilia*) que comme des *préceptes* (*præcepta*) de la raison ; que le problème qui consiste à déterminer universellement et avec une entière certitude quelle est la conduite qui pourrait assurer le bonheur d'un être raisonnable, est un problème tout à fait insoluble ; et que, par conséquent, il n'y a pas d'impératif qui puisse *prescrire*, au sens strict du mot, de faire ce qui rend heureux, attendu que le bonheur n'est pas un idéal de la raison, mais un idéal de l'imagination, fondé sur des éléments tout à fait empiriques, et d'où on espérerait vainement tirer la détermination d'une ligne de conduite propre à assurer la totalité d'une série infinie d'effets.

Kant fait remarquer que si, toutefois, on pouvait déterminer exactement les conditions du bonheur, les impératifs de la prudence deviendraient en tout semblables aux impératifs de l'habileté. La même formule : « qui veut la fin, veut les moyens », s'appliquerait également aux uns et aux autres.

De tous les impératifs, l'impératif catégorique est le seul qui tienne le langage d'une *loi*; les autres, tous ensemble, peuvent bien être appelés des *principes* de la volonté ; mais ils n'ont pas le caractère de lois : en effet, ce qui n'est nécessaire qu'autant que nous voulons atteindre tel but qui nous plaît, peut être, en soi, considéré comme contingent ; car nous pouvons toujours, en abandonnant notre dessein, nous affranchir des prescriptions qui s'y rapportent ; au contraire, un ordre inconditionnel ne laisse pas à la volonté la liberté de choisir à son gré le contraire de ce qu'il prescrit ; et, par conséquent, seul un ordre inconditionnel porte en lui ce caractère de nécessité que nous exigeons d'une loi.

Ainsi, la moralité consiste à obéir à une loi absolue, qui s'exprime par un impératif catégorique. Mais une loi absolue est nécessairement une loi universelle.

Nous allons chercher d'abord si la simple idée d'impératif catégorique ne pourrait pas nous fournir une formule contenant la seule proposition qui puisse être un impératif catégorique.

Quand, d'une manière générale, je conçois un impératif *hypothétique*, je ne sais pas à l'avance ce qu'il contiendra, tant que sa condition ne m'est pas donnée (1). Si, au contraire, je conçois un impératif *catégorique*, je

---

(1) Soit, par exemple, l'idée des travaux nécessaires à l'érection d'un édifice déterminé. Tant qu'il n'est pas question de l'élever, cette idée n'a pas du tout le caractère d'une prescription. Elle ne s'impose comme un impératif que si l'on veut construire cet édifice. Au contraire, observer la loyauté dans les contrats, se montrer reconnaissant, sont des idées qui, aussitôt qu'elles surgissent, apparaissent immédiatement sous la forme d'une obligation, d'un impératif. On ne se demande pas s'il est des cas où il faut être loyal, reconnaissant, ni à quoi cela peut bien servir. On conçoit qu'on doit toujours l'être, quoi qu'il advienne.

sais immédiatement ce qu'il contient ; car un tel impératif ne renferme, outre la loi, que la nécessité, pour la maxime (1) selon laquelle nous agissons, d'être conforme à la loi ; mais comme la loi n'implique aucune condition restrictive, il ne reste plus, pour la caractériser, que son universalité ; c'est donc avec l'universalité d'une loi, en général, que la maxime de notre action doit pouvoir s'accorder ; et le caractère propre de l'impératif catégorique est précisément d'exprimer la nécessité de mettre notre maxime en conformité avec la loi universelle.

Il ne peut donc y avoir qu'un seul impératif catégorique, et il s'énonce ainsi : *N'agis que d'après une maxime telle que tu puisses vouloir en même temps que cette maxime devienne une loi universelle.*

Si, de ce seul impératif, nous pouvons tirer, comme de leur principe commun, tous les impératifs qui nous prescrivent nos différents devoirs, nous pourrons par là expliquer ce que nous entendons par le devoir, et quel est le véritable sens de cette notion.

Comme l'universalité d'une loi selon laquelle se produisent des effets constitue ce que, dans le sens le plus général, on appelle la *nature* (2) (quant à la forme) ; et par nature, on entend la réalité extérieure en tant qu'elle est déterminée par des lois universelles, l'impératif universel du devoir pourrait encore s'énoncer de la

---

(1) « Une *maxime* est un *principe subjectif* d'action ; il ne faut pas le confondre avec le *principe objectif* de l'action, c'est-à-dire avec la *loi pratique*. Une maxime ne contient que la règle pratique selon laquelle, en fait, la raison du sujet se détermine (et bien souvent, cette raison est bornée par l'ignorance ou par les penchants naturels) ; c'est donc un principe d'après lequel le sujet *agit* ; la loi, au contraire, est le principe objectif de l'action, principe valable pour tout être raisonnable, et selon lequel tout être raisonnable *doit agir*. La loi est donc un *impératif*. » (Note de Kant.)

(2) Voir *Fondements de la Métaphysique des Mœurs*, trad. de M. H. Lachelier, p. 54, notes 1, 2 et 3. — *La Philosophie pratique de Kant*, par M. V. Delbos, p. 357-360.

manière suivante : *Agis comme si, par la volonté, la maxime de ton action devait être érigée en une loi universelle de la nature.*

Nous allons maintenant énumérer quelques devoirs en suivant la division accoutumée en devoirs envers soi-même et devoirs envers les autres hommes, chacune de ces deux catégories étant elle-même subdivisée en devoirs parfaits et devoirs (1) imparfaits (2).

1. Un homme, par suite d'une série de malheurs qui l'ont réduit au désespoir, a perdu le goût de la vie. Toutefois, il possède encore assez de raison pour se demander si renoncer à la vie ne serait pas un acte contraire à ses devoirs envers lui-même. Il essaye donc de voir si la maxime d'une telle action pourrait devenir une loi universelle de la nature. Cette maxime serait la suivante : par amour pour moi-même, j'admets en principe que je puis mettre fin à mes jours, au cas où ma vie, en se prolongeant, menace de me faire éprouver plus de peines que de satisfactions. Reste à savoir si ce principe de l'égoïsme pourrait devenir une loi universelle ? Mais on comprend tout de suite qu'une nature dont la loi ferait servir à la destruction de notre vie ce même sentiment qui nous a été donné pour la conserver, serait en contradiction avec elle-même, et,

---

(1) « Il faut bien remarquer que, comme je me réserve entièrement d'établir plus tard, dans une *Métaphysique des Mœurs*, une classification des devoirs, celle-ci n'est adoptée que provisoirement (pour me permettre de classer mes exemples). D'ailleurs, comme, par devoirs parfaits, j'entends ceux qui n'autorisent pas d'exception en faveur de l'inclination, je reconnais des devoirs parfaits, non seulement envers nos semblables, mais aussi envers nous-mêmes, contrairement à l'usage reçu dans l'école ; toutefois, je n'ai pas ici à justifier cette infraction à l'ordre habituel, attendu que, pour le but que je me propose, il est indifférent qu'on m'accorde ou qu'on me refuse le droit d'établir cette division. » (Note de Kant.)

(2) Les devoirs parfaits sont des devoirs parfaitement déterminés. Exemple : payer une dette. Les devoirs imparfaits sont des devoirs imparfaitement déterminés. Exemple : faire l'aumône.

par suite, qu'elle ne saurait subsister en tant que nature. Il n'est donc pas possible d'ériger cette maxime en une loi universelle de la nature, et, par conséquent, elle se trouve en opposition absolue avec le principe suprême de tout devoir.

2. Cet autre se voit contraint, par la nécessité, d'emprunter de l'argent. Il sait bien qu'il ne pourra pas le rendre ; mais il sait aussi qu'on refusera de lui prêter s'il ne s'engage formellement à rembourser à une époque fixée. Il a envie de faire cette promesse ; toutefois, il a encore assez de conscience pour se demander à lui-même : en me tirant d'affaire de la sorte, ne ferais-je pas une action défendue, et tout à fait contraire à mon devoir ? Supposons pourtant qu'il prenne ce parti. La maxime de cette action s'énoncerait ainsi : quand j'estime que j'ai besoin d'argent, je cherche à en emprunter en promettant de le rendre, quoique je sache parfaitement que je ne le rendrai pas. Ce principe émané de l'amour de soi et de ses convenances particulières se concilie peut-être avec mon bien-être futur ; mais maintenant, la question est de savoir si cela est juste. J'essaye donc de transformer cette suggestion de l'égoïsme en une loi universelle, et je me pose la question suivante : qu'adviendrait-il si ma maxime devenait une loi universelle ? Je vois tout de suite que si l'on tente d'en faire une loi universelle de la nature, elle ne peut rester d'accord avec elle-même, mais qu'au contraire, nécessairement, elle se contredit. En effet, supposons que tout homme, lorsqu'il juge qu'il en a besoin, croie pouvoir promettre n'importe quoi, avec l'intention de ne pas tenir : l'universalité d'une telle loi couperait court à toute espèce de promesse, et, par conséquent, au but qu'on se propose lorsqu'on en fait une : en effet, personne ne pourrait plus ajouter foi aux engagements que l'on prend à son égard, et chacun accueillerait avec un sourire toute protestation de cette sorte, comme un faux semblant dont on sait toute la vanité.

3. Un troisième se trouve avoir un don naturel, qui,

bien cultivé, peut faire de lui un homme apte à beaucoup de choses. Mais il se voit dans l'aisance, et il préfère s'adonner aux plaisirs, plutôt que de prendre la peine d'étendre et de perfectionner les heureuses dispositions que la nature a mises en lui. Toutefois, lui aussi se demande si une maxime qui l'autoriserait à négliger ses talents naturels s'accorderait avec ce qui s'appelle le devoir. Il voit bien qu'à la rigueur une nature qui serait soumise à cette loi universelle et dans laquelle tous les hommes (comme les indigènes des mers du Sud) laisseraient leur esprit en friche et ne songeraient qu'à passer leur vie dans l'oisiveté, dans les plaisirs, en un mot, dans les jouissances de toute sorte, pourrait encore subsister ; mais il n'est pas possible que cet homme *veuille* qu'un tel genre de vie devienne la loi universelle de la nature, ni qu'il nous soit imposé par un instinct naturel. En effet, en sa qualité d'être raisonnable, il veut nécessairement que toutes ses facultés atteignent leur développement normal, puisqu'elles lui ont été données pour lui permettre de parvenir à toutes les fins qu'il peut vouloir se proposer.

4. Un quatrième, auquel tout réussit, voyant ses semblables aux prises avec les plus graves difficultés (et pouvant y porter remède), se fait cette réflexion : « Que m'importe ? Je n'empêche pas les autres d'être heureux si le ciel le permet ou s'ils sont capables de l'être ; je n'y mettrai point d'obstacle ; je le verrai même sans envie ; mais quant à contribuer pour ma part à leur prospérité, ou même les assister dans leurs besoins, je n'en ai cure.... » Assurément, même si une telle manière de voir devenait une loi universelle de la nature, le genre humain pourrait encore subsister ; il serait même dans des conditions meilleures que dans tel état de choses où chacun parle volontiers de sympathie et de bienveillance, où l'on s'efforce même de pratiquer ces vertus, mais où, en revanche, tout le monde trompe tant qu'il peut, trafique des droits de l'humanité, ou y porte atteinte d'une manière ou d'une autre. Cependant, quoiqu'il soit

possible qu'une loi universelle de la nature se concilie avec une telle maxime, toutefois, on ne peut pourtant pas *vouloir* qu'un tel principe soit la loi de la nature entière. En effet, une volonté qui agirait ainsi se mettrait en contradiction avec elle-même : car bien des cas pourraient se produire, où nous éprouverions le besoin de faire appel à la charité et à la sympathie d'autrui, et où, en vertu de cette loi de nature voulue par nous-mêmes, nous nous trouverions privés de tout espoir d'obtenir cette assistance, que pourtant nous souhaiterions.

Voilà quelques-uns de nos nombreux devoirs réels, ou du moins tenus par nous pour tels ; il est manifeste que leur classification ressort clairement du principe unique que nous venons de poser. Il faut que nous *puissions vouloir* que la maxime de notre action devienne une loi universelle : telle est la règle suprême qui nous permet de juger des actions au point de vue moral. Quelques actes sont tels que leur maxime ne peut même pas sans contradiction être *conçue* comme une loi universelle de la nature, loin qu'on puisse *vouloir* qu'elle *doive* jamais avoir le caractère de loi. Dans d'autres, on ne rencontre pas, il est vrai, cette impossibilité interne ; toutefois, il est impossible de *vouloir* que leur maxime soit érigée en loi universelle de la nature, parce qu'une telle volonté se mettrait en contradiction avec elle-même. Il est aisé de voir que la première manière d'agir serait en contradiction avec les devoirs stricts (dont on ne peut se dispenser), et la seconde, avec les devoirs larges (ou devoirs méritoires) (1). Ainsi, tous les devoirs, en ce qui concerne leur mode d'obligation (et non l'objet de leur action) se rattachent, comme on le voit par les exemples cités précédemment, au principe unique que nous venons de poser.

Si maintenant nous faisons attention à ce qui se passe en nous lorsque nous manquons à notre devoir, nous

---

(1) Devoirs dont l'accomplissement n'est pas strictement exigible, et semble constituer un pur mérite.

trouverons que nous ne voulons pas réellement que notre maxime devienne une loi universelle de la nature, car nous ne pourrions pas le vouloir ; loin de là, nous souhaitons bien plutôt que ce soit le contraire de la maxime qui fasse loi ; seulement nous prenons la liberté d'y faire (et pour cette fois seulement) une exception en faveur de nos penchants. Par conséquent, si nous considérions tous nos actes d'un seul et même point de vue, celui de la raison, nous trouverions dans notre volonté propre une contradiction : car nous voulons qu'un certain principe soit objectivement nécessaire comme loi universelle, et que, subjectivement, ce principe cesse d'être universel, et qu'il admette des exceptions en notre faveur. Mais comme, en réalité, nous considérons successivement notre action, d'abord du point de vue d'une volonté entièrement conforme à la raison ; ensuite du point de vue d'une volonté dominée par l'inclination, il n'y a pas ici réellement contradiction ; seulement, par suite de l'opposition (antagonisme) de l'inclination aux prescriptions de la raison, *l'universalité* du principe rationnel est convertie en une simple *généralité* (1) ; de sorte que le principe pratique de la raison et notre maxime font chacun la moitié du chemin. Or, bien que notre jugement, quand il est impartial, ne puisse souscrire à un pareil compromis, l'existence de ce compromis prouve cependant que nous reconnaissons réellement l'autorité de l'impératif catégorique, mais que (tout en lui gardant notre respect) nous nous permettons pourtant d'y faire quelques exceptions qui nous semblent être indispensables, et qui nous paraissent imposées par la nécessité.

Kant vient de montrer que la formule du devoir ne peut être qu'un impératif catégorique. Il reste maintenant

---

(1) Par exemple, celui qui se permet de manquer à sa promesse oublie qu'on doit *toujours* (universalité) être fidèle à sa parole ; mais semble croire seulement qu'on doit y être fidèle *le plus souvent* possible (généralité).

à examiner quelle est la loi qui, seule, peut donner lieu à un impératif de cette sorte. Or, cette loi, on ne peut pas la tirer par induction des propriétés particulières de la nature humaine ; car le devoir s'étend à tous les êtres doués de raison, et c'est seulement parce qu'il est la loi de toute volonté raisonnable qu'il est la loi de la volonté humaine.

Le devoir est la nécessité pratique inconditionnée d'une action ; il faut donc qu'il soit valable pour tous les êtres raisonnables (les seuls auxquels un impératif puisse s'appliquer) ; et c'est *seulement pour cette raison* qu'il peut être une loi pour toute volonté humaine. Au contraire, tout ce qu'on ne peut qu'inférer de dispositions propres à la nature humaine, de certains sentiments, de certains penchants humains, voire même, si cela était possible, d'une disposition qui serait propre à la raison humaine, mais qui ne s'appliquerait pas nécessairement à la volonté de tout être raisonnable, tout cela pourrait à la rigueur nous fournir des maximes valables pour notre conduite, mais non pas une loi ; ce pourrait être un principe subjectif, selon lequel nos penchants et nos inclinations nous porteraient à agir ; mais ce ne serait point un principe objectif, selon lequel nous sommes *tenus* d'agir, alors même que nos goûts, nos inclinations, notre nature tout entière s'y opposeraient. Bien plus : la sublimité et la dignité intérieure de ce commandement se manifeste d'autant plus, en un devoir quelconque, que les causes subjectives qui nous portent à agir nous engagent moins à l'accomplir, et même qu'elles s'y opposent davantage ; sans que cette opposition affaiblisse le moins du monde la nécessité de la loi, ni lui enlève rien de son autorité.

Ici nous voyons, en effet, la philosophie placée dans une position difficile, dans laquelle, cependant, elle doit s'établir fortement, bien qu'elle ne puisse prendre de point d'appui, ni en se suspendant au ciel, ni en se fixant sur la terre. Il faut ici qu'elle fasse la preuve du droit qu'elle possède dans toute son intégrité, de ne tenir sa loi que d'elle-même, et non qu'elle apparaisse comme un héraut chargé de proclamer des lois suggérées par le sens intime ou par je ne sais quelle nature tutélaire ; car, en admettant qu'un ensemble de pareilles lois vaille mieux que rien, toujours est-il que toutes ces maximes prises ensemble ne peuvent jamais fournir de principes dictés par la raison et qui, par leur origine *a priori*, aient la valeur d'un ordre ; ce n'est pas de là qu'on peut inférer de ces principes qui ne demandent rien à l'inclination des hommes, mais qui attendent tout de l'autorité suprême de la loi, du respect qui lui est dû, et qui, au cas contraire, condamnent l'homme au mépris et à l'horreur de lui-même (1).

Ainsi, toute addition d'éléments empiriques au principe de la moralité est non seulement inutile, mais de plus extrêmement préjudiciable à la pureté de la morale ; car la valeur incomparable d'une volonté absolument bonne vient précisément de ce que le principe de ses actes est dégagé de l'influence des motifs étrangers que l'expérience peut fournir.

Kant ajoute que rien n'est plus contraire à la véritable vertu que ce mélange de principes hétérogènes, et que rien n'est plus différent, aux yeux de celui qui a contemplé la vertu sous sa véritable forme.

Maintenant, la question qui se pose est celle-ci : est-ce une loi nécessaire pour *tous les êtres raisonnables*, de juger toujours leurs actions selon des maximes telles

---

(1) « Contempler la vertu sous sa véritable forme, ce n'est pas autre chose que se représenter la moralité dépouillée de tout mélange d'éléments sensibles, et de tous les ornements d'emprunt qu'elle pourrait tirer de l'appât des récompenses ou des satisfactions de l'amour-propre. Combien alors son éclat obscurcirait tout ce qui paraît le plus charmant à nos inclinations, c'est une expérience que chacun de nous peut faire, pour peu que sa raison ne soit pas complètement rebelle à tout effort d'abstraction, et qu'elle soit capable de rentrer en elle-même. » (Note de Kant.)

qu'ils puissent vouloir que ces maximes servent de lois universelles? Si une telle loi existe, il faut qu'elle soit liée (et que cette liaison soit complètement *a priori*) à la notion d'une volonté raisonnable. Or, pour découvrir ce lien, il faut bien, quoi qu'on s'en défende, sortir du domaine de l'observation, et faire un pas dans la métaphysique, mais dans une partie de la métaphysique qui diffère complètement de la philosophie spéculative, je veux dire, dans la métaphysique des mœurs. Dans une philosophie pratique, où nous n'avons pas affaire de chercher les raisons de *ce qui arrive*, mais bien les lois de ce qui *devrait être*, quoique cela puisse ne jamais arriver, c'est-à-dire des lois objectivement pratiques, nous n'avons pas besoin d'instituer des recherches pour savoir pourquoi telle chose nous plaît ou nous déplaît, ni en quoi le plaisir de la simple sensation se distingue du goût ; ni si le goût est autre chose qu'une satisfaction générale de la raison ; nous n'avons pas non plus à nous demander sur quoi repose le sentiment de la peine ou du plaisir, ni comment, de ce sentiment, naissent les désirs et les inclinations, lesquelles à leur tour, avec le concours de la raison, donnent naissance à des maximes. Tout cela est du domaine de la psychologie empirique, et constituerait la seconde partie de la science de la nature, si l'on considère cette science comme une *Philosophie de la nature* qui serait fondée sur des *lois empiriques*. Ici, au contraire, il est question de lois pratiques objectives, et, par conséquent, du rapport que la volonté peut avoir avec elle-même, en tant qu'elle se détermine purement par raison. En effet, dans une telle conception, tout ce qui touche à un élément empirique quelconque tombe de soi-même ; parce que, si c'est *la raison seule qui détermine, uniquement en vue d'elle-même*, la conduite à tenir, il faut nécessairement qu'elle le fasse *a priori*.

Ainsi la volonté est conçue comme la faculté de se déterminer soi-même à agir *conformément à la représentation de certaines lois*. Et une faculté de cette sorte ne peut se rencontrer que chez un être doué de raison. Ce qui sert à la volonté de principe objectif pour se déterminer est une fin (1), et cette fin, lorsqu'elle émane de la seule raison, s'impose également à tous les êtres raisonnables. Ce qui, au contraire, ne contient que le principe de la possibilité de l'action dont l'effet est un but, s'appelle un *moyen*. Le principe subjectif de la faculté de désirer est un *mobile* ; le principe objectif de la volonté est un *motif ;* d'où une différence entre les fins subjectives, fondées sur des mobiles, et les fins objectives, fondées sur des motifs, lesquels sont valables pour tout être raisonnable. — Un principe d'action est *formel* lorsqu'il fait abstraction de toute fin subjective ; mais il est *matériel* lorsqu'il contient quelque fin de cette nature, et, par conséquent, quelque mobile. — Les fins qu'un être raisonnable se propose à son gré, à titre *d'effets* de ses actes (les fins matérielles) ne peuvent jamais être que des fins relatives ; la seule chose qui leur donne quelque valeur, c'est le rapport qu'elles peuvent avoir avec une disposition quelconque de la faculté appétitive du sujet, et, par suite, elles ne peuvent fournir des principes universels et nécessaires, valables pour tous les êtres raisonnables, ni même des principes valables pour tous les actes d'une même personne. C'est pourquoi toutes ces fins relatives ne peuvent donner lieu qu'à des impératifs hypothétiques.

Mais je suppose qu'il y ait quelque chose dont *l'existence ait par elle-même une valeur absolue*, quelque chose qui, étant une *fin en soi*, puisse être le principe de lois déterminées ; c'est en cette chose et en elle seulement qu'on trouverait la raison d'être d'un impératif catégorique, c'est-à-dire d'une loi pratique.

Or, j'affirme que l'homme, et, en général, tout être raisonnable, *existe à titre de fin en soi*, et qu'il n'est pas un *simple moyen*, bon seulement pour les usages auxquels il peut plaire à telle ou telle volonté de le plier. Loin

---

(1) Voir V. Delbos, *la Philosophie pratique de Kant*, p. 370-372.

de là : dans toutes nos actions, soit qu'elles s'appliquent à nous-mêmes, soit qu'elles soient accomplies en vue d'autres êtres raisonnables, nous devons toujours considérer l'homme *comme une fin*, en *même temps* que comme un moyen. Tous les objets de nos inclinations n'ont qu'une valeur conditionnelle ; car, sans les inclinations et les besoins qui en résultent, leurs objets seraient sans aucune valeur. Mais ces inclinations elles-mêmes, sources de nos besoins, sont si loin d'avoir une valeur absolue, et sont chose si peu souhaitable que, tout au contraire, le vœu d'un être doué de raison ne peut être que de s'en voir complètement affranchi. Il suit de là que la valeur de tous les objets qu'il nous est possible *d'acquérir* par nos actions ne sera jamais que relative. Les êtres dont l'existence ne dépend pas de notre volonté, mais dépend de la nature, ne peuvent, eux non plus, avoir qu'une valeur relative, s'ils ne sont pas doués de raison ; ils n'ont de valeur que celle qu'ils peuvent avoir comme moyens ; et c'est pourquoi on les appelle des *choses*. Au contraire, les êtres raisonnables s'appellent des *personnes*, parce que leur nature, en les distinguant des choses et en en faisant des fins en soi, c'est-à-dire des êtres qui ne doivent pas être traités comme de simples moyens, ne permet pas qu'on agisse arbitrairement à leur égard (et en fait un objet de respect). Les personnes ne sont donc pas simplement des fins subjectives, dont l'existence, produit de notre activité, n'a de valeur que pour nous : elles sont des *fins objectives*, c'est-à-dire des êtres dont l'existence est déjà par elle-même une fin, et une fin à laquelle on n'en peut superposer d'autres auxquelles elle servirait seulement de moyen : car, sans ces fins objectives, rien n'aurait de *valeur absolue*; mais si toute valeur était subordonnée à quelque autre chose et, par là, contingente, la raison ne pourrait trouver nulle part de principe suprême d'action.

(1) Voir *les Fondements de la Métaphysique des Mœurs*, traduction de M. H. Lachelier, p. 65, note 1.

Si donc il doit y avoir un principe suprême de la conduite, et, en ce qui concerne la volonté humaine, s'il y a un impératif catégorique, il faut que cet impératif ne propose à la volonté, en dernière analyse, que ce qui, étant *une fin en soi*, est nécessairement une fin pour tous les hommes ; car c'est seulement à cette condition que ce principe pourra être une loi universelle des volontés. Or, le fondement d'un tel principe est celui-ci : *la nature raisonnable existe à titre de fin en soi*. C'est bien ainsi que l'homme envisage nécessairement sa propre existence ; et, à cet égard, c'est en même temps un principe subjectif des actions humaines. Mais de plus, c'est ainsi que tout autre être raisonnable considère aussi sa propre existence, conformément à ce même principe rationnel qui est également valable pour moi ; c'est donc en même temps un *principe objectif*, dont toutes les lois de la volonté peuvent se déduire comme de leur principe suprême. L'impératif pratique pourrait donc s'énoncer de la manière suivante : *Agis de telle sorte que tu traites l'humanité, tant en ta personne qu'en la personne de tes semblables, toujours comme une fin, et que tu ne la traites jamais comme un simple moyen* (1). Nous allons voir si l'on peut appliquer cette formule.

Premièrement, en ce qui concerne la notion du devoir nécessaire envers soi-même. Celui qui éprouve la tentation du suicide se demande si un tel acte est compatible avec l'idée de l'humanité considérée comme une *fin en soi*. Si, pour échapper à une destinée pénible, il se détruit, il se sert d'une personne comme d'un *simple moyen* propre à le maintenir dans un état supportable jusqu'à la fin de sa vie. Mais l'homme n'est pas une chose ; et, par suite, on ne peut l'employer *uniquement comme un moyen* ; au contraire, dans toutes les actions qui ont quelque rapport à lui, il doit toujours être considéré également comme une fin en soi. Donc je n'ai

---

(1) Voir la *Revue des Cours et Conférences* (n° 23, 18 avril 1901). Cours de M. E. Boutroux.

pas le droit de disposer de l'humanité en ma personne, ni pour la mutiler, ni pour la dégrader, ni pour la détruire. (Je m'abstiens, ce qui pourtant serait nécessaire pour prévenir tout malentendu, d'entrer ici dans des détails plus précis au sujet des applications de ce principe, et je laisse de côté des questions du genre de celle-ci : est-il permis de consentir à une amputation pour conserver sa vie, de s'exposer à un danger dans l'espoir de la sauver, etc? Ces questions sont du domaine de la morale proprement dite).

Deuxièmement, en ce qui est du devoir nécessaire ou devoir strict envers le prochain. Celui à qui, par exemple, il vient à l'esprit de faire à son prochain une promesse mensongère, s'apercevra tout de suite qu'il veut traiter un de ses semblables *comme un simple moyen*, au lieu de le prendre en même temps pour fin de son action. Car il ne se peut pas que la personne que je prétends, au moyen d'une promesse de cette sorte, faire servir à mes desseins, donne son consentement à un tel procédé ; elle n'est donc pas le but qu'on se propose quand on agit ainsi. Et cette infraction au principe qui veut que l'on respecte l'humanité en autrui, est encore plus flagrante dans les attentats à la liberté ou à la propriété de nos semblables. Dans ces derniers cas, il apparaît avec la dernière évidence que l'homme qui a transgressé les droits de l'humanité a eu l'intention d'user de la personne de ses semblables comme d'un simple moyen, sans considérer que ceux-ci, en leur qualité d'êtres raisonnables, devaient toujours être considérés en même temps comme des fins, c'est-à-dire comme des êtres qui doivent contenir en eux-mêmes la fin de cette même action (1).

(1) « Qu'on ne se figure pas que la maxime vulgaire : « Ne fais pas à autrui ce que tu ne voudrais pas qu'on te fît », puisse servir ici de principe ni de règle. Cette maxime se déduit simplement, avec quelques restrictions, du principe que nous avons posé : elle ne peut donc pas être une loi universelle; en effet, elle ne contient ni le principe des devoirs envers soi-

Troisièmement, en ce qui concerne le devoir contingent envers soi-même (devoir méritoire). Il ne suffit pas que notre acte n'ait rien de contraire à l'idée de l'humanité considérée en notre personne comme une fin en soi ; il faut de plus qu'il *s'accorde avec cette conception*. Or il y a dans la nature humaine une disposition à tendre toujours vers un degré supérieur de perfection, et cette disposition se rapporte aux fins que la nature poursuit par rapport à l'humanité en notre personne ; négliger ces dispositions, c'est tenir une conduite qui ne serait peut-être pas en opposition avec le soin de *conserver* en nous l'humanité considérée comme fin en soi, mais qui, assurément, *ne tendrait pas à réaliser* cette fin.

Quatrièmement, en ce qui concerne le devoir méritoire envers autrui. La fin que tous les hommes poursuivent naturellement est leur propre bonheur. Or, il est vrai que l'humanité pourrait subsister alors même que personne ne contribuerait au bonheur d'autrui, à condition toutefois que les hommes n'aient pas l'intention de nuire au bonheur les uns des autres ; mais il n'y aurait là qu'un accord tout négatif, et non un accord réel et positif entre la conduite des hommes et l'idée de *l'humanité considérée comme fin en soi*. Dans un tel état de choses, chacun ne s'efforcerait pas, autant qu'il est en lui, d'aider ses semblables à atteindre les fins qu'ils se proposent ; or, pour que cette idée, qu'un sujet quelconque est une fin en soi, ait sur moi une pleine et entière efficacité, il faut que les fins que ce sujet se propose deviennent les miennes.

Ici Kant remarque qu'en accomplissant sa loi, la volonté ne se soumet pas à une autorité étrangère (en ce cas, elle obéirait à un impératif hypothétique). Mais la loi morale

même, ni le principe des devoirs de charité envers le prochain (car tel consentirait volontiers à ne recevoir jamais de bienfait à condition d'être par là dispensé de témoigner de la bienfaisance) ; enfin, elle ne rend même pas compte de nos devoirs stricts envers nos semblables, car un criminel pourrait arguer de ce principe contre le juge qui le punit. » (Note de Kant.)

est un impératif catégorique. Il faut donc qu'elle émane de la volonté même de l'être raisonnable. C'est le principe de l'autonomie de la volonté.

Ce principe (1), que la personne humaine, et, en général, toute nature raisonnable *est une fin en soi* (ce principe suprême qui limite l'usage que chacun de nous doit faire de sa liberté), n'est pas dérivé de l'expérience. D'abord, parce que, étant universel, il s'étend à tous les êtres raisonnables ; or, l'expérience ne peut jamais suffire à nous faire connaître un tel caractère d'universalité ; ensuite parce qu'il nous présente la personne humaine, non comme une fin subjective, comme un objet qu'en fait tout homme se propose pour fin, mais comme un but objectif, qui doit servir de loi et de condition suprême à toutes les fins, quelles qu'elles soient, auxquelles nous pouvons tendre ; il a donc sa source dans la raison pure. En effet, le principe objectif de toute législation pratique réside, *objectivement dans la règle* et dans la forme de l'universalité (en vertu de notre premier principe) (2), et c'est cette forme qui lui donne son caractère de loi (d'une loi de la nature) ; mais *subjectivement, il réside dans la fin*. Or, le sujet de toutes les fins, c'est précisément chaque être raisonnable, considéré comme une fin en soi (selon notre second principe) (3) ; de là dérive un troisième principe pratique de la volonté, principe qui est la condition

---

(1) Pour l'intelligence de ce passage et des suivants, consulter *les Fondements de la Métaphysique des Mœurs*, traduction de M. H. Lachelier, p. 70, notes 1, 2 et 3, et p. 71, note 1. — Voir aussi l'Introduction placée en tête de l'ouvrage, p. xix à xxii. — Voir également : *Revue des Cours et Conférences*, année 1900-1901, n° 23 (18 avril 1901) ; Cours de M. E. Boutroux. — V. Delbos, *la Philosophie pratique de Kant*, p. 373-377.

(2) Le premier principe est celui qui s'énonce ainsi : « Agis de telle sorte que tu puisses vouloir que la maxime de ton action devienne une loi universelle de la nature. »

(3) Le second principe est celui-ci : « Agis de manière à traiter toujours la personne humaine, soit en toi-même, soit en autrui, comme une fin, et non comme un simple moyen. »

suprême de l'accord de cette volonté avec la raison pratique universelle : c'est l'idée *de la volonté de tout être raisonnable conçue comme volonté législatrice universelle* (1).

D'après ce principe, il faut rejeter toutes les maximes qui sont incompatibles avec l'idée d'une volonté imposant universellement sa propre législation. Par là, la volonté n'est pas simplement sujette de la loi ; elle n'en est sujette qu'autant qu'elle est à elle-même *son propre législateur* ; et c'est seulement en ce sens qu'on peut la considérer comme sujette de la loi (dont elle est en droit de se considérer comme l'auteur).

Les impératifs, considérés ainsi comme constituant une législation universelle des actions analogue à *l'ordre universel de la nature*, ou comme conférant à tous les êtres raisonnables *cette éminente prérogative d'être des fins en soi*, ces impératifs, ainsi conçus, excluent toute immixtion d'un intérêt quelconque dans leur autorité, et, par conséquent toute espèce de mobile, précisément parce que nous les regardons comme des impératifs catégoriques. Toutefois nous ne les avons considérés comme catégoriques que parce que, pour expliquer la notion du devoir, il nous fallait procéder ainsi. Mais qu'il y ait des principes pratiques qui commandent catégoriquement, c'est ce qui n'a pu être encore établi et ne pourra l'être dans cette section de notre traité. Toutefois, une chose nous était possible : c'était de rendre sensible dans l'impératif lui-même, au moyen d'une détermination qu'il contenait, que le renoncement à tout intérêt était ce qui caractérise une volonté qui agit par devoir, et de montrer que c'est ce renoncement qui institue une différence spécifique entre l'impératif hypothétique et l'impératif catégorique. Or, c'est ce qui a lieu présentement, au moyen de la troisième formule du principe, laquelle nous montre que la

---

(1) Voir *les Fondements de la Métaphysique des Mœurs*, p. 70, notes 1, 2 et 3, et p. 71, note 1. Voir surtout la préface, p. xx-xxi.

volonté de tout être raisonnable est une volonté *législatrice universelle*.

En effet, quand nous concevons une telle volonté, bien que nous admettions qu'une volonté *soumise à des lois* puisse leur être assujettie par quelque intérêt, toutefois il nous est impossible de concevoir qu'une volonté qui se donne à elle-même sa législation suprême puisse être sous la dépendance d'un intérêt quelconque; car, à cause de cette dépendance même, nous serions obligés de supposer pour cette volonté une autre loi qui limiterait son amour-propre en lui imposant pour condition d'avoir la valeur d'une loi universelle.

Ainsi, ce principe, que toute volonté humaine est une *volonté qui donne par toutes ses maximes des lois universelles*, ce principe, si l'on parvenait à en fournir une justification, *conviendrait parfaitement* à l'impératif catégorique; car, précisément à cause de cette idée d'une législation universelle, *il n'est fondé sur aucun intérêt*, et, seul de tous les impératifs possibles, il est *inconditionné*. Ou, mieux encore, en renversant la proposition, nous aurions celle-ci : S'il existe un impératif catégorique (c'est-à-dire une loi valable pour la volonté de tout être raisonnable), il ne peut ordonner qu'une seule chose, savoir: *Agir toujours suivant la maxime d'une volonté qui, en même temps qu'elle poursuit tel ou tel but, se prend en même temps elle-même pour objet, en tant que législatrice universelle.* Car ce n'est qu'à cette condition que le principe pratique, de même que l'impératif auquel il obéit, peuvent être absolus; ce n'est qu'en ce cas qu'ils sont exempts de tout principe intéressé.

Et maintenant, si nous jetons un coup d'œil rétrospectif sur les tentatives qui ont été faites jusqu'ici pour découvrir le principe de la moralité, nous ne nous étonnerons pas que toutes aient échoué. On voyait bien que l'homme est lié à la loi par son devoir ; mais personne ne s'était avisé qu'il n'est soumis qu'à *sa propre législation*, laquelle pourtant est *universelle*, et l'on n'avait pas vu qu'en dernière analyse toute obligation revient pour lui à agir conformément à sa propre volonté, mais à sa volonté législatrice universelle, suivant sa fin naturelle. En effet, tant qu'on se borna à considérer l'homme comme soumis à une loi (quelle qu'en fût la nature), il fallait bien que cette loi contînt quelque intérêt, quelque agrément ou quelque contrainte, puisqu'elle n'émanait pas de *sa* volonté, et cette volonté, pourqu'elle agît conformément à la loi, ne pouvait le faire que contrainte par *quelque chose d'autre qu'elle-même*. Mais cette conséquence inévitable ruinait sans retour tout le travail fait pour établir le principe suprême du devoir. On n'en pouvait jamais tirer la notion du devoir, mais seulement la nécessité de faire une certaine action en vue d'un certain intérêt, personnel ou étranger. Mais alors l'impératif ne pouvait jamais être que conditionnel, et, par suite, impropre à fournir un commandement moral. Je donnerai à notre principe le nom de principe de *l'autonomie*(1) de la volonté, par opposition aux autres que je rangerai parmi les principes de l'*hétéronomie* de la volonté.

L'ensemble de toutes ces volontés législatrices constitue une sorte de système, analogue aux règnes de la nature. C'est ce que Kant appelle un règne des fins.

Cette idée, que tout être raisonnable doit se considérer comme fondant par toutes ses maximes une législation universelle, afin de juger de ce point de vue, et lui-même, et ses actes, nous conduit à une notion très féconde, qui se rattache à celle-là : je veux dire à l'idée d'un *règne des fins*.

J'entends par un *règne* l'union systématique des différents êtres raisonnables sous des lois communes. Or, comme les lois déterminent les fins selon leur universalité, si l'on fait abstraction, et des différences person-

---

(1) *Autonomie, hétéronomie*. Une volonté autonome est celle qui se donne à *elle-même* sa propre loi. Une volonté hétéronome est celle qui *reçoit sa loi* d'autre chose qu'elle-même.

nelles qui existent entre les êtres doués de raison, et de tout ce que comprennent les fins particulières que ces êtres peuvent se proposer, on pourra concevoir un ensemble systématique composé et de tous les êtres raisonnables conçus comme des fins en soi, et de toutes les fins particulières que chacun d'eux peut se proposer ; c'est-à-dire un règne des fins. Or d'après les principes qui précèdent, un tel règne des fins est possible.

En effet, tous les êtres raisonnables sont soumis à cette loi, de ne jamais traiter ni leur personne ni celle d'autrui *comme de simples moyens, sans les traiter en même temps comme des fins en soi*. Or, de là résulte une liaison systématique des êtres raisonnables unis entre eux par des lois objectives qui leur sont communes, c'est-à-dire un règne ; et, comme ces lois tendent à établir un rapport de ces êtres les uns avec les autres, à titre de fins ou de moyens, on peut l'appeler un règne des fins (à la vérité, ce règne des fins est seulement un idéal).

Un être raisonnable appartient au règne des fins en qualité de *membre*, lorsque, tout en y donnant des lois universelles, il est lui-même, en même temps, soumis à ces mêmes lois. Il y appartient en qualité de *chef*, lorsque, comme législateur, il n'est soumis à aucune volonté étrangère (1).

Un être raisonnable doit toujours se considérer comme législateur dans un règne des fins qui serait rendu possible par la liberté de la volonté, que ce soit en qualité de membre ou en qualité de chef. Toutefois, il ne peut prétendre à ce dernier titre en vertu de la simple maxime de sa volonté (2) ; il ne peut être chef

---

(1) L'être purement raisonnable peut seul être chef dans le règne des fins ; mais cette condition ne peut être la nôtre en ce monde ; car nous sommes toujours, en même temps que des êtres raisonnables, des êtres sensibles. Seulement, l'être sensible, s'il obéit à la raison, a le droit d'être considéré comme membre d'un règne des fins.

(2) Comparer avec le chapitre : « Sur le Respect », dans les extraits de *la Critique de la Raison pratique*.

qu'à condition qu'il soit un être tout à fait indépendant, affranchi de tout besoin et de tout ce qui pourrait restreindre le pouvoir qu'il a d'accomplir ses volontés.

La moralité consiste donc dans le rapport de toutes nos actions à la législation qui seule rend possible le règne des fins. Mais il faut que cette législation puisse se rencontrer en tout être raisonnable, et avoir sa source dans sa volonté, dont le principe sera alors le suivant : n'agis jamais que d'après une maxime qui s'accorde avec l'idée d'une loi universelle ; c'est-à-dire : *agis de telle sorte que ta volonté puisse se considérer comme dictant par sa maxime une loi universelle*. Lorsque, par leur nature, les maximes ne sont pas nécessairement d'accord avec ce principe objectif de la législation universelle des êtres raisonnables, la nécessité d'agir selon ce principe s'appelle l'obligation pratique ou le *devoir*. Le devoir ne s'applique pas au chef, dans un règne des fins, mais il s'applique à chacun des membres, et à tous également.

La nécessité pratique d'agir d'après ce principe, c'est-à-dire le devoir, ne repose donc pas sur des sentiments, ni sur des penchants, ni sur des inclinations, mais seulement sur le rapport qu'ont entre eux les êtres raisonnables ; rapport suivant lequel la volonté de chacun d'eux doit toujours et dans tous les cas être considérée comme *législatrice* : car, autrement, l'être raisonnable ne pourrait se considérer comme une *fin en soi*. La raison rapporte donc chacune des maximes de la volonté considérée comme législatrice universelle, à toutes les autres volontés, et aussi à toutes nos actions envers nous-mêmes ; et cela, elle le fait, non pour donner satisfaction à quelque autre mobile pratique ni à quelque intérêt à venir, mais uniquement en vertu de l'idée de la *dignité* de tout être raisonnable, qui n'obéit à d'autre loi qu'à celle qu'il se donne à lui-même.

Dans un règne des fins, tout a soit du *prix*, soit de la *dignité*. On peut remplacer ce qui n'a que du *prix* par autre chose, par un *équivalent* quelconque ; mais ce qui, au contraire, est élevé au-dessus de tout prix, et qui, par conséquent, n'admet point d'équivalent, cela seul a de la dignité (1).

Ce qui n'a de rapport qu'aux besoins et aux penchants de la nature humaine a un *prix mercantile* ; ce qui, sans supposer de besoin, est en harmonie avec certains de nos goûts, c'est-à-dire avec cette satisfaction que nous fait éprouver le libre jeu de nos facultés, a un prix de *sentiment* (2) ; mais, ce qui constitue la condition unique, sans laquelle rien ne pourrait être une fin en soi, cela n'a pas seulement du prix, c'est-à-dire une valeur relative ; cela a aussi et surtout une valeur intrinsèque, c'est-à-dire de *la dignité*.

Or, la moralité est la condition unique, sans laquelle un être raisonnable ne peut être une fin en soi ; car ce n'est que par sa moralité qu'un être peut être membre législateur dans le règne des fins. Donc, la moralité, et, par suite, la nature humaine en tant qu'elle est capable de moralité, sont les seules choses qui aient de la dignité.

L'habileté, l'application au travail, ont une valeur mercantile ; l'intelligence, la vivacité de l'imagination, l'esprit, ont une valeur de sentiment ; au contraire, la loyauté dans les promesses, la bienveillance fondée sur des principes (et non sur l'instinct), ont une valeur intrinsèque. La nature (3) aussi bien que l'art n'offrent rien qui puisse en tenir lieu, si elles venaient à manquer : car leur valeur ne vient pas de leurs effets, du profit ou de l'utilité qu'on en tire, mais des intentions, c'est-à-dire des maximes d'une volonté toujours prête à se manifester dans des actions de cette nature, alors même que le résultat en serait défavorable à leur auteur. Les actions de cette sorte n'ont pas besoin, pour que

---

(1) Voir V. Delbos, *la Philosophie pratique de Kant*, p. 379 à 381.
(2) Voir *les Fondements de la Métaphysique des Mœurs*, traduction de M. H. Lachelier, p. 76, notes 1 et 2.
(3) Comparer avec ce qui a été dit, dans la première section, au sujet de la valeur absolue de la bonne volonté.

nous nous y complaisions et que nous les regardions de prime abord avec faveur, de complaire à telle ou telle de nos dispositions individuelles, à tel de nos goûts, de nos penchants ou de nos sentiments ; elles font de la volonté qui les accomplit un objet immédiatement digne de respect : et c'est la raison seule qui nous *impose* ce respect, sans *nous flatter pour l'obtenir*, ce qui d'ailleurs serait en contradiction avec l'idée du devoir. Tel est donc le mode d'estimation au moyen duquel nous reconnaissons dans notre pensée cette valeur que nous désignons sous le nom de *dignité*, valeur qui est tellement au-dessus de toutes les choses qui n'ont que du prix, qu'on ne pourrait faire la comparaison sans porter atteinte à sa sainteté même.

Qu'est-ce donc qui autorise l'intention moralement bonne, ou la vertu, à élever si haut ses prétentions? Ce n'est rien moins que cette prérogative, qu'elle confère à l'être raisonnable, et qui, en le faisant participer à la législation universelle, le rend propre à devenir membre d'un règne des fins ; cet être y était déjà destiné par sa nature propre, d'abord parce qu'il est une fin en soi, et, par suite, un membre législateur dans le règne des fins ; puis, parce qu'il est libre, puisqu'il n'est soumis qu'à des lois qu'il s'impose à lui-même et qui confèrent à ses maximes le caractère d'une législation universelle (à laquelle, il est vrai, il se soumet en même temps lui-même). En effet, une chose n'a d'autre valeur que celle que la loi lui assigne ; mais il faut nécessairement que la législation qui fixe la valeur de toute chose ait elle-même en partage de la dignité, c'est-à-dire une valeur absolue, incomparable ; et le mot de *respect* est la seule expression qui convienne pour désigner le genre d'estime qu'un être raisonnable puisse faire de cette valeur. L'autonomie est donc le principe de la dignité de la nature humaine et de toute nature raisonnable.

Kant résume ainsi les trois formules du principe de la morale :

1° Forme de ce principe : N'agir que d'après des maximes telles qu'elles puissent avoir la valeur de lois universelles de la nature.

2° Matière de ce principe : L'être raisonnable, lequel, de sa nature, est une fin en soi, doit servir de condition restrictive à toutes les fins arbitraires et relatives qu'on pourrait se proposer.

3° Détermination complète de ce principe : Toutes les maximes de notre propre législation doivent s'accorder avec la notion d'un règne des fins, qui serait comme un règne de la nature.

Et maintenant, nous pouvons terminer par où nous avons commencé, par la notion d'une volonté absolument bonne. *Une volonté absolument bonne* est celle à qui il ne serait jamais possible d'être mauvaise; ce qui revient à dire que la volonté est absolument bonne quand sa maxime, érigée en loi universelle, ne peut jamais se contredire. Sa loi suprême est le principe suivant : Agis toujours selon une maxime telle qu'elle ait l'universalité d'une loi ; telle est l'unique condition qui puisse faire en sorte qu'une volonté ne soit jamais en désaccord avec elle-même ; or, un tel impératif est catégorique. Comme ce caractère qu'a la volonté de devenir une loi universelle pour toutes sortes d'actes possibles a de l'analogie avec cet enchaînement de toutes choses selon des lois, qui constitue la forme de la nature, l'impératif catégorique peut encore s'énoncer ainsi : *Agis selon des maximes telles qu'elles puissent, comme des lois universelles de la nature, être à elles-mêmes leur propre objet.* Ainsi se trouve constituée la formule d'une volonté absolument bonne.

La nature raisonnable se distingue de toutes les autres, en ce qu'elle se propose à elle-même une fin. Cette fin doit être la matière de toute bonne volonté. Mais comme, dans la conception d'une volonté qui serait bonne absolument, et sans aucune condition restrictive (n'être bonne qu'à la condition d'atteindre tel ou tel but). on fait complètement abstraction de toute fin à *atteindre* (car, autrement, la volonté ne serait plus bonne que d'une bonté relative), la fin, en ce cas, ne doit pas être conçue comme un but à atteindre, mais comme *une fin qui existe par elle-même*; on ne doit la concevoir que comme une fin négative, c'est-à-dire comme une fin à laquelle on ne doit jamais s'opposer, ce qui fait qu'on ne peut la considérer comme un simple moyen, mais toujours, en même temps, et dans toutes nos volitions, comme une fin. Cette fin ne peut être que le sujet de toutes les fins possibles, parce que ce sujet est en même temps le seul sujet possible d'une volonté absolument bonne; car la bonne volonté ne saurait, sans contradiction, être subordonnée à aucun autre objet. Ce principe : « Dans tes rapports avec tout être raisonnable (toi-même ou autrui), agis de telle sorte que, d'après ta maxime, cet être ait la valeur d'une fin en soi », est identique au principe suivant : « Agis d'après une maxime qui renferme en elle-même, aux yeux de tout être raisonnable, une valeur universelle ». Ainsi le sujet de toutes les fins, à savoir l'être raisonnable, ne doit jamais être traité comme un simple moyen, mais toujours en même temps comme la condition suprême qui régit l'emploi de tous les moyens; ce qui revient à dire que l'être raisonnable doit toujours être considéré comme une fin que nous devons nous proposer dans toutes les maximes de nos actions.

Il suit de là, incontestablement, que tout être raisonnable, puisqu'il est une fin en soi, doit toujours pouvoir se considérer, dans son rapport avec toutes les lois auxquelles il se soumet, comme législateur universel; car ce caractère qu'ont ses maximes, de pouvoir former une législation universelle, est précisément ce qui lui donne le privilège d'être une fin en soi. Il suit de là également que ce qui constitue sa dignité (sa prérogative) et qui l'élève au-dessus de tous les autres êtres de la nature, c'est précisément cette obligation qui lui est imposée, de se placer toujours, dans ses maximes, à un point de vue qui soit à la fois le sien et celui de tous les êtres raisonnables quand on les considère comme législateurs (et que, pour cette raison, on les appelle des personnes). C'est par là, c'est par cette législation que se donnent à elles-mêmes toutes les personnes en qualité de membres d'un règne des fins, qu'un tel règne des fins, un monde de tous les êtres raisonnables (*mundus intelligibilis*) est possible. D'après cela, tout être raisonnable doit toujours agir comme si, par toutes ses maximes, il était membre législateur dans le règne universel des fins. Le principe formel de cette maxime est celui-ci : « Agis de telle sorte que ta maxime puisse en même temps servir de loi universelle » (pour tous les êtres raisonnables). Un règne des fins n'est donc possible que par analogie avec un règne de la nature ; mais celui-là repose sur des maximes, c'est-à-dire sur des règles qu'on s'impose à soi-même ; celui-ci, sur des causes agissant selon des lois qu'impose aux choses une nécessité extérieure. Malgré cela, on donne aussi à l'ensemble de la nature (bien qu'on ne la considère que comme un mécanisme), le nom de règne de la nature, parce qu'il a du rapport avec les êtres raisonnables, qui en sont les fins. Ce règne des fins ne pourrait être réalisé que *si* les *maximes* que l'impératif catégorique impose comme une règle à tous les êtres raisonnables, *étaient universellement suivies*. Cependant, bien qu'un être raisonnable, en particulier, ne puisse compter qu'alors, même qu'il obéirait ponctuellement à ces maximes, tous ses semblables les suivraient également ; bien qu'il ne puisse espérer que le règne de la nature, avec l'ordre de finalité qui s'y manifeste, se mette d'accord avec lui pour réaliser un règne des fins qu'il rendrait possible, et dont il serait le digne membre, c'est-à-dire pour répondre à ses espérances de bonheur ; malgré tout cela, cette loi : « Agis selon les maximes d'un être qui serait membre législateur dans un règne des fins, bien qu'un tel règne ne soit que possible », cette loi n'en subsiste pas moins dans toute sa plénitude, car elle commande catégoriquement. Et c'est précisément en cela que consiste ce paradoxe, que la dignité de la nature humaine, en tant que nature raisonnable, abstraction faite de tout avantage étranger, de tout dessein qu'on pourrait réaliser par son moyen, et par conséquent que le respect pour une pure idée, est ce qui devrait servir à la volonté de principe inviolable ; que l'indépendance de la maxime à l'égard de tous les mobiles de cette sorte est précisément ce qui fait la sublimité de la nature humaine et ce qui rend tout être raisonnable digne d'être considéré comme un membre législateur du règne des fins ; car autrement, on ne pourrait le regarder que comme un être soumis par ses besoins à la loi de la nature. Aussi, quand même nous supposerions le règne de la nature et le règne des fins réunis sous un même chef, quand même ce dernier règne ne resterait pas une pure idée, mais aurait une réalité véritable, il y aurait par là un mobile puissant ajouté à cette idée ; mais sa valeur interne n'en serait nullement augmentée : car, malgré tout, il faudrait toujours se représenter ce législateur unique et investi d'une autorité sans limites, comme ne pouvant juger de la valeur des êtres raisonnables que d'après la conduite désintéressée que leur prescrit cette idée même. L'essence des choses n'est pas modifiée par leurs rapports extérieurs, et ce qui, indépendamment de ces rapports, constitue seul la valeur absolue de l'homme, est aussi la seule chose d'après laquelle il doive être jugé par tout être, même par l'Être suprême. La *moralité* est donc le rapport de nos actions à l'autonomie de la volonté, c'est-à-dire à une législation universelle que ses maximes doivent rendre possible. Toute action qui est compatible avec l'autonomie de la volonté est *permise* ; toute action qui est incompatible avec cette autonomie est *défendue*. Une volonté dont les maximes s'accorderaient nécessairement d'elles-mêmes avec la loi serait une *volonté sainte* ; ce serait la bonne volonté absolue. Une volonté qui n'est pas absolument bonne, mais qui est soumise au principe de l'autonomie est par là soumise à une contrainte morale qu'on nomme *obligation*. On ne peut supposer l'obligation dans un être saint. La nécessité objective d'une action qui nous est imposée par une obligation s'appelle le *devoir*.

D'après le peu que nous venons de dire, il est maintenant aisé de s'expliquer comment il se fait que, bien que nous ne puissions concevoir l'idée du devoir que comme la soumission de notre part à la loi, nous trouvons toujours cependant une certaine élévation et une certaine *dignité* dans une personne qui remplit tous ses devoirs. Sans doute, ce n'est pas en tant que *soumise à la loi* qu'elle a cette dignité, mais bien en tant qu'elle *s'impose à elle-même cette loi*, et ne s'y soumet que parce qu'elle se l'est donnée. Nous avons montré aussi plus haut que ce n'est ni la crainte, ni l'inclination, mais seulement le respect de la loi, qui peut donner une valeur morale à nos actions. C'est notre propre volonté, en tant qu'elle n'agit qu'à la condition de pouvoir donner par ses maximes une loi universelle, c'est cette volonté idéale, mais possible, qui est le véritable objet de notre respect ; et la dignité de l'humanité consiste précisément dans cette aptitude qu'a la volonté humaine à fonder des lois universelles ; mais cette dignité est subordonnée à la condition que la volonté se soumette en même temps à cette législation universelle.

L'hétéronomie de la volonté, source de tous les faux principes de la moralité.

Lorsque la volonté cherche la loi qui doit la déterminer *ailleurs* que dans l'aptitude de ses maximes à former une législation universelle ; par suite, quand elle sort d'elle-même pour trouver sa loi dans la nature de quelqu'un de ses objets, alors il y a *hétéronomie*. Ce n'est plus, en ce cas, la volonté, qui se donne à elle-même sa loi ; c'est l'objet qui fait la loi à la volonté, par suite du rapport qu'il a avec cette volonté. Un tel rapport, qu'il soit fondé sur l'inclination ou sur des représentations de la raison, ne peut donner lieu qu'à des impératifs hypothétiques : je dois faire quelque chose, uniquement *parce que je veux quelque autre chose*; tandis que l'impératif moral, l'impératif catégorique, dit : c'est ainsi que je dois agir, quoique je ne veuille rien d'autre. Par exemple, le premier dit : je ne dois pas mentir, si je veux conserver ma réputation. Mais le second dit : je ne dois pas mentir, alors même qu'il n'en résulterait pas pour moi la moindre honte. Ce dernier principe doit donc faire abstraction de tout objet; il le faut pour que l'objet n'exerce pas d'*influence* sur la volonté, pour que la raison pratique ne se borne pas à être le ministre d'un intérêt étranger, mais qu'elle puisse prouver son droit à l'autorité de législateur suprême. Ainsi, par exemple, je dois chercher à contribuer au bonheur d'autrui ; ce n'est pas parce que je puis y avoir quelque intérêt (soit en vertu d'une inclination immédiate, soit en vertu de quelque satisfaction indirecte conçue par la raison) ; mais je le dois uniquement parce qu'une maxime qui exclurait la considération du bonheur d'autrui ne pourrait subsister, en un seul et même vouloir, comme loi universelle.

Classification de tous les principes possibles de moralité d'après le principe fondamental de l'hétéronomie tel que nous l'avons défini.

Ici, comme partout ailleurs, la raison humaine dans son emploi pur, tant que la critique lui fait défaut, a commencé par tenter toutes les fausses routes possibles avant de parvenir à trouver la seule vraie voie.

Tous les principes qu'on peut admettre de ce point de vue sont ou *empiriques* ou *rationnels*. Les *premiers*, dérivés du principe du *bonheur*, sont fondés soit sur la sensibilité physique, soit sur la sensibilité morale ; les *seconds*, tirés du principe de la *perfection*, reposent soit sur le concept rationnel de la perfection conçue comme effet possible de notre volonté, soit sur l'idée d'une perfection qui subsiste par elle-même (la volonté divine), et qui est la cause déterminante de notre volonté.

Les *principes empiriques* ne peuvent jamais être propres à servir de base à des lois morales. Car l'universalité avec laquelle ces lois s'imposent indistinctement à tous les êtres raisonnables, et la nécessité pratique inconditionnelle qui par là est attribuée à ces lois, disparaissent, dès qu'on en cherche le principe *dans la constitution particulière de la nature humaine* ou dans les circonstances accidentelles où elle se trouve placée. Mais ce qu'il faut rejeter avant tout, c'est le principe du bonheur personnel ; d'abord parce qu'il est faux, et que l'expérience contredit cette assertion que le bonheur est toujours proportionné à la bonne conduite ; ensuite, parce qu'il n'aide nullement à fonder la moralité : car, autre chose est de rendre un homme heureux, autre chose de le rendre bon ; d'en faire un homme avisé et attentif à ses intérêts, ou d'en faire un homme vertueux ; mais il faut avant tout rejeter ce principe, parce qu'il subordonne la moralité à des mobiles qui la dégradent et lui font perdre toute élévation, en rangeant dans une même classe les mobiles qui poussent à la vertu et ceux qui poussent au vice, et parce que, en nous apprenant seulement à mieux calculer, il efface radicalement toute différence spécifique entre ces deux espèces de mobiles. Quant au sentiment moral (1), ce prétendu sens spécial, il est moins éloigné de la moralité et de la dignité qui en est inséparable, en ce que, du moins il fait à la vertu l'honneur de lui attribuer *immédiatement* la satisfaction et la vénération qu'elle nous

---

(1) « Je rattache le principe du sentiment moral à celui du bonheur, parce que tout intérêt empirique, produit par l'agrément qu'une chose nous procure, que ce soit immédiatement, et sans aucune vue intéressée, ou qu'il s'y joigne quelque considération de ce genre, promet d'ajouter à notre bien-être. De même, il faut, avec Hutcheson, rattacher le principe de la sympathie pour le bonheur d'autrui, à ce même sens moral admis par ce philosophe. » (Note de Kant.)

inspire, et qu'il ne lui dit pas en face que ce n'est pas sa beauté, mais uniquement notre intérêt, qui nous attache à elle.

Toutefois, il est d'un esprit bien superficiel d'en appeler au sentiment ; car c'est faute d'être capable de *penser* qu'on appelle le *sentiment* à son aide, lorsqu'il s'agit uniquement de lois universelles ; et d'ailleurs, des sentiments, qui, par nature, diffèrent infiniment entre eux par le degré, sont bien peu propres à fournir une mesure stable du bien et du mal ; il faut ajouter que celui qui juge ainsi par sentiment n'a pas le droit d'imposer son jugement à autrui.

Parmi les principes *rationnels* de la moralité, le concept ontologique de la *perfection* (si vide, si indéterminé, et par suite si peu propre qu'il soit à nous faire découvrir, dans le champ immense de la réalité possible, la plus grande somme de perfection qui puisse nous convenir ; quoique, lorsqu'il s'agit de distinguer de toute autre la réalité dont il est ici question, il ait une tendance irrésistible à tourner dans un cercle, ne pouvant guère éviter de présupposer tacitement la moralité, qu'il doit expliquer), ce concept, malgré tout, est encore préférable au concept théologique, qui fait dériver la moralité de la perfection suprême attribuée à la volonté divine. D'abord, nous n'avons pas l'intuition de cette perfection ; donc nous ne pouvons que la tirer de nos concepts par voie de déduction ; or, au premier rang, parmi ces concepts, se trouve précisément celui de la moralité ; ensuite, si l'on ne procède pas ainsi (pour ne pas commettre, en effet, un cercle grossier dans cette explication), le seul concept qui nous reste, celui d'une volonté possédée par l'amour de la gloire et de la domination, volonté puissante et jalouse, et partant redoutable, nous conduirait à un système de morale diamétralement opposé à la moralité.

S'il me fallait opter entre le concept du sens moral et celui de la perfection en général (lesquels, du moins, ne portent pas atteinte à la moralité, quoiqu'ils soient impuissants à l'étayer), je me déciderais pour ce dernier, parce que, du moins, il porte la question devant le tribunal de la raison pure, et que, tout en ne précisant rien, il conserve, jusqu'à plus ample information, sans la falsifier, l'idée, qu'il laisse indéterminée, d'une volonté bonne en soi.

D'ailleurs, je crois pouvoir me dispenser d'entreprendre une réfutation plus étendue de toutes ces doctrines. Elle est si facile, et les personnes mêmes qui sont par profession obligées de se déclarer pour l'une de ces théories (car les auditeurs ne supportent guère qu'on suspende son jugement) s'en font sans doute une si juste idée, que ce serait un travail superflu. Ce qui nous intéresse davantage, c'est de savoir que ces principes ne peuvent jamais donner à la moralité d'autre fondement que l'hétéronomie, et que, pour cette raison, ils sont condamnés nécessairement à manquer leur but. Toutes les fois qu'il faut faire appel à un objet pour prescrire à la volonté la règle qui doit la déterminer, cette règle ne peut être qu'une hétéronomie ; l'impératif est conditionnel ; *si l'on veut* cet objet, ou *parce qu'on veut* cet objet, on doit agir de telle ou telle manière ; ainsi posé, l'impératif ne peut jamais avoir d'autorité morale, c'est-à-dire commander catégoriquement. Que cet objet détermine la volonté par l'intermédiaire de l'inclination, comme dans le principe du bonheur personnel, ou par l'intermédiaire de la raison appliquée aux objets que la volonté, en général, peut se proposer, comme dans le système de la perfection, jamais, de toute manière, la volonté ne se décide elle-même *immédiatement*, par la seule idée de l'action ; elle ne le fait jamais que poussée par les mobiles et par l'influence qu'a sur elle le résultat éventuel des effets de l'action ; je *dois faire une chose, parce que je veux autre chose;* or, ici, il faudrait supposer en moi encore une autre loi qui serait le principe de celle-ci, et selon laquelle je voudrais nécessairement celle-ci ; et cette autre loi, à son tour, suppose un impératif qui donne à cette maxime un sens défini. En effet, comme l'attrait qu'exerce sur nous, par suite de notre constitution, un objet que nous pensons avoir les moyens d'atteindre, dépend tout à fait de la nature particulière de chacun de nous, soit de sa sensibilité (de ses goûts et de ses inclinations), soit de son entendement et de sa raison, qui, en vertu des dispositions particulières de leur nature, trouvent dans un objet leur satisfaction, c'est ici, à proprement parler, la nature qui donnerait la loi ; et cette loi, comme loi de nature, non seulement ne pourrait être reconnue et démontrée que par l'expérience ; non seulement elle serait contingente, et par là impropre à fournir une règle pratique apodictique comme doit l'être la règle de la morale ; mais, de plus, cette loi de nature *ne pourrait jamais être qu'une hétéronomie de la volonté*. Ce n'est plus en ce cas la volonté qui se donne à elle-même sa loi ; mais elle la reçoit, au contraire, d'une impulsion étrangère, par l'intermédiaire d'une aptitude propre au sujet, qui le disposerait à en subir l'action.

La volonté absolument bonne, dont le principe doit être un impératif catégorique, reste donc indéterminée à l'égard de tous les objets, et ne contient que la *forme du vouloir* en général : et c'est cela qui fait son autonomie ; c'est-à-dire que l'aptitude de la maxime de toute bonne volonté à se transformer elle-même en la loi universelle, est l'unique loi que s'impose à elle-même la volonté d'un être raisonnable, sans étayer cette loi sur aucun mobile ni sur aucun intérêt.

TROISIÈME SECTION

PASSAGE DE LA MÉTAPHYSIQUE DES MŒURS A LA CRITIQUE DE LA RAISON PRATIQUE (1).

Sommaire

Il reste à montrer qu'une volonté bonne est nécessairement une volonté autonome. La notion de *liberté* est la clef qui donne l'explication de l'autonomie de la volonté. L'idée de liberté peut être définie de deux manières. Au sens négatif, la volonté est libre quand elle agit indépendamment de toute cause étrangère à elle. Au sens positif, la volonté est libre quand elle est autonome (p. 86-87). Ainsi une volonté libre est une volonté soumise à la loi morale.

Mais la volonté humaine est-elle libre ? L'expérience ne peut rien nous apprendre à cet égard. Toutefois, nous avons un motif valable pour croire que la liberté peut être attribuée à la volonté humaine : c'est qu'un être raisonnable doué de volonté ne peut agir qu'à la condition de se croire libre. On doit donc supposer que la liberté est une propriété, non seulement de la nature humaine, mais encore de toute volonté raisonnable (p. 87-88). Or, les lois qui seraient valables pour un être libre le sont également pour un être qui ne peut agir qu'à la condition de se croire libre.

Mais, puisque l'idée du devoir exclut toute idée d'intérêt, comment expliquer que l'homme doive se soumettre aux lois de la moralité, et que les lois morales soient pour lui obligatoires (p. 88-91) ?

---

(1) A consulter : *la Philosophie pratique de Kant*, par M. V. Delbos, p. 384-397. — *Revue des Cours et Conférences*, numéro du 27 juin 1901. Cours de M. E. Boutroux, *la Morale de Kant, la Liberté*. — *Fondements de la Métaphysique des Mœurs*, traduction nouvelle, par M. H. Lachelier, préface, p. xxiv et xxv, et les notes au bas des pages 95 à 122.

L'homme est un composé de deux natures. Par sa nature raisonnable, il appartient au monde intelligible ; par sa nature sensible, il appartient, comme le reste de l'univers, au monde des phénomènes. Comment l'être sensible, dont tous les sentiments et tous les actes sont rigoureusement déterminés par la causalité des lois de la nature, peut-il obéir à l'impératif catégorique, dont le principe est l'autonomie de la volonté, c'est-à-dire la liberté (p. 91-95) ?

L'impératif catégorique est possible, parce que le monde intelligible contient en lui le principe du monde sensible, et, par suite, de toutes les lois de ce monde (p. 95-100).

La raison nous affirme donc que nous sommes libres ; mais elle dépasserait ses limites, si elle prétendait nous donner la perception ou le sentiment de notre liberté (p. 100-103).

EXTRAITS

LA NOTION DE LIBERTÉ
est la clef de l'explication de l'autonomie de la volonté.

La liberté peut être définie de deux manières : au sens négatif, elle est l'indépendance de la volonté par rapport à toute cause étrangère. Au sens positif, la liberté est l'autonomie de la volonté.

La *volonté* est une sorte de causalité propre aux êtres vivants en tant qu'ils sont doués de raison ; et la *liberté* serait la propriété qu'aurait cette causalité, de pouvoir agir indépendamment de toute cause *déterminante* étrangère à elle ; de même que la *nécessité naturelle* est la propriété qu'a la causalité, chez les êtres privés de raison, de ne pouvoir être déterminée à agir que sous l'influence de causes étrangères.

Cette définition de la liberté est *négative*, et ne peut servir à nous en faire pénétrer l'essence ; mais il en découle une notion *positive* (1), qui n'en est que

---

(1) Voir *les Fondements de la Métaphysique des Mœurs*, traduction de M. H. Lachelier, p. 94, note 1.

plus riche et plus féconde. Comme l'idée de causalité entraîne avec elle la notion de *lois*, selon lesquelles une chose que nous appelons la *cause* en suppose nécessairement une autre, que nous appelons l'effet, la liberté, bien qu'elle ne soit pas une propriété de la volonté selon les lois naturelles, ne peut pourtant pas être sans loi ; il faut, au contraire, qu'elle soit une causalité agissant selon des lois immuables, mais une causalité d'une espèce particulière ; autrement une volonté libre serait un non-sens. La nécessité naturelle était une hétéronomie, pour les causes efficientes : car chaque effet ne pouvait être produit qu'autant que sa cause efficiente était déterminée à agir par quelque chose d'étranger. Que peut donc être la liberté de la volonté, sinon une autonomie, c'est-à-dire la propriété qu'aurait la volonté d'être à elle-même sa propre loi ? Mais cette proposition : la volonté est, dans toutes ses actions, sa propre loi à elle-même, n'est autre chose que la formule du principe qui prescrit de n'agir que d'après des maximes telles qu'elles puissent, en leur qualité de lois universelles, être à elles-mêmes leur propre objet. Et telle est précisément la formule de l'impératif catégorique, et la règle suprême de la moralité : donc, une volonté libre et une volonté soumise aux lois morales ne font qu'un.

On doit supposer chez les êtres raisonnables la liberté comme une propriété de leur volonté.

Il ne suffirait pas d'attribuer, pour un motif quelconque, la liberté à notre volonté, si nous n'avions pas une raison suffisante de l'accorder également à tous les êtres raisonnables. En effet, comme la moralité n'est notre loi que parce que nous sommes des *êtres raisonnables*, il faut aussi qu'on puisse prouver qu'elle est une propriété de toute volonté raisonnable ; et il ne suffit pas de la tirer de prétendues observations faites sur la nature humaine (aussi bien cela est impossible cette démonstration ne pouvant être faite qu'*a priori*); mais il faut démontrer qu'elle appartient nécessairement d'une manière générale à l'activité de tout être doué de raison et de volonté. Je soutiens donc que tout être qui ne peut agir que *sous l'idée de liberté*, est, au point de vue pratique, réellement libre ; en d'autres termes, toutes les lois qui sont inséparables de la liberté s'appliquent à un tel être tout comme si, au point de vue de la philosophie théorique, il était reconnu pour absolument libre. Or je soutiens qu'il faut nécessairement attribuer à tout être raisonnable, doué de volonté, cette idée de la liberté, sous laquelle seule il peut agir. En effet, nous concevons dans un tel être une raison qui est pratique, c'est-à-dire qui a la propriété d'être cause de ses objets. Mais il nous est impossible de concevoir une raison, qui, ayant conscience d'être elle-même l'auteur de ses jugements, recevrait d'ailleurs une direction ; car en ce cas, le sujet n'attribuerait plus la détermination de son jugement à sa propre raison, mais à une impulsion. La raison doit donc se considérer elle-même comme l'auteur de ses propres principes, et comme indépendante de toute influence étrangère : et, par là, elle doit se regarder elle-même comme libre, en sa qualité de raison pratique, ou de volonté d'un être raisonnable ; ce qui revient à dire que la volonté d'un être raisonnable ne peut être sa volonté propre que sous l'idée de liberté, et que, par suite, il faut, au point de vue pratique, attribuer la liberté à tous les êtres raisonnables.

DE L'INTÉRÊT
qui s'attache aux idées de la moralité.

Puisque le devoir exclut toute idée d'intérêt, d'où vient que l'homme doit se soumettre aux principes de la morale ?

Nous avons, enfin, ramené le concept déterminé de la moralité à l'idée de liberté ; mais nous n'avons pas encore prouvé que la liberté, en nous-mêmes, et dans la nature humaine, existe réellement ; nous avons vu seulement que nous étions obligés de la supposer pour pouvoir concevoir l'idée d'un être raisonnable ayant conscience de sa causalité dans ses actions, c'est-à-dire l'idée d'un être doué de volonté ; et c'est ainsi que nous avons trouvé qu'il fallait, pour la même raison, attribuer à tout être doué de raison et de liberté cette faculté de se déterminer à agir sous l'idée de sa liberté.

De cette hypothèse dérivait aussi la conscience d'une loi de l'action, loi qui nous prescrirait de n'agir que selon des principes subjectifs d'action, c'est-à-dire selon des maximes telles qu'elles puissent également servir de principes objectifs universels, et constituer une législation universelle qui nous serait propre. Mais pourquoi faut-il que je me soumette à ce principe, et cela en ma qualité d'être raisonnable, et pourquoi faut-il que j'y considère comme soumis, ainsi que moi, tous les autres êtres doués de raison ? Je veux bien admettre qu'aucun intérêt ne m'y *porte* ; car l'intérêt ne peut donner lieu à un impératif catégorique; il faut pourtant que nécessairement j'y *prenne* un intérêt quelconque et que je comprenne comment cela se fait ; car cette idée de devoir est à proprement parler l'idée d'un vouloir qui serait celui de tous les êtres raisonnables si, chez tous, la raison pouvait être pratique sans rencontrer d'obstacles ; ce n'est que pour des êtres qui, comme nous, sont affectés par des mobiles d'un autre ordre, venus de leur sensibilité, et qui ne font pas toujours ce que ferait leur raison si elle était seule, que cette nécessité d'une action est un devoir, et que la nécessité subjective de cette action est distincte de sa nécessité objective.

Il semble donc que nous n'ayons fait qu'une simple hypothèse en plaçant dans l'idée de liberté la loi morale, c'est-à-dire le principe même de l'autonomie de la volonté ; mais que nous ne puissions démontrer la réalité et la nécessité objective de ce principe en lui-même.

Cependant, nous y avons gagné, ce qui n'est pas à dédaigner, d'avoir déterminé avec plus d'exactitude que cela n'avait été fait jusqu'ici, quel est le véritable principe de la moralité ; toutefois en ce qui concerne sa valeur, et la nécessité pratique de s'y soumettre, il semble que nous n'en soyons pas plus avancés. Car nous ne sommes pas en mesure de donner une réponse satisfaisante à celui qui nous demanderait pourquoi cette aptitude de nos maximes à devenir des lois universelles est la condition qui doit servir de limite à nos actions ; sur quoi nous faisons reposer la valeur que nous attribuons à cette manière d'agir, valeur si grande qu'aucun intérêt (1) ne peut lui être supérieur ; et comment il se fait que c'est par là seulement que l'homme croit sentir en lui une valeur personnelle, au prix de laquelle il compte pour rien les agréments ou les désagréments de son état.

Nous trouvons, il est vrai, que nous sommes capables d'attacher un intérêt à une qualité personnelle qui se trouve sans aucun rapport d'intérêt avec notre condition, mais qui nous rendrait dignes de participer au bonheur si la raison le répartissait ; en d'autres termes, la pensée de nous rendre dignes du bonheur, abstraction faite du désir d'avoir en partage cette félicité, peut éveiller par elle-même notre intérêt ; toutefois, en fait, ce jugement n'est que l'effet de l'importance que nous attribuons à la loi morale, dont nous supposons l'existence (ce que nous faisons lorsque, par l'idée de notre liberté nous nous dégageons de tout intérêt empirique) ; mais ce que nous ne pouvons concevoir encore de cette manière, c'est pourquoi nous devons nous dégager de tout intérêt empirique, c'est-à-dire nous considérer comme libres dans nos actes, tout en nous tenant pour assujettis à certaines lois, si nous voulons trouver, uniquement dans notre personne, une valeur qui compense la perte de tout ce qui peut donner du

---

(1) Voir Kant, *les Fondements de la Métaphysique des Mœurs*, traduction de M. H. Lachelier, p. 99, note 2.

prix à notre vie, et comment cela est possible ; en d'autres termes, *d'où vient que la loi morale oblige ?*

Kant fait ici remarquer qu'en invoquant le principe de la loi morale pour démontrer la liberté, et la liberté pour démontrer la moralité, il commet, en apparence, une sorte de cercle vicieux. Toutefois, il n'en est rien, en réalité, car l'idée de liberté n'est pas prise dans une même acception dans les deux cas.

Un moyen nous reste (d'éviter ce cercle vicieux) : c'est de chercher si, lorsque nous nous considérons, grâce à la liberté, comme des causes efficientes agissant d'après des principes *a priori*, nous ne nous plaçons pas à un autre point de vue que lorsque nous nous représentons notre propre personne d'après ses actes en considérant ses actes comme des effets que nous avons sous les yeux.

L'homme est un composé de deux natures : par sa nature raisonnable, il appartient au monde intelligible, au monde des *noumènes* (choses pensées) ; par sa nature sensible, il n'est qu'une petite partie de l'univers, il appartient au monde des *phénomènes* (choses telles qu'elles nous apparaissent). Or la loi du monde intelligible est une autonomie des volontés ; mais la loi du monde sensible est la loi de causalité, selon laquelle tous les phénomènes sont régis par un déterminisme inflexible. La question est celle-ci : comment l'être sensible, dont tous les actes sont rigoureusement déterminés par les lois de la nature, peut-il être soumis à la loi morale, qui est autonomie, c'est-à-dire liberté ?

Il y a une remarque qui n'exige pas un travail de réflexion bien subtil, et que peut faire l'entendement le plus vulgaire, à sa manière, par une distinction confuse de la faculté de juger, qu'il appelle le sentiment : c'est que toutes les idées qui nous viennent à l'esprit involontairement (comme les idées qui nous viennent par les sens) ne nous font connaître leurs objets que par les impressions que ces objets produisent en nous, d'où il suit que ces objets, en eux-mêmes, restent toujours inconnus de nous ; ainsi donc, en ce qui concerne les représentations de cette sorte, quel que soit l'effort de notre entendement pour y donner toute son attention et pour les rendre aussi distinctes que possible, jamais nous ne pouvons parvenir à connaître que des *phénomènes* (1) ; toujours ce que sont les *choses en soi* nous échappe. Dès que cette distinction a été observée (et elle l'est toutes les fois que nous remarquons la différence qu'il y a entre les idées qui nous viennent du dehors, et dans lesquelles nous sommes passifs, et les idées que nous produisons exclusivement de nous-mêmes, et par lesquelles nous prouvons que nous sommes actifs), il va de soi qu'il faut bien admettre que, derrière les phénomènes, il y a encore quelque autre chose, qui n'est pas un phénomène, mais qui est la chose en soi ; et pourtant nous discernons très bien par nous-mêmes que ces choses en soi ne peuvent jamais être connues de nous telles qu'elles sont ; tout ce que nous pouvons en connaître, c'est seulement manière dont elles nous affectent ; mais nous ne pouvons en approcher assez pour savoir ce qu'elles sont en elles-mêmes. Cette explication peut nous donner, en gros, un aperçu de la différence qui existe entre le *monde sensible* et le *monde intelligible*. Le premier, à cause de la diversité des sensations chez les différents observateurs, peut être varié et différent aussi, selon chacun d'eux ; tandis que le second, qui sert de fondement au premier, reste toujours le même. D'après cela, l'homme ne doit même pas se flatter de connaître ce qu'il est en lui-même, par cette sorte de connaissance que le sens intime peut lui donner de sa propre personne. Car, comme il ne se crée pas lui-même en se

---

(1) Le phénomène, au sens étymologique, est *ce qui nous apparait.*

pensant, et qu'il ne forme pas *a priori*, mais au contraire qu'il reçoit de l'expérience la notion de ce qu'il est, naturellement, il ne peut prendre connaissance même de lui-même que par le sens interne (1), et, par suite, par les phénomènes de sa nature, et par la manière dont sa conscience en est affectée (2).

Et cependant, au delà de cette collection de phénomènes qui composent son propre sujet, l'homme est bien forcé d'admettre l'existence de quelque chose d'autre, qui sert de base à tous ces phénomènes ; c'est ce qu'il appelle son *moi*, de quelque manière que ce moi, en lui-même, puisse être constitué ; et ainsi, au point de vue de sa pure réceptivité et de son aptitude à éprouver des sensations, il est obligé de se considérer comme appartenant au *monde sensible* ; mais au point de vue de ce qui, en lui, peut être activité pure (de ce qui parvient à la conscience, non par les impressions des sens, mais d'une manière immédiate), il doit se considérer comme un membre de ce *monde intelligible*, d'ailleurs, il ne connaît rien de plus.

Cette conclusion est celle qui s'impose à l'homme qui réfléchit sur toutes les choses qui peuvent se présenter à lui ; on la trouverait dans les esprits les plus vulgaires, lesquels d'ailleurs sont, comme on sait, très portés à s'attendre à rencontrer, derrière les objets des sens, quelque puissance invisible, active par elle-même. Il est vrai qu'ils altèrent tout de suite cette idée en se hâtant de donner à cette chose invisible une forme sensible, c'est-à-dire en voulant en faire un objet d'intuition ; ce qui fait qu'ils n'avancent pas d'un degré.

Or l'homme trouve réellement en lui-même une faculté par laquelle il se distingue de toutes les choses, même de lui-même en tant qu'il est un être susceptible d'être affecté par les objets ; c'est la *raison*. La raison, qui

---

(1) Le sens intime est ce qu'on appelle la conscience, au sens psychologique.
(2) Voir *les Fondements de la Métaphysique des Mœurs*, traduction de M. H. Lachelier, p. 102, notes 1, 2, 3 et 4.

est purement une activité spontanée, est supérieure à l'*entendement* en ceci : bien que l'entendement, lui aussi, soit une activité spontanée, bien qu'il ne contienne pas seulement, comme les sens, des représentations qui ne se produisent que quand nous sommes affectés par les objets (et par conséquent simplement passifs), il ne peut pourtant produire par son activité d'autres concepts que ceux qui servent à *ramener sous des règles les représentations sensibles* et à les relier ainsi dans l'unité d'une même conscience ; et s'il ne faisait cet usage des sens, l'entendement ne pourrait penser ; tandis que la raison, en produisant ce qu'on nomme des idées, montre une spontanéité si pure, que l'homme s'élève par elle au-dessus de tout ce que peuvent lui donner les sens. Sa fonction la plus haute consiste à distinguer l'un de l'autre le monde sensible et le monde intelligible, et c'est par là qu'elle circonscrit les limites propres de l'entendement.

C'est pourquoi un être raisonnable doit se considérer en tant qu'*intelligence* (en omettant les facultés inférieures de l'intelligence), comme appartenant non pas au monde sensible, mais au monde intelligible ; par suite, il peut se placer à deux points de vue différents pour se considérer lui-même et déterminer les lois qui président à l'usage qu'il doit faire de ses facultés, et par suite, à tous ses actes : d'*abord*, comme appartenant au monde sensible, il est régi par les lois de la nature (c'est-à-dire soumis à une hétéronomie) ; en second lieu, comme appartenant au monde intelligible, il obéit à des lois qui, étant indépendantes de la nature, ne sont pas empiriques, mais qui ont leur fondement uniquement dans la raison.

En tant qu'être raisonnable, et par conséquent faisant partie du monde intelligible, l'homme ne peut concevoir la causalité de sa propre volonté que sous l'idée de la liberté ; en effet, l'indépendance où l'on peut être de toute cause déterminante appartenant au monde sensible (indépendance que la raison doit toujours s'attribuer, est la liberté ; à l'idée de la liberté est lié inséparablement le concept d'*autonomie*, et à ce dernier, le principe universel de la moralité, lequel est, au moins d'une manière idéale, le principe de toutes les actions des êtres *raisonnables*, de la même manière que les lois naturelles sont le principe sur lequel reposent tous les phénomènes.

Voilà maintenant dissipé le soupçon que nous élevions précédemment, lorsque nous nous demandions si nous ne commettions pas à notre insu un cercle vicieux en concluant de la liberté à l'autonomie et de l'autonomie à la loi morale. Nous pouvions craindre qu'on ne nous accusât de n'avoir donné à la loi morale pour fondement l'idée de liberté que pour pouvoir ensuite, de cette idée de liberté, conclure à l'existence de la loi morale ; ce qui n'aurait pu être un principe que nous aurions proposé, mais une sorte de postulat que les âmes bien intentionnées nous auraient accordé volontiers, mais dont nous ne pourrions jamais faire l'objet d'une proposition susceptible de démonstration. Mais à présent, nous voyons que, lorsque nous nous concevons comme libres, nous nous considérons comme membres d'un monde intelligible, et nous connaissons par là l'autonomie de notre volonté, avec sa conséquence, qui est la moralité, si, au contraire, nous nous concevons comme soumis à l'obligation, nous nous considérons alors comme appartenant au monde sensible, mais aussi, en même temps, au monde intelligible.

Comment un impératif catégorique est-il possible ?

L'être raisonnable, en tant qu'intelligence, se considère comme appartenant au monde intelligible, et c'est parce qu'il considère sa causalité comme une cause efficiente de ce monde intelligible, qu'il l'appelle sa *volonté*. D'autre part, il a conscience d'être un fragment de ce monde sensible dans lequel ses actions ne sont que les phénomènes par lesquels se manifeste cette causalité; mais cette causalité, nous ne la connaissons pas, et par conséquent nous ne pouvons pas comprendre comment elle est possible; ce que nous voyons à sa place, ce sont d'autres phénomènes, appartenant au monde sensible, par exemple, des désirs, des penchants, qui déterminent nos actions. Ainsi, tandis que si j'étais seulement membre du monde intelligible, toutes mes actions seraient en parfaite conformité avec le principe de l'autonomie de la volonté ; au contraire, en tant que je me considère comme un simple fragment du monde sensible, il me faut considérer mes actions comme en parfaite conformité avec la loi naturelle des désirs et des inclinations, c'est-à-dire comme soumises à l'hétéronomie de la nature. (Dans le premier cas, elles auraient pour fondement le principe suprême de la moralité ; dans le second, le principe du bonheur.) *Mais comme le monde intelligible contient en lui le principe du monde sensible, il contient, par suite, le principe des lois de ce monde;* comme il donne immédiatement des lois à ma volonté (laquelle appartient tout entière au monde intelligible), et qu'il doit être conçu de cette manière, il suit de là que, en ma qualité d'intelligence, et tout en me concevant d'ailleurs comme appartenant au monde sensible, je ne puis me reconnaître que comme soumis à la loi du monde intelligible, c'est-à-dire de la raison, qui exprime par l'idée de liberté la loi de ce monde, et par suite, comme soumis à l'autonomie de la volonté. D'où il suit que je considère nécessairement les lois du monde intelligible comme des impératifs qui me commandent, et les actions conformes à ce principe, comme des devoirs.

Ainsi, ce qui rend possibles les impératifs catégoriques, c'est que l'idée de liberté fait de moi un membre d'un monde intelligible, dans lequel, si j'étais seulement membre de ce monde intelligible, toutes mes actions *seraient* toujours conformes à l'autonomie de la volonté;

mais, comme je me considère en même temps comme un membre du monde sensible, elles *doivent* seulement y être conformes ; et c'est ce devoir *catégorique* qui nous représente une proposition synthétique *a priori* (1), qui est la suivante : à l'idée de ma volonté affectée par des désirs sensibles s'ajoute l'idée de cette même volonté, mais en tant qu'elle appartient au monde intelligible, qu'elle est pure, pratique par elle-même, et qu'elle contient la condition rationnelle suprême de la volonté sensible ; à peu près comme aux intuitions du monde sensible s'ajoutent des notions de l'entendement, qui par elles-mêmes n'expriment que la forme d'une loi, et qui par là rendent possibles les propositions synthétiques *a priori* sur lesquelles repose toute notre connaissance de la nature (2).

L'usage pratique que le commun des hommes fait de la raison confirme la justesse de cette déduction. Il n'est personne, pas même le pire scélérat, pourvu qu'il soit accoutumé à faire usage de sa raison, qui, lorsqu'on lui présente des exemples de loyauté dans les intentions, de constance dans l'obéissance aux bonnes maximes, de sympathie ou de zèle pour le bien général (surtout si ces actes sont accompagnés de grands sacrifices d'intérêt ou de bien-être), il n'est personne qui ne souhaite d'être, lui aussi, animé de semblables intentions. Sans doute, celui dont nous parlons ne peut pas, à cause de ses inclinations et de ses penchants, parvenir à réaliser ces souhaits ; et pourtant, il souhaite en même temps être délivré de ces inclinations importunes. Il prouve par là que, par une volonté affranchie de toutes les impulsions de la sensibilité, il se transporte en esprit dans un tout autre ordre de choses, tout différent du champ où s'agitent ses désirs sensibles ; en effet, en formant ce souhait, il

---

(1) Voir *les Fondements de la Métaphysique des Mœurs*, p. 106, note 2, et p. 107, note 1.
(2) Voir *les Fondements de la Métaphysique des Mœurs*, traduction de M. H. Lachelier, p. 109, notes 1 et 2.

n'espère pas obtenir la satisfaction de ses désirs ni parvenir à un état dans lequel toutes ses inclinations, réelles ou concevables, trouveraient un plein contentement (car, en ce cas, l'idée même qui lui inspire ce désir perdrait de son excellence) ; et en pensant ainsi, il ne songe qu'à l'accroissement de la valeur intrinsèque de sa personne. En se considérant, de ce point de vue, comme un membre du monde intelligible, il s'imagine être cette personne meilleure ; l'idée de la liberté, c'est-à-dire de l'indépendance où il se trouve, par rapport aux causes *déterminantes* du monde sensible, l'y contraint malgré lui ; en se plaçant à ce même point de vue, il a conscience d'une volonté bonne qui impose à sa volonté mauvaise (laquelle appartient au monde sensible), du propre aveu de celle-ci une loi dont cette dernière reconnaît l'autorité dans le temps même qu'elle la transgresse. Le devoir, au sens moral du mot, n'est donc que le vouloir qui, nécessairement, est propre à tout membre d'un monde intelligible ; mais il ne lui apparaît comme un devoir que parce que, en même temps, ce membre du monde intelligible se considère lui-même comme un membre du monde sensible.

Le droit que la raison vulgaire elle-même prétend avoir à la liberté est fondé sur la conscience et sur la supposition reconnue légitime de l'indépendance de la raison par rapport à toutes les causes subjectives qui pourraient la déterminer, et dont l'ensemble, sous la dénomination générale de sensibilité, constitue ce qui appartient à la pure sensation. L'homme, qui se considère comme une intelligence en ce sens, se place par là dans un tout autre ordre de choses ; il se met en un rapport avec des principes de détermination qui sont, quand il se conçoit comme une intelligence unie à une volonté, c'est-à-dire douée de causalité, d'une nature tout autre que lorsqu'il se perçoit comme un phénomène du monde sensible (ce que d'ailleurs il est réellement aussi), et qu'il soumet sa causalité à un principe de détermination extérieur à lui, c'est-à-dire aux lois naturelles. Il ne tarde pas à se rendre compte, dès lors, que les deux choses peuvent coexister, et qu'il faut même nécessairement qu'il en soit ainsi. En effet, il n'y a nulle contradiction à concevoir qu'*une chose considérée par rapport au monde des phénomènes* (appartenant au monde sensible) puisse être soumise à certaines lois dont cette même chose, considérée *comme être* ou comme *chose en soi*, est absolument indépendante. Ce fait, que l'homme ne peut que se considérer et se concevoir lui-même que sous ce double point de vue, résulte, d'une part, de ce qu'il a conscience de lui-même comme d'un objet affecté par les sens; et, d'autre part, de ce qu'il a conscience de lui-même comme d'une intelligence, c'est-à-dire comme d'une raison qui, dans son usage, est indépendante des impressions des sens (et par conséquent, comme d'une raison faisant partie du monde intelligible).

De là vient que l'homme s'attribue une volonté qui ne laisse pas mettre sur son compte ce qui n'appartient qu'à ses désirs ou à ses inclinations, mais qui conçoit, au contraire, comme possibles et comme nécessaires, de sa part, des actions qui ne peuvent se produire qu'au mépris de tout désir et de tout attrait sensible. La causalité de telles actions réside en lui-même en tant qu'il est une intelligence, et dans les lois qui président aux effets et aux actes selon les principes d'un monde intelligible; de ce monde, il ne sait rien, sinon que c'est uniquement la raison, et la raison pure, entièrement dégagée de la sensibilité, qui y donne la loi; que, comme il n'en fait lui-même partie qu'à titre d'intelligence (car, comme homme, il n'est que le phénomène de lui-même), ces lois lui commandent immédiatement et catégoriquement, de telle sorte que les inclinations et les penchants (et par conséquent toute la nature du monde sensible), quel qu'en soit l'attrait, ne peuvent altérer en rien l'autorité de sa volonté considérée comme intelligence; bien plus, il ne se considère pas comme responsable de ces inclinations; il ne les attribue pas à ce qui est essentiellement lui-même, c'est-à-dire à sa volonté ; ce dont il se croit seulement responsable, c'est de l'indulgence qu'il pourrait leur témoigner si, au préjudice des lois rationnelles de la volonté, il leur donnait accès dans ses maximes.

DE LA LIMITE EXTRÊME
de toute philosophie pratique.

Il est donc certain que l'homme est libre ; mais cette certitude n'est ni la perception, ni le sentiment de notre liberté. Nous savons que nous sommes libres ; mais nous ne connaissons pas notre liberté.

En se *concevant* ainsi dans un monde intelligible, la raison pratique ne sort pas de ses limites ; mais elle les franchirait si elle avait la prétention de s'y *apercevoir* ou de s'y *sentir*. Par rapport au monde sensible, qui ne fournit pas à la raison de loi qui puisse déterminer la volonté, ce n'est qu'une idée négative ; elle n'est positive qu'en un seul point : c'est que cette liberté, comme détermination négative (1), est unie, en même temps, à un pouvoir (positif) et même à une causalité de la raison que nous appelons une *volonté*, et qui est la faculté d'agir de telle sorte que le principe de toutes nos actions soit toujours conforme au caractère essentiel d'une cause rationnelle, c'est-à-dire à cette condition, que nos maximes puissent avoir la valeur de lois universelles. Mais si la raison voulait chercher dans le monde intelligible *un objet de la volonté*, c'est-à-dire un motif, elle dépasserait ses bornes, et elle s'attribuerait la connaissance de ce dont elle ne sait rien. Ainsi, l'idée d'un monde intelligible n'est qu'une *position* que la raison

(1) Voir en tête de cette section, la définition du concept négatif de liberté.

se voit forcée de prendre, en dehors des phénomènes, *pour pouvoir se considérer elle-même comme pratique* ; ce qui ne lui serait pas possible si les influences de la sensibilité avaient sur l'homme une action déterminante ; mais ce qui est nécessaire pour qu'on ne puisse lui contester la conscience qu'elle a d'être une intelligence, en d'autres termes une cause raisonnable, agissant par raison, c'est-à-dire librement. Une telle conception comporte, à la vérité, l'idée d'un tout autre ordre de choses, et d'une législation tout autre que ce mécanisme de la nature qui régit le monde sensible ; elle rend nécessaire la notion d'un monde intelligible (c'est-à-dire de l'ensemble des êtres raisonnables, considérés comme des choses en soi) ; mais sans qu'on puisse prétendre en comprendre autre chose que la condition *formelle*, c'est-à-dire l'universalité de la maxime conçue comme loi de la volonté, et, par suite l'autonomie, qui seule peut se concilier avec la liberté de la volonté ; tandis qu'au contraire toutes les lois qui sont déterminées par un objet ne donnent qu'une hétéronomie qui ne se rencontre que dans les lois naturelles, et qui ne peut s'appliquer non plus qu'au monde sensible.

Mais où la raison dépasserait ses limites, c'est si elle entreprenait d'*expliquer comment* la raison pure peut être pratique, ce qui reviendrait à expliquer *comment la liberté est possible*.

En effet, nous ne pouvons expliquer une chose qu'en la ramenant à des lois dont l'objet peut être donné dans une expérience quelconque. Mais la liberté est simplement une idée dont la réalité objective ne s'explique d'aucune manière selon les lois naturelles, et, partant, ne peut nous être donnée dans une expérience quelconque ; et, comme on n'en peut nulle part citer d'exemple, même par analogie, on ne peut jamais ni la concevoir ni même la percevoir. L'idée de liberté n'a que la valeur d'une hypothèse que la raison est obligée de faire au sujet d'un être qui croit avoir conscience de sa volonté, c'est-à-dire d'une faculté essentiellement différente de la simple faculté de désirer (en d'autres termes, d'une faculté d'agir en tant qu'intelligence, et, par suite, selon les lois de la raison, et indépendamment des instincts naturels). Mais là où cesse toute détermination par les lois naturelles, là aussi cesse toute *explication*, et tout ce qu'il reste à faire, c'est de se tenir sur *la défensive*, c'est-à-dire de repousser les objections de ceux qui, prétextant avoir pénétré plus profondément l'essence des choses, déclarent témérairement que la liberté n'est pas possible. Tout ce qu'on peut faire est de leur montrer que la contradiction qu'ils prétendent avoir découverte consiste uniquement en ceci : pour rendre les lois de la nature applicables aux actions humaines, ils devaient, nécessairement, considérer l'homme comme un simple phénomène; et maintenant qu'on leur demande de le concevoir également comme intelligence, comme chose en soi, ils persistent à le considérer encore comme phénomène; or, il est sans doute contradictoire d'affranchir, dans un seul et même sujet, sa causalité (c'est-à-dire sa volonté) de toute dépendance des lois de la nature ; mais cette contradiction tomberait s'ils voulaient bien réfléchir, et, comme il est juste, reconnaître qu'il faut bien que, sous les phénomènes, il y ait les choses en soi (bien qu'elles nous restent cachées), et qu'on ne peut pas exiger que les lois de la causalité de ces êtres ne fassent qu'un avec celles auxquelles sont soumis les phénomènes que nous en percevons.

MÉTAPHYSIQUE DES MŒURS

Sommaire

Kant avait traité de la morale pratique en deux parties, qu'il publia séparément.

La première partie comprenait les Éléments métaphysiques de la doctrine du droit.

La seconde, les Éléments métaphysiques de la doctrine de la vertu.

Nous nous bornerons à donner des extraits de cette seconde partie.

ÉLÉMENTS MÉTAPHYSIQUES DE LA DOCTRINE DE LA VERTU

INTRODUCTION A LA DOCTRINE DE LA VERTU

EXTRAITS

Le mot *éthique* (1) servait, dans l'antiquité, à désigner la *philosophie morale*, qu'on appelait aussi la *doctrine des devoirs* (2). Dans la suite, on a jugé convenable de n'appliquer ce nom qu'à une partie de la morale, à celle qui traite des devoirs qui ne sont pas soumis à des lois extérieures (c'est-à-dire à cette partie de la morale que désigne à juste titre l'expression allemande qui signifie doctrine de la vertu); ainsi donc, l'ensemble du système de la doctrine générale des devoirs se divise en une *doctrine du droit* (*jurisprudentia*),

---

(1) C'est ainsi qu'étaient intitulés les traités de morale d'Aristote.

(2) Allusion au « Traité des Devoirs » (*De Officiis*) de Cicéron.

laquelle est susceptible d'une législation extérieure, et en une *doctrine de la vertu*, (*ethica*) laquelle n'est susceptible d'aucune législation de ce genre.

EXPLICATION DE L'IDÉE D'UNE DOCTRINE DE LA VERTU

L'*idée du devoir* implique déjà en elle-même l'idée d'une *contrainte* exercée par la loi sur notre libre arbitre. Cette contrainte peut ou venir de l'*extérieur*, ou bien être exercée par nous-même sur nous-même. L'*impératif moral* indique, par sa forme catégorique, cette contrainte qui ne s'applique pas aux êtres raisonnables en tant que tels (car ces êtres pourraient êtres *saints*), mais qui s'applique aux *hommes*, c'est-à-dire à des êtres à la fois sensibles et raisonnables, mais qui, tout en reconnaissant l'autorité de la loi morale, ne sont pas assez saints pour échapper à toute tentation, de la transgresser et qui, même quand ils la suivent, le font parfois *à contre-cœur* (faire une chose à contre-cœur, c'est la faire en dépit de nos inclinations, qui y sont opposées, et c'est en cela que consiste la *contrainte*). Mais comme l'homme est un être *libre*, l'idée du devoir implique nécessairement l'idée d'une *contrainte qu'il s'impose à lui-même* (par l'idée seule de la loi). C'est ainsi seulement qu'il est possible de concilier cette *contrainte* (fût-elle extérieure), avec la liberté laissée à notre libre arbitre.

Les penchants de la nature forment donc, dans le cœur de l'homme, des obstacles à l'accomplissement du devoir; ils lui opposent des forces puissantes qu'il doit se juger capable de combattre et de vaincre par la raison, sinon immédiatement (dans le temps même où il en a la pensée), du moins dans l'avenir. En d'autres termes, il doit se juger capable de *pouvoir* faire ce que la loi lui commande sans condition, c'est-à-dire ce qu'il *doit* faire.

Or le pouvoir et le ferme propos de résister à un adversaire puissant, mais injuste, est le *courage (fortitudo)* ; et le courage, déployé contre l'adversaire qui s'oppose en nous à la moralité de nos intentions, est la *vertu (virtus, fortitudo moralis)*. Ainsi, la partie générale de la doctrine des devoirs qui consiste à soumettre à des lois, non pas la liberté extérieure, mais la liberté intérieure, est la *doctrine de la vertu*.

Des raisons que nous pouvons avoir de concevoir une fin qui soit en même temps un devoir.

Une *fin* est un *objet* qu'a en vue le libre arbitre, et c'est l'idée de cet objet qui détermine le libre arbitre à faire l'acte nécessaire pour produire cet objet. Tout acte a donc sa fin ; et comme personne ne peut se proposer de fin sans prendre pour fin l'objet de son libre arbitre, se proposer une fin dans toutes ses actions, c'est, dans la personne qui agit, un acte de *sa liberté* et non un effet de sa *nature*. Mais comme, d'autre part, l'acte par lequel nous nous proposons une fin est un principe pratique, qui ne prescrit pas les moyens, mais la fin elle-même, c'est un impératif catégorique, et, par conséquent, un impératif de la pure raison pratique, c'est-à-dire un impératif, qui joint la *notion du devoir* à la notion d'une fin en général.

Il faut donc qu'il y ait une fin de ce genre, et un impératif catégorique qui y corresponde. Car, puisqu'il y a des actes libres, il faut aussi qu'il y ait des fins qui soient les objets vers lesquels soient dirigés ces actes. Et parmi ces fins, il faut qu'il y en ait qui soient en même temps des devoirs. En effet, s'il n'existait pas de fins de ce genre, comme une action ne peut jamais être sans but, toutes les fins n'auraient, aux yeux de la raison pratique, que la valeur de moyens nécessaires pour parvenir à d'autres fins ; et un impératif *catégorique* serait impossible, ce qui supprimerait toute morale.

Il ne s'agit donc pas ici des fins que l'homme peut avoir en vue, poussé par les penchants de sa nature sensible, mais seulement des objets que son libre arbitre peut se proposer en conformité avec les lois, et dont il *doit se faire* un but.

Quelles sont les fins qui sont en même temps des devoirs.

Ces fins sont : la *perfection de soi-même*, et le *bonheur d'autrui*.

On ne peut intervertir le rapport de ces deux termes, c'est-à-dire considérer comme des fins qui seraient en même temps des devoirs pour la même personne, le *bonheur personnel*, d'une part, et, d'autre part, la *perfection d'autrui*.

En effet, le *bonheur personnel* est une fin que tous les hommes se proposent (en vertu d'un penchant de leur nature) ; elle ne peut, sans contradiction, être envisagée comme un devoir. Ce que chacun, inévitablement, veut déjà, de soi-même, n'entre pas dans la notion du *devoir* ; car l'idée du devoir est l'idée d'une *contrainte* qui s'exerce en vue d'une fin à laquelle nous ne nous résolvons qu'à contre-cœur. Il est donc contradictoire de dire que nous soyons *obligés* de travailler de toutes nos forces à notre propre bonheur.

Ce serait une autre contradiction de se tenir pour obligé de prendre pour but la *perfection d'autrui* et d'y travailler. Car la perfection, dans un autre homme, consiste précisément en ce qu'il est *lui-même*, en tant que personne, capable de se proposer une fin conforme à l'idée que lui-même a de son devoir ; et il est contradictoire d'exiger de moi (de m'imposer le devoir) que je fasse pour un autre ce que lui seul peut faire.

EXPLICATION DE CES DEUX NOTIONS

A

Du perfectionnement de soi-même.

Quand on dit que c'est un devoir, en soi, pour l'homme, de se proposer pour fin d'atteindre toute la perfection qui lui est propre, on ne peut placer cette perfection que dans ce qui peut être l'*effet* de ses *actes*, et non dans ce qui ne peut être qu'un don reçu de la nature; autrement, ce ne serait pas un devoir. Le perfectionnement, pour l'homme, ne peut donc consister que dans la *culture de ses facultés* ou dispositions naturelles. Or, parmi ces facultés, vient en première ligne *l'entendement* ou faculté des concepts (au nombre de ces concepts se trouvent ceux qui ont rapport au devoir). Sur la même ligne que la culture intellectuelle se place l'éducation de la volonté (ou culture de l'intention morale); elle consiste à produire dans la volonté l'intention de satisfaire toujours à son devoir, quel qu'il soit. C'est pour l'homme un devoir de travailler à se dépouiller de la rudesse de sa nature, de tout ce qui, en elle, appartient au règne animal, et de la rapprocher toujours davantage de l'humanité, qui, seule, le rend capable de se proposer des fins. C'est un devoir pour lui de chasser l'ignorance en étendant son instruction et de corriger ses erreurs; et cela, ce n'est pas la raison technique qui le lui *conseille* relativement à d'autres fins (celles de l'art); c'est la raison pratique qui le lui *commande* au point de vue moral, d'une manière absolue, et qui lui impose pour devoir cette fin, de se montrer digne de la qualité de personne humaine qui réside en lui. C'est encore pour lui un devoir de porter la culture de sa *volonté* jusqu'au point où l'intention devient parfaitement conforme à la vertu, c'est-à-dire jusqu'à ce degré où *la loi* devient pour lui le mobile qui le fait agir conformément à son devoir ; or, c'est en cela que consiste, au point de vue de la morale pratique, la perfection intérieure. Cette perfection, qui n'est autre que le sentiment de l'effet qu'une volonté qui est à elle-même son propre législateur exerce sur la faculté que nous avons d'agir en conformité avec elle, s'appelle le *sens moral*, comme s'il s'agissait d'une sorte de sens spécial (*sensus moralis*) ; et quoiqu'on fasse souvent un mauvais usage de ce sentiment, en l'exaltant, en s'imaginant qu'il peut précéder les décisions de la raison (semblable au génie de Socrate), ou en croyant qu'il peut se passer de ses jugements, cependant, il n'en est pas moins une véritable perfection morale, qui consiste à poursuivre comme une fin qui nous soit propre, toute fin particulière qui est en même temps un devoir.

B

Bonheur du prochain.

Inévitablement, la nature humaine est portée à chercher et à souhaiter le bonheur ; par là chacun de nous entend le contentement de son sort, joint à la certitude que ce contentement sera durable ; mais précisément pour cela, le bonheur personnel n'est pas une fin qui soit en même temps un devoir. Comme quelques philosophes font encore une différence entre le bonheur moral et le bonheur physique (le premier, qui consiste dans le contentement de notre personne et de la moralité de notre propre conduite, et, par suite, dans le contentement de ce que nous *faisons* ; le second, dans le contentement de ce que la nature a fait pour nous, et dont nous *jouissons*, comme d'un bien étranger), il faut remarquer, sans relever ici l'abus du terme (qui contient déjà en lui-même une contradiction) que les satisfactions de la première sorte rentrent exclusivement dans le titre précédent, et qu'elles font partie de notre perfection. En effet, celui qui, pour se sentir heureux, n'a besoin que de la seule conscience de son honnêteté, possède déjà cette perfection que, dans le chapitre précédent, nous avons déjà posée comme une fin qui est en même temps un devoir.

Quand donc il est question d'un bonheur auquel ce doit être un devoir pour moi de tendre comme à ma fin, ce ne peut être que le *bonheur* des autres hommes dont *je me propose les fins* (quand elles sont légitimes) *pour en faire aussi les miennes*. En quoi, selon eux, consiste leur propre bonheur, c'est ce dont il faut les laisser juges; seulement, j'ai aussi le droit de leur refuser certaines choses qu'ils jugent propres à cet effet, quand je n'en suis pas d'avis, pourvu que ce soient des choses qu'ils n'aient pas le droit d'exiger de moi comme leur étant dues. Opposer à cette fin une prétendue *obligation* de travailler à mon *propre* bonheur (physique) et faire ainsi un devoir (une fin objective) de ce qui est en moi une fin naturelle et purement subjective, est une objection spécieuse, qu'on dirige souvent contre la précédente division des devoirs, et qui a besoin d'être relevée.

L'adversité, la douleur, l'indigence donnent souvent lieu à la tentation de transgresser son devoir ; au contraire, l'aisance, la force, la santé, et en général la prospérité, qui ont une influence opposée, peuvent aussi, à ce qu'il semble, être considérées comme des fins qui sont en même temps des devoirs, si bien que ce serait aussi un devoir que de travailler à *son propre bonheur*, en même temps que de concourir au bonheur d'autrui. Seulement, en ce cas, ce n'est pas le bonheur qui est la fin ; c'est la moralité du sujet; et la recherche du bonheur n'est qu'un moyen *permis* pour écarter les obstacles qui s'opposent à cette fin ; d'ailleurs, personne n'a le droit d'exiger de moi le sacrifice de mes fins quand elles ne sont pas contraires à la morale. Chercher l'aisance pour soi-même n'est pas un devoir, directement ; mais c'en peut être un indirectement ; ce peut être le devoir d'écarter la pauvreté, comme une mauvaise conseillère. Mais, en ce cas encore, c'est ma moralité, et non mon bonheur, que j'ai pour but (et en même temps pour devoir), de conserver intacte.

La première condition de la vertu, c'est l'empire sur soi-même.

Kant définit la vertu : « l'habitude de se déterminer à agir par l'idée même de la loi. » Il remarque que cette liberté intérieure qu'implique la vertu exige deux conditions : 1° qu'on soit *maître de soi* dans un cas donné (*animus sui compos*), 2° qu'on ait de *l'empire* sur soi-même (*imperium in semetipsum*), c'est-à-dire qu'on *réprime* ses affections, et qu'on *commande* à ses passions. Dans ces deux états, le caractère est noble ; dans le cas contraire, il est bas (*indoles abjecta, serva*).

Les *affections* et les *passions* diffèrent essentiellement les unes des autres : les premières appartiennent au *sentiment*, en tant que, précédant la réflexion, il la rend difficile ou impossible. Aussi dit-on des affections qu'elles sont soudaines (*animus præceps*), et la raison, par l'idée de vertu, nous ordonne en pareil cas de nous *contenir* ; pourtant, cette faiblesse dans l'usage de notre esprit, jointe à la force du mouvement de l'âme, n'est que *l'absence de vertu* ; il y a en elle quelque chose de puéril et de faible qui n'est pas incompatible avec une grande bonne volonté, et qui du moins a cela de bon, que la tempête sera bientôt calmée. Un penchant à une affection (par exemple : le penchant à la colère) est plus éloigné du vice que ne l'est la *passion*. Au contraire, la *passion* est le *désir* passé à l'état d'inclination stable (par exemple : la *haine*, par opposition à la colère). Le calme avec lequel on s'y livre laisse place à la réflexion, et permet à l'âme de se faire certains principes à cet égard, et ainsi, lorsque l'inclination se porte sur quelque chose de contraire à la loi, de couver cette inclination, de lui permettre de s'enraciner profondément, et d'admettre par là (de propos délibéré) le mal dans ses maximes : ce qui, alors, est un mal *qualifié*, c'est-à-dire un *vice* véritable.

Ainsi la vertu, en tant qu'elle est fondée sur la liberté, contient pour l'homme un commandement positif, à savoir : d'avoir toujours en son pouvoir (au pouvoir de sa raison) toutes ses facultés et toutes ses inclinations, en d'autres termes, elle lui enjoint de conserver toujours l'empire sur lui-même ; cet ordre se lie à la défense qu'elle lui fait de se laisser dominer par ses sentiments et ses inclinations (devoir d'*apathie*) ; car si la raison ne prend en main les rênes du gouvernement, ce sont les inclinations et les sentiments qui deviennent les maîtres de l'homme.

La vertu suppose nécessairement l'apathie (1), considérée comme une force.

Ce mot d'*apathie* a fini par être pris en mauvaise part, comme s'il y était synonyme d'insensibilité, c'est-à-dire comme s'il impliquait de l'indifférence de la personne à l'égard des objets de son libre arbitre ; on prenait l'apathie pour une faiblesse. On peut prévenir cette équivoque en distinguant de cette insensibilité, signe d'indifférence, l'*apathie morale* ; cette apathie morale est très nécessaire, car les sentiments qui viennent des impressions sensibles ne perdent leur influence sur le moral qu'autant que le respect de la loi finit par l'emporter sur eux tous. C'est une force apparente, semblable à celle d'un malade en proie à la fièvre, que celle qui nous fait porter jusqu'à l'émotion le vif intérêt que nous avons pour le *bien*, ou plutôt qui fait dégénérer

(1) Le mot *apathie*, veut dire absence de passion.

cet intérêt en émotion. On donne le nom d'*enthousiasme* aux affections de cette sorte ; et c'est ici qu'il faut apporter cette *modération* qu'on a coutume de recommander dans la pratique même de la vertu.

> *Insani sapiens nomen ferat, æquus iniqui,*
> *Ultra, quam satis est, virtutem si petat ipsam.*
> [Horatius] (1).

Autrement, il faudrait dire, ce qui est absurde, qu'on pourrait être *trop sage*, trop *vertueux*. Les affections sont toujours du domaine de la sensibilité, quel que soit l'objet qui les excite. La véritable force de la vertu est dans la *tranquillité de l'âme*, dans la résolution ferme et réfléchie de mettre la loi en pratique. Tel est l'état de *santé* dans la vie morale ; au contraire, les affections, même quand elles sont excitées en nous par l'idée du *bien*, sont des phénomènes qui ne brillent qu'un instant, et laissent après eux de l'abattement. On peut qualifier de fantaisiste en matière de vertu celui qui, en fait de moralité, n'admet pas de *choses indifférentes*, qui jonche tous ses pas et démarches de devoirs comme d'autant de chausses-trappes, et qui ne permet pas de prendre indifféremment de la viande ou du poisson, de la bière ou du vin, quand on se trouve bien de l'un ou de l'autre. Introduire dans la doctrine de la vertu une telle science du détail, ce serait transformer en un véritable despotisme l'empire de la vertu.

(1) « Le sage mériterait le nom de fou, le juste, celui d'injuste, s'ils prétendaient à la vertu elle-même au delà de ce qui est raisonnable. » (Horace.)

DOCTRINE ÉLÉMENTAIRE DE LA VERTU

LIVRE PREMIER
Des devoirs envers soi-même en général.

Sommaire

L'homme peut être considéré, soit en tant qu'être appartenant à la fois au règne animal et au monde moral, soit seulement en tant qu'être moral.

Des devoirs de l'homme envers lui-même en tant qu'être moral.

EXTRAITS

Du mensonge.

Le délit le plus grave dont l'homme puisse se rendre coupable en transgressant ses devoirs personnels (les devoirs qu'il a envers l'humanité dans sa personne considérée exclusivement comme personne morale), c'est de manquer à la vérité, ou de mentir. *Aliud lingua promptum, aliud pectore inclusum gerere* (1). Il est de soi-même évident que toute fausseté intentionnelle dans l'expression de la pensée (bien qu'elle ne reçoive, dans la doctrine du droit, la dénomination stricte de mensonge, que lorsqu'elle lèse les droits d'autrui), ne

(1) Avoir une chose dans la bouche et une autre dans le cœur.

peut manquer d'être condamnée par la doctrine de la vertu, qui, elle, pour autoriser une action, ne se demande pas si cette action est, ou non, dommageable à quelqu'un. En effet, le déshonneur (c'est-à-dire le fait d'être au point de vue moral un objet de mépris) qui accompagne le mensonge, suit aussi le menteur comme son ombre. Le mensonge peut être extérieur (*mendacium externum*) ; mais il peut aussi être interne. Dans le premier cas, l'homme se rend méprisable aux yeux des autres ; dans le second, ce qui est pis encore, il s'avilit à ses propres yeux, et dégrade la dignité humaine en sa propre personne. Et ici, le préjudice qui peut en résulter pour les autres hommes n'entre pas en ligne de compte, puisqu'il n'est pas ce qui caractérise spécifiquement ce vice (lequel ne serait en ce cas qu'une simple transgression des devoirs envers le prochain) ; il ne saurait non plus être question du dommage que le menteur se cause à lui-même (puisqu'alors le mensonge, n'étant qu'un simple manque de prudence, ne serait en opposition qu'avec les maximes de l'intérêt, mais non avec celles de la morale, et qu'il ne pourrait être, en ce cas, considéré comme un manquement au devoir). Le mensonge est l'avilissement, et, en quelque sorte, l'anéantissement de la dignité de l'homme qui le commet. Un homme qui ne croit pas ce qu'il dit à un autre (fût-ce même à une personne imaginaire), vaut moins encore qu'une simple chose ; car on peut encore faire usage des qualités d'une chose pour en tirer un profit quelconque, puisqu'elle est un objet qui nous est donné ; mais le fait de communiquer avec quelqu'un au moyen de paroles qui, dans l'intention de celui qui parle, signifient exactement le contraire de ce qu'il pense, est un but directement opposé à la destination naturelle de la faculté qu'a l'homme de communiquer ses pensées, et, par conséquent, une abdication de la personnalité ; et c'est en quoi le menteur se montre semblable à une apparition trompeuse à figure humaine, plutôt qu'à un homme véritable. Un homme *sincère* en ses propros est un *homme d'honneur*; si ses affirmations sont, en outre, des promesses, c'est un *homme de parole*, un homme *loyal*. On donne à cette vertu en général le nom de *droiture*.

Il n'est pas nécessaire que le mensonge (au sens qu'a ce mot en morale), c'est-à-dire la fausseté dite avec intention, soit préjudiciable au prochain, pour être considéré comme blâmable ; car il n'y aurait mensonge que là où il y aurait violation du droit d'autrui. Le mensonge peut aussi n'être l'effet que de la simple légèreté, ou d'un naturel débonnaire ; il peut même parfois être employé avec l'intention d'atteindre une fin vraiment bonne ; et pourtant, la manière dont on poursuit cette fin constitue, par sa forme même, un manquement de l'homme envers sa propre personne, et une indignité qui doit le rendre méprisable à ses propres yeux.

Il est très facile de mettre en évidence la réalité de bien des mensonges *internes* dont les hommes se rendent coupables; mais il semble plus difficile d'en expliquer la possibilité, puisqu'il faut, pour qu'il y ait mensonge, la présence d'une seconde personne, qu'on ait l'intention de tromper, tandis qu'il paraît contradictoire de chercher à se tromper soi-même de propos délibéré.

Kant explique cette anomalie apparente en montrant que l'homme, en sa qualité de personne morale, est différent de ce qu'il est en sa qualité d'être soumis aux lois de la nature; l'homme moral s'oppose à l'homme de nature ; c'est ainsi que l'homme peut se mentir à lui-même ; c'est pourquoi il est de son devoir d'être *sincère envers lui-même*.

Il se ment à lui-même lorsque, par exemple, il se persuade qu'il croit à l'existence d'un juge qui viendra un jour juger le monde, tandis qu'en réalité il n'en croit rien ; or il agit ainsi, persuadé qu'il n'a rien à perdre, mais tout à gagner, à professer la foi en celui qui scrute les cœurs, afin de se le rendre favorable dans tous les cas. Il ment également, lorsque, sachant bien à quoi s'en tenir, il se flatte de n'agir que par respect pour la loi, alors qu'il ne sent en lui d'autre mobile que la crainte des châtiments.

Le manque de conscience est uniquement un défaut de délicatesse dans la conscience, c'est-à-dire un défaut de sincérité dans les aveux qu'on fait à ce juge intérieur, qu'on se représente comme une personne étrangère. Par exemple, à considérer les choses en toute rigueur, il y a déjà un manque de sincérité à prendre, comme on le fait quelquefois par amour-propre, l'intention pour le fait, lorsqu'il s'agit d'une bonne action; et ce mensonge interne, quoiqu'il soit opposé à nos devoirs personnels, prend ici le nom de *faiblesse*; de même qu'on donne ce nom au désir qu'on a de ne trouver que des qualités dans les personnes aimées, désir qui rend aveugle à leurs défauts les plus sensibles. Et cependant, ce manque de sincérité, dont on se rend coupable dans les explications qu'on se donne à soi-même, mérite le blâme le plus sévère, puisque, de ce seul point contaminé (j'entends la fausseté qui semble être enracinée dans la nature humaine), cette maladie qui consiste à ne jamais pouvoir dire la vérité, s'étend à toutes les relations avec les autres hommes, lorsque le principe suprême de la véracité a été une fois altéré.

De l'avarice.

Comme il ne s'agit ici que de devoirs envers soi-même, et que la cupidité (le désir insatiable d'acquérir) qui n'a d'autre but que la prodigalité, de même que la lésinerie (l'affliction que causent les dépenses nécessaires) ont leur fondement dans l'*amour de soi*, et ne paraissent, l'une et l'autre, condamnables, que parce qu'elles conduisent : la prodigalité, à une indigence qu'on n'avait pas su prévoir; l'avarice, à une indigence volontaire (puisqu'elle suppose la résolution de se condamner à vivre pauvrement), on peut se demander si l'une et l'autre sont véritablement des vices, et s'il ne faudrait pas plutôt les qualifier d'imprudences, ce qui les mettrait en dehors de la sphère de nos devoirs envers nous-mêmes. Mais l'avarice n'est pas seulement une économie mal entendue; elle est aussi une soumission servile de soi-même aux biens de la fortune; elle ne nous permet pas d'en rester maîtres; et c'est en cela qu'elle est un manquement à nos devoirs envers nous-mêmes. Elle est opposée, non seulement à la générosité, mais même, d'une manière générale, à la libéralité des sentiments, c'est-à-dire à ce principe, que nous devons être indépendants à l'égard de toute chose, sauf de la loi; et elle est ainsi une sorte de fraude que l'homme commet envers lui-même.

De la bassesse.

L'homme, dans le système de la nature (*homo phenomenon*), est un être de peu d'importance et n'a qu'une valeur qui lui est commune avec le reste du règne animal.

Mais l'homme considéré en tant que *personne*, c'est-à-dire comme un être dans lequel réside une raison moralement pratique, est élevé au-dessus de tout prix; en effet, en tant que personne (*homo noumenon*), il ne peut être apprécié simplement comme un moyen au service des fins des autres personnes, ni même comme un moyen au service de ses propres fins; mais il possède une *dignité* (une valeur intrinsèque absolue), par laquelle il impose à tous les êtres raisonnables le *respect* de sa personne, et qui lui permet de se mesurer avec tous les autres êtres de même espèce, et de s'estimer sur le pied d'égalité avec eux.

L'humanité en sa personne est l'objet du respect

qu'il peut exiger des autres hommes ; mais il ne faut pas qu'il s'expose à le perdre. Il peut et doit s'estimer selon une mesure tantôt petite, tantôt grande, suivant qu'il se considère tantôt comme un être appartenant au monde sensible (eu égard à la nature animale), tantôt comme un être appartenant au monde intelligible (selon ses dispositions morales). Cependant, bien qu'il ne puisse pas se considérer uniquement comme une personne (1), bien qu'il doive se considérer comme un homme, c'est-à-dire comme une personne qui a envers elle-même des devoirs que lui impose sa propre raison, toutefois son peu de valeur (*en tant qu'il fait partie du règne animal*) ne saurait l'empêcher d'avoir conscience de sa dignité en tant qu'*homme raisonnable*, et il ne doit pas renoncer à l'estime morale qu'il doit avoir pour lui-même en cette dernière qualité. En d'autres termes, il ne doit pas poursuivre sa fin, qui en elle-même est un devoir, d'une manière basse, *servile* (*animo servili*), comme s'il voulait briguer quelque faveur ; il ne doit pas abdiquer sa dignité ; il doit, au contraire, toujours maintenir en lui la conscience de l'élévation de ses dispositions morales ; et cette sorte d'*estime de soi* est un devoir de l'homme envers lui-même.

La conscience et le sentiment de notre peu de valeur morale en *comparaison de ce qu'exige la loi* est l'humilité morale. Être, au contraire, persuadé de la grandeur de son propre mérite, faute d'avoir comparé sa conduite avec la loi, c'est ce qu'on peut appeler *l'orgueil de la vertu*. Mais renoncer à prétendre à une valeur morale quelconque, dans la persuasion qu'en agissant ainsi, on acquiert par là une valeur empruntée, c'est de la *fausse humilité morale*, ou de la bassesse d'esprit.

L'*humilité*, quand elle consiste à faire peu de cas de soi-même *par comparaison avec d'autres hommes* (et, en général, avec un être fini quel qu'il soit, fût-ce un séraphin), n'est pas un devoir ; bien plus, l'effort qu'on

---

(1) Ce qui constitue la personnalité, c'est uniquement la raison.

pourrait faire pour égaler, voire même surpasser les autres en ce genre d'humilité, dans l'espoir d'acquérir par là une plus grande valeur interne, est, à plus forte raison, de l'*orgueil* (*ambitio*), ce qui est directement opposé à nos devoirs envers autrui. Mais rabaisser notre propre valeur morale dans le dessein d'obtenir par ce moyen la faveur d'un autre (quel qu'il soit), c'est toujours hypocrisie ou flatterie ; c'est donc une fausse humilité, une humilité mensongère, et un avilissement de la personnalité absolument opposé aux devoirs envers soi-même.

C'est d'une exacte et sincère comparaison de notre conduite avec les commandements de la loi morale (dans toute sa sainteté et dans toute sa rigueur) que dérive nécessairement la véritable humilité ; mais en même temps, de ce fait que nous sommes capables d'une législation intérieure qui oblige l'homme (en tant qu'être physique) à honorer l'homme (en tant qu'être moral), en sa propre personne, il suit que nous devons en même temps avoir le sentiment de notre *élévation* et avoir pour nous-même la plus haute estime ; car nous avons le sentiment d'une valeur intérieure qui nous met au-dessus de tout prix, et nous confère une dignité inaliénable, bien propre à nous inspirer le respect de nous-mêmes.

On peut traduire d'une manière plus ou moins claire, par les préceptes qui suivent, ce devoir d'honorer en nous la dignité de la personne humaine.

Ne vous faites pas l'esclave des autres hommes. — Ne laissez pas fouler aux pieds votre droit sans le revendiquer. — Ne contractez pas de dettes pour lesquelles vous ne présenteriez pas toute garantie. — N'acceptez pas de bienfaits dont vous puissiez vous passer, et ne soyez ni parasites, ni flatteurs, ou même (ce qui ne diffère des vices précédents que par le degré) ni mendiants. — Soyez économes, afin de ne pas tomber dans la misère. — Les plaintes et les gémissements, même le simple cri qu'arrache la douleur physique, sont déjà indignes de vous, à plus forte raison ;

quand vous avez conscience que c'est vous qui vous êtes attiré cette douleur. De là vient que la constance avec laquelle un coupable subit sa peine ennoblit sa mort (en lavant sa honte).

L'homme n'a de devoirs qu'envers l'homme ; ses prétendus devoirs envers d'autres êtres ne sont que des devoirs envers lui-même.

Sommaire

La cause de cette confusion vient de ce que l'homme prend des devoirs *relatifs* à d'autres êtres, pour des devoirs *envers* ces êtres. Ces êtres sont : ou inférieurs à lui, comme les minéraux, les plantes, les animaux ; ou bien, c'est un pur esprit, supérieur à l'homme, c'est-à-dire Dieu.

EXTRAITS

Pour ce qui est des *beautés* de la nature, même inanimée, le penchant à la destruction est contraire aux devoirs de l'homme envers lui-même : il affaiblit ou détruit en l'homme ce sentiment du beau, qui, sans doute, n'est pas la moralité elle-même, mais qui favorise ou du moins qui prépare une disposition sensible très favorable à la moralité, je veux parler du plaisir d'aimer une chose indépendamment de toute considération d'utilité, par exemple, de trouver une satisfaction désintéressée à regarder les belles cristallisations, ou ces beautés des plantes qui défient toute description.

En ce qui concerne ces sortes de créatures qui sont douées de vie, mais non de raison, la violence et la cruauté avec laquelle on traite les animaux sont bien plus opposées encore aux devoirs de l'homme envers lui-même, attendu que, en émoussant ainsi la compassion qu'excite leurs souffrances, on affaiblit et peu à peu on éteint une disposition naturelle très favorable à la moralité dans les rapports de l'homme avec ses semblables. Nous avons le droit de tuer les animaux (sans les faire souffrir) ou encore le droit de les faire travailler, dans la mesure de leurs forces (d'ailleurs les hommes eux-mêmes sont soumis à la loi du travail) ; mais ces expériences physiques par lesquelles on les martyrise dans un but purement spéculatif, alors que ce même but pourrait être atteint par d'autres moyens, ont un caractère tout à fait odieux. On peut même dire que la reconnaissance pour les longs services d'un vieux cheval ou d'un vieux chien (qui sont comme des hôtes de la maison) rentre *indirectement* dans les devoirs de l'homme, si on les considère *relativement* à ces animaux ; mais que, considérée *directement*, elle est toujours un devoir de l'homme envers lui-même.

A l'égard d'un être qui est placé tout à fait en dehors des limites de notre expérience, mais dont la possibilité s'accorde pourtant avec l'idée que nous en avons, à l'égard de la *Divinité*, nous avons également un devoir qui s'appelle le devoir religieux (1), et qui consiste à reconnaître dans nos devoirs, *en quelque sorte* (*instar*), des commandements divins. Mais ce n'est pas là avoir conscience d'un devoir *envers Dieu*. Car, comme cette idée émane tout à fait de notre propre raison, comme c'est nous-mêmes qui nous la *formons*, soit au point de vue théorique, pour nous expliquer la finalité de l'univers, soit pour nous en servir comme d'un mobile dans notre conduite, nous n'avons pas devant nous un être donné, *envers lequel* nous ayons quelque obligation ; car il faudrait que la réalité d'un tel être nous fût d'abord prouvée par l'expérience (ou révélée) ; mais cette idée qui se présente irrésistiblement à la raison, c'est un devoir pour l'homme envers lui-même que de l'appliquer à la loi morale en nous-même, là où elle peut être de la plus grande utilité morale. Dans ce sens (pratique), il peut être vrai de dire qu'avoir de la religion est un des devoirs de l'homme envers lui-même.

(1) Kant a traité des rapports de la religion et de la morale dans l'ouvrage intitulé : *de la Religion dans les limites de la pure raison*.

LIVRE SECOND

Des devoirs de vertu envers les autres hommes.

Division.

La division la plus générale des devoirs envers les autres hommes est la suivante : devoirs qui ont pour caractère de créer une obligation pour ceux envers lesquels on les remplit; devoirs qui n'ont pas ce caractère. Les premiers sont des devoirs *méritoires*; les autres sont simplement *obligatoires*. L'*amour* et le *respect* sont les sentiments qui accompagnent ces devoirs. Ils peuvent exister indépendamment l'un de l'autre. (On peut *aimer* son prochain, alors même qu'il ne mérite guère notre *respect*; par contre, on doit nécessairement respecter tous les hommes, tout en jugeant que certains sont peu dignes d'être aimés.) Mais en principe, selon la loi, ces deux sentiments se trouvent toujours réunis en un seul et même devoir; seulement, ils le sont de telle sorte que c'est tantôt l'un et tantôt l'autre qui constitue le principal, auquel l'autre se joint d'une manière accessoire. Ainsi, nous reconnaissons que nous sommes tenus d'être bienfaisants à l'égard d'un pauvre; mais comme cette faveur que nous lui accordons met son bien-être sous la dépendance de notre générosité, cette dépendance amoindrit notre prochain; c'est donc un devoir pour nous d'épargner cette humiliation à celui qui reçoit, par conséquent de lui présenter ce bienfait comme une chose qui lui est due, ou comme un léger service d'amitié; on évite ainsi de porter atteinte au respect qu'il a pour lui-même.

Quand il est question des lois du devoir (et non des lois de la nature), et que nous considérons ces lois dans les rapports extérieurs des hommes entre eux, nous nous plaçons par la pensée dans un monde moral (un monde intelligible), où, par une sorte d'analogie avec le monde physique, l'union des êtres raisonnables (sur la terre) se fait par *attraction* et par *répulsion*. En vertu d'un principe d'*affection réciproque*, ils sont poussés à se *rapprocher* constamment les uns des autres ; mais aussi par le *respect* qu'ils se doivent mutuellement, ils sont portés à se *tenir à distance* les uns des autres ; si l'une de ces deux grandes forces morales venait à sombrer, alors (si je puis me servir, en les appliquant à mon objet, des paroles de Haller) le néant (c'est-à-dire l'immoralité) absorberait dans son gouffre tout le règne des êtres moraux comme une goutte d'eau.

L'*amour du prochain* ne doit pas être ici considéré comme un *sentiment* (au point de vue esthétique), c'est-à-dire comme le plaisir que nous prendrions à la perfection des autres hommes ; ce n'est pas un *amour de complaisance* (1), car ce ne peut être une obligation d'éprouver envers autrui un sentiment de cette sorte ; il faut le concevoir comme une maxime de *bienveillance* (au point de vue pratique), qui a pour suite la *bienfaisance*.

Il faut en dire autant du *respect* que nous devons témoigner aux autres hommes ; par ce mot, on n'entend pas simplement le *sentiment* qui résulte de la comparaison de notre *valeur* avec celle d'autrui (comme le respect d'un enfant envers ses parents, d'un disciple envers son maître, d'un inférieur envers son supérieur), respect qui provient d'une pure habitude ; le respect dont il s'agit est une *maxime* qui nous porte à restreindre l'estime que nous avons pour nous-mêmes par la considération de ce qu'exige de nous la dignité de la personne humaine en nos semblables ; c'est là le respect, au sens pratique de ce mot.

---

(1) Terme de la langue théologique servant ici à désigner un sentiment qui nous porterait à aimer nos semblables, parce que nous nous complairions à considérer leur perfection.

Le devoir de libre respect envers autrui n'est qu'un devoir négatif (il consiste à ne pas chercher à s'élever au-dessus des autres) ; il est donc analogue au devoir de droit qui défend de léser autrui en ce qui lui appartient ; il peut donc être considéré comme un devoir *strict*, quoique, comme devoir de vertu, il se lie au devoir d'aimer son prochain, et que ce dernier devoir doive être considéré comme un devoir *large*.

Le devoir d'aimer le prochain peut être défini ainsi : le devoir de faire miennes les *fins* que se proposent mes semblables (pourvu qu'elles ne soient pas immorales). Le devoir de respecter le prochain est renfermé dans cette maxime, qui m'interdit d'abaisser les autres hommes en les traitant comme de simples moyens propres à assurer les fins que je me propose, et qui me défend d'exiger des autres qu'ils s'avilissent au point de se faire les esclaves de mes propres fins.

Par cela même que j'accomplis le premier de ces devoir envers un de mes semblables, je l'oblige ; je mérite bien de lui. Par l'accomplissement du second devoir, c'est moi-même que j'oblige ; je me contiens dans les bornes qui me sont prescrites, pour ne rien enlever à la valeur qu'un autre, en tant qu'homme, est autorisé à mettre en lui-même.

Du devoir d'aimer son prochain en particulier.

La charité (la philanthropie), étant considérée ici comme une maxime pratique, et non, par conséquent, comme un amour de complaisance qu'on aurait pour ses semblables, elle doit consister dans une bienveillance active, et, par conséquent, porter sur la maxime de nos actions. Celui qui prend plaisir au bien des hommes, considérés simplement en tant qu'hommes, qui éprouve un sentiment de satisfaction à la vue de la prospérité d'autrui, mérite le nom de *philanthrope*. Celui qui n'est content que quand tout va mal pour les autres est un *misanthrope* (au sens pratique du mot). Celui qui est indifférent à ce qui peut arriver à autrui, pourvu que pour lui-même tout aille bien, est un *égoïste*. Mais celui qui fuit les hommes parce qu'il ne se *plaît pas avec eux*, quoiqu'il leur *veuille du bien*, s'appellerait à plus juste titre un *anthropophobe*, et son éloignement pour les hommes mérite le nom d'*anthropophobie*.

Kant ajoute que la maxime de la bienveillance consiste à aimer son prochain comme soi-même. Il explique en quoi consiste cette bienveillance. Elle ne se borne pas uniquement au désir de voir les autres heureux, sans chercher à contribuer à leur satisfaction; la bienveillance dont il s'agit consiste à se proposer pour but le bonheur d'autrui.

Division des devoirs qui procèdent de l'amour du prochain.

Ce sont : A. les devoirs de bienfaisance ; B. les devoirs de reconnaissance ; C. les devoirs de sympathie.

C'est un devoir pour tout homme d'être bienfaisant, c'est-à-dire d'assister, dans la mesure de ses moyens, ses semblables, lorsqu'ils se trouvent dans la nécessité, sans rien attendre d'eux en retour.

En effet, tout homme qui se trouve dans le besoin souhaite que les autres hommes lui viennent en aide. Mais s'il laissait entendre qu'il a pour maxime de ne pas vouloir, en retour, prêter assistance à son prochain en cas de nécessité; si, en d'autres termes, il convertissait la loi de la bienfaisance en une simple permission, chacun, également, lui refuserait son aide en pareil cas, ou du moins, chacun serait autorisé à le faire. Ainsi cette maxime égoïste serait en contradiction avec elle-même si on voulait la convertir en une loi universelle; donc elle est contraire au devoir; et, par suite, la maxime d'intérêt commun qui veut qu'on fasse du bien aux nécessiteux est un devoir général pour tous les hommes ; car, par cela même qu'ils sont des hommes, ils doivent être considérés comme des êtres raisonnables, sujets à des besoins et réunis par la nature dans une même demeure pour s'aider réciproquement.

A. — Du devoir de bienfaisance.

La bienfaisance, lorsqu'on est riche et qu'on trouve dans son superflu, c'est-à-dire dans ce qui n'est pas nécessaire à nos besoins, les *moyens* de faire le bonheur d'autrui, ne doit presque jamais être considérée par le bienfaiteur lui-même comme un devoir méritoire ; quoiqu'en agissant ainsi il oblige les hommes. Le plaisir qu'il se fait par là à lui-même, et qui ne lui coûte aucun sacrifice, est une manière de savourer les délices de sentiments moraux. Aussi doit-il éviter soigneusement d'avoir l'air de penser qu'il oblige son prochain ; car autrement, son bienfait n'en serait plus un véritablement, puisqu'il manifesterait l'intention d'imposer une obligation à celui qui le reçoit (ce qui serait amoindrir celui-ci à ses propres yeux). Au contraire, il doit se trouver lui-même très obligé, ou très honoré qu'un autre consente à accepter ce bienfait, et il doit témoigner qu'en accomplissant ce devoir, il ne fait que ce qu'il doit, à moins que (ce qui est préférable) il n'exerce la bienfaisance tout à fait en secret. Cette vertu est d'autant plus grande que les moyens dont dispose le bienfaiteur sont plus restreints, et que celui-ci a assez de force d'âme pour se charger en silence des maux que lui-même épargne aux autres ; c'est alors qu'il mérite d'être considéré comme très riche, au point de vue moral.

B. — Du devoir de reconnaissance.

La *reconnaissance* consiste à *honorer* une personne à cause d'un bienfait que nous en avons reçu. Le sentiment qui est lié à ce jugement est un sentiment de respect envers le bienfaiteur (envers celui qui oblige), tandis que le sentiment de celui-ci envers son obligé, est un sentiment d'affection. Même la simple *bienveillance* du cœur, sans qu'elle se traduise par des actes, mérite le nom de devoir de vertu; c'est ce qui établit une distinction entre la reconnaissance *active* et la reconnaissance purement *affective*.

Être reconnaissant est un devoir, et non une simple *maxime de prudence*, qui aurait pour but d'inciter nos semblables à nous faire toujours plus de bien par le témoignage de l'obligation que nous leur avons des bienfaits que nous avons reçus d'eux; car en ce cas, on n'userait de la reconnaissance que comme d'un moyen de parvenir à d'autres fins personnelles; mais la reconnaissance est une nécessité qui nous est imposée immédiatement par la loi morale, c'est-à-dire un devoir.

En outre, nous devons considérer la reconnaissance comme une obligation particulièrement *sacrée*, parce qu'elle est un devoir dont la violation (en donnant un exemple scandaleux) peut anéantir dans son principe même le mobile moral qui nous porte à la bienfaisance. En effet, on appelle « saint » tout objet moral à l'égard duquel nous ne saurions nous acquitter pleinement de l'obligation contractée (où l'obligé, quoi qu'il fasse, reste toujours obligé). Tout autre est le devoir *ordinaire*. Il n'y a aucun moyen de s'*acquitter* d'un bienfait reçu; parce que l'obligé ne pourra jamais faire que son bienfaiteur ne conserve pas l'avantage d'avoir eu sur lui, par son acte de bienfaisance, la priorité du bienfait. D'ailleurs, même lorsqu'il ne se traduit pas par des actes (par d'autres bienfaits, en retour), le simple bon vouloir, quand il vient du cœur, à l'égard d'un bienfaiteur, est déjà une sorte de reconnaissance. C'est à cette espèce de reconnaissance d'intention qu'on donne le nom de gratitude.

En ce qui concerne l'extension (1) de la reconnaissance, cette vertu ne s'applique pas seulement à nos contemporains, mais aussi à nos ancêtres, même à ceux que nous ne pouvons avec certitude désigner par leur nom. Telle est aussi la raison pour laquelle nous considérons qu'il ne conviendrait pas de ne pas défendre, dans la mesure de nos moyens, les anciens, qui peuvent être considérés comme nos maîtres, contre toutes les attaques, les accusations et les mépris dont ils sont souvent l'objet; en revanche, c'est folie que de leur attribuer, uniquement à raison de leur antiquité, une supériorité de talents ou de bonne volonté sur les modernes, et de mépriser par comparaison tout ce qui est nouveau, comme si, en vertu d'une loi naturelle, le monde était condamné à déchoir graduellement de sa perfection primitive.

Pour ce qui est du degré d'obligation que comporte cette vertu, il faut l'apprécier d'après le profit que l'obligé a retiré du bienfait, et d'après le désintéressement du bienfaiteur. Le moindre degré de la reconnaissance, c'est de rendre à notre bienfaiteur, s'il est en état de les recevoir (pendant sa vie), et, s'il n'est plus, de rendre à d'autres des services *égaux* à ceux dont nous lui sommes redevables; c'est de ne pas considérer un bienfait reçu comme un fardeau dont on voudrait pouvoir se débarrasser (parce que celui qui a reçu une faveur se trouve placé à un degré au-dessous de celui qui l'a octroyée, et que cela froisse son orgueil). Au contraire, il faut l'accepter comme un bienfait moral, c'est-à-dire comme l'occasion de pratiquer cette

---

(1) Terme de logique. L'extension d'une idée est la somme des êtres auxquels s'applique cette idée.

vertu qui unit, à la *tendresse profonde* dans l'intention bienveillante, la *délicatesse* de la bienveillance dans les actes (l'attention donnée, en vue du devoir, aux moindres obligations), et de cultiver ainsi en nous l'amour des hommes.

C. — La sympathie, d'une manière générale, est un devoir.

La *sympathie pour la joie*, de même que la *sympathie pour la peine d'autrui*, n'est guère que le sentiment d'un plaisir ou d'une peine qui s'attache à l'état de satisfaction ou de douleur d'autrui, et dont la nature a rendu l'homme susceptible. Mais c'est encore un devoir particulier, bien que conditionnel, de mettre ces dispositions naturelles au service d'une bienveillance active et fondée en raison ; c'est à une telle bienveillance qu'on donne le nom d'*humanité* ; en ce cas, l'homme est considéré non pas seulement en tant qu'être raisonnable, mais aussi en tant qu'animal doué de raison. Or l'humanité peut consister, soit dans le *pouvoir et la volonté* qu'ont les hommes de se *communiquer réciproquement* leurs sentiments, soit dans la capacité que leur donne la nature même, d'éprouver en commun le sentiment du plaisir et de la peine. La sympathie de la première sorte est *libre* ; elle consiste à *prendre part* à la joie ou à la peine d'autrui, et est fondée sur la raison pratique ; la sympathie de la seconde sorte *n'est pas libre*, elle se *communique* (comme la chaleur ou les maladies contagieuses) ; c'est une sorte de passion qui se répand naturellement parmi les hommes qui vivent en commun. La première seule est obligatoire.

C'était une idée sublime du *sage* que celle que concevaient les Stoïciens, quand ils lui faisaient dire : je souhaite un ami, non pour qu'il puisse *m*'assister dans l'indigence, dans la maladie, dans la captivité, mais pour que *je* puisse lui venir en aide en pareil cas, et sauver ainsi un homme. Et pourtant, quand il n'est plus en son pouvoir de sauver son ami, ce même sage se dit à lui-même : « Que m'importe ? » C'est-à-dire qu'il rejette toute compassion.

En effet, si un autre souffre, et que je me laisse (par mon imagination) gagner par sa douleur, à laquelle je ne puis remédier, nous sommes deux à souffrir; et pourtant, le mal n'atteignait (au point de vue de la nature) qu'une seule personne. Il est impossible que notre devoir soit d'augmenter le mal en ce monde, et par conséquent, il ne faut pas faire le bien *par compassion*; d'ailleurs, cette espèce de bienfait offensant qu'on appelle la *pitié*, et qui exprime en quelque sorte de la bienveillance pour des êtres qui n'en sont pas dignes, est encore une chose dont les hommes devraient s'abstenir à l'égard les uns des autres, car ils ne doivent pas faire parade du droit qu'ils croient avoir au bonheur.

Cependant, quoique ce ne soit pas un devoir en soi que de partager la douleur ou la joie d'autrui, c'en est un pourtant, du moins indirectement, de prendre une part active à l'amélioration de la destinée de nos semblables, et de cultiver, en vue de cette fin, les sentiments sympathiques que la nature a mis en nous, afin de nous en servir comme d'un moyen de nous élever jusqu'aux principes moraux qui prescrivent cette bienveillance active et jusqu'au sentiment conforme à ces principes. Ainsi, c'est un devoir de ne pas éviter, mais de rechercher, au contraire, les lieux où se trouvent des pauvres auxquels manque le plus strict nécessaire, de ne pas fuir les salles d'hôpital, les prisons pour dettes, dans le but de se soustraire au sentiment de compassion pénible dont on ne pourrait se défendre, car c'est là un penchant que la nature a mis en nous pour faire ce que la considération du devoir à elle seule ne ferait pas.

Questions de casuistique.

Ne vaudrait-il pas mieux, pour le bien du monde en général, que la moralité humaine consistât uniquement en des devoirs de droit, déterminés avec la plus stricte exactitude, et que la bienveillance fût reléguée au nombre des choses indifférentes ? Il n'est pas si aisé de voir quelles conséquences cela pourrait avoir pour le bonheur des hommes. Mais en ce cas, le monde serait pour le moins privé d'un grand ornement moral, c'est-à-dire de la philanthropie ; car cette vertu est, par elle-même, sans compter les avantages (le bonheur qu'elle procure), indispensable pour faire du monde un bel ensemble moral, et lui donner toute sa perfection.

La reconnaissance n'est pas seulement un sentiment d'affection qu'on voue à son bienfaiteur en retour de ses bienfaits ; c'est un sentiment de respect envers notre bienfaiteur. En effet, l'amour du prochain peut et doit avoir pour base l'égalité des devoirs ; mais, dans la reconnaissance, l'obligé se trouve placé d'un degré au-dessous de son bienfaiteur. Et la cause qui rend l'ingratitude si fréquente ne serait-elle pas l'orgueil, qui ne veut voir personne au-dessus de soi, et le déplaisir de ne pouvoir traiter ses bienfaiteurs (du moins en agissant conformément au devoir) sur le pied d'une parfaite égalité ?

DES DEVOIRS DE VERTU QUI PROCÈDENT DU RESPECT QU'ON DOIT AU PROCHAIN.

Avoir de la *modération* dans ses prétentions, d'une manière générale ; en d'autres termes, donner volontairement pour bornes à l'amour que nous avons pour nous-même l'amour que nos semblables, eux aussi, se portent à eux-mêmes, c'est avoir de la *modestie*. Le défaut de cette modération, où le défaut de modestie, est, dans la prétention à *être aimé* des autres, l'*amour-propre* (*philantia*), et dans la prétention à en *être estimé*, la *présomption*. Le *respect* que je porte à autrui ou qu'il peut exiger de moi consiste à reconnaître en autrui une *dignité*, c'est-à-dire une valeur qui n'a pas de prix, pas d'équivalent contre lequel l'objet puisse être échangé. Le mépris consiste à juger qu'une chose n'a aucune espèce de valeur.

Tout homme est fondé en droit à prétendre au respect de ses semblables ; et, *réciproquement*, il est tenu au respect envers chacun d'eux.

L'humanité est par elle-même une dignité ; l'homme ne peut être traité par l'homme (soit par un autre, soit par lui-même), comme un simple moyen ; il doit toujours, au contraire, être traité en même temps comme une fin, et c'est en cela que consiste la dignité qui lui est propre (la personnalité) ; c'est par là qu'il s'élève au-dessus de tous les autres êtres de l'univers qui, n'étant pas des hommes, peuvent être employés pour servir d'instruments ; c'est par là qu'il se place au-dessus de toutes choses. Mais de même qu'il ne peut s'aliéner lui-même à aucun prix (ce qui serait en contradiction avec le respect qu'il se doit à lui-même), de même il ne peut agir contrairement au respect que les autres aussi, en leur qualité d'hommes, se doivent nécessairement à eux-mêmes ; en d'autres termes, l'homme est obligé de reconnaître pratiquement, en chacun de ses semblables, la dignité de la personne humaine ; et, par conséquent, c'est pour lui un devoir de témoigner du respect à chacun de ses semblables.

Il est donc, en tous les cas, contraire au devoir, de *mépriser* ses semblables, c'est-à-dire, de leur refuser le respect qui leur est dû ; car ce sont des hommes. Sans doute, il en est que, par comparaison, nous *estimons moins*, en notre for intérieur, que d'autres ; cela est inévitable ; et pourtant, c'est déjà les offenser que de leur témoigner que nous les estimons moins. Ce qui est *dangereux* n'est pas un objet de mépris ; et ce n'est pas en ce sens que l'homme vicieux est méprisable : et si je me sens assez élevé au-dessus de ses attaques pour dire que je le méprise, cela signifie simplement que je n'ai aucun danger à craindre, alors même que je ne songerais point à me défendre contre lui, parce que lui-même s'est fait connaître dans toute son abjection. Il n'en est pas moins vrai que je ne puis refuser tout respect, même à l'homme vicieux ; car en sa qualité d'homme, il a encore droit au respect, alors même qu'il serait rendu indigne de ce droit par sa conduite. Ainsi il peut y avoir des punitions infamantes qui dégradent l'humanité, et qui, non seulement pour le patient (s'il prétend encore, comme chacun doit le faire, au respect d'autrui), sont rendues, par cette dégradation, plus douloureuses que la perte des biens ou de la vie, mais encore qui font que le spectateur rougit d'appartenir à une espèce qu'on puisse traiter de la sorte.

REMARQUE

C'est là-dessus qu'est fondé le devoir de respecter les hommes même dans l'usage théorique de leur raison. Il ne faut pas censurer leurs manquements aux règles en taxant ces manquements d'absurdités, d'inepties ; il faut supposer, au contraire, que même dans ces jugements faux il doit y avoir encore quelque chose de vrai, et l'y chercher ; il faut en même temps tâcher de découvrir les fausses apparences qui les ont trompés (le principe subjectif qui a déterminé leur jugement et que, par mégarde, ils ont pris pour un principe objectif) ; et ainsi, tout en leur montrant comment ils ont pu être induits en erreur, il faut garder encore le respect dû à leur intelligence. En effet, si, par les expressions dont on se sert, on refuse toute intelligence à son contradicteur, comment veut-on ensuite lui faire comprendre qu'il s'est trompé ? Il en est de même des reproches à l'endroit du vice; il ne faut pas les pousser jusqu'au point de mépriser tout à fait l'homme vicieux, ni jusqu'à lui dénier toute valeur morale : attendu que, dans une pareille hypothèse, il ne pourrait jamais se corriger : ce qui ne peut s'accorder avec l'idée d'homme ; car l'homme, considéré comme tel (en tant qu'être moral) ne peut jamais perdre toute disposition au bien.

Le respect de la loi, qu'au point de vue subjectif on désigne sous le nom de sentiment moral, ne fait qu'un avec la conscience du devoir. C'est pour cela que le témoignage du respect dû à l'homme en sa qualité d'être moral (c'est-à-dire d'être capable d'apprécier son devoir), est une obligation que nous avons envers tous nos semblables, et, en même temps, un droit auquel aucun d'entre eux ne peut renoncer. Cette prétention au respect d'autrui s'appelle le sentiment de l'*honneur* ; ce sentiment, tel qu'il se traduit dans notre conduite extérieure, est l'*honorabilité* ; les fautes à cet égard s'appellent le *scandale* : en effet, l'exemple de ce mépris peut produire des imitateurs, et il est souverainement contraire au devoir de *donner* de pareils exemples. Au contraire, se *scandaliser* d'une chose uniquement parce que, bien qu'excellente, d'ailleurs, en elle-même, elle est contraire à l'opinion commune (parce qu'elle est un paradoxe), est une erreur (qui consiste à prendre pour illégitime tout ce qui est inusité), et une faute dangereuse et funeste à la vertu. En effet, le respect dû aux hommes dont la conduite est pour nous un exemple ne doit pas dégénérer en une aveugle imitation (car on élèverait ainsi l'usage, *mos*, à la dignité de loi) ; et cette tyrannie de la coutume populaire serait contraire au devoir de l'homme envers lui-même.

Des vices qui portent atteinte au respect dû aux autres hommes.

Ce sont : A. l'orgueil; B. la médisance; C. la raillerie.

A. — L'ORGUEIL.

L'*orgueil* (*superbia*), ou, comme ce mot l'exprime, la tendance à s'élever toujours *plus haut* (*super*), est en quelque manière un *désir des honneurs* (*ambitio*) qui nous porte à exiger des autres hommes qu'ils fassent peu de cas d'eux-mêmes en comparaison de nous; l'orgueil est donc un vice contraire au respect auquel tout homme a droit de prétendre.

L'orgueil diffère de la fierté. La fierté est une sorte d'*amour de l'honneur*; c'est le souci de garder avec un soin jaloux notre dignité, en comparaison des autres hommes (aussi a-t-on coutume de lui adjoindre l'épithète de *noble*). L'orgueil, lui, exige des autres une estime qu'il leur refuse. — Mais cette fierté elle-même devient une faute et une offense, quand elle consiste à se donner à soi-même une importance dont on exige que les autres tiennent compte.

Que l'orgueil — qui est comme une aspiration de l'ambitieux à voir marcher à sa suite des hommes qu'il se croit en droit de traiter avec mépris — soit une *injustice*, en contradiction avec le respect dû à tout homme, en général; qu'il soit une *folie*, parce qu'il est vain d'employer des moyens en vue d'une fin qui, sous un certain rapport, ne mérite pas d'être regardée comme une fin; qu'il soit même une sottise, car il y a une absurdité choquante à se servir de moyens qui produisent sur les autres hommes précisément l'effet contraire à celui qu'on veut provoquer (or, plus l'orgueilleux s'efforce d'obtenir le respect des autres, plus on le lui refuse); c'est là ce qui est de soi-même assez évident. Mais, ce qu'on a moins remarqué, c'est que l'orgueilleux est toujours, au fond, une *âme basse*. En effet, il n'exigerait pas des autres qu'ils se tiennent pour peu de chose en comparaison de lui, s'il ne se trouvait pas capable, dans le cas où l'adversité viendrait à le frapper, de ramper, à son tour, et de renoncer à tout respect de la part d'autrui.

B. — DE LA MÉDISANCE.

Les méchants propos, ou la médisance (par là je n'entends pas la *calomnie* ou les *faux rapports* qu'on peut déférer aux tribunaux), — mais seulement ce penchant immédiat à divulguer, sans aucun but particulier, ce qui est préjudiciable à la considération d'autrui, — est un vice contraire au devoir de respect dû à l'humanité en général ; parce que tout scandale donné affaiblit ce respect, qui est pourtant le mobile du bien moral, et qu'il nous rend, autant qu'il est possible, incrédules à cet égard.

Propager de propos délibéré ce qui peut léser l'honneur d'autrui, alors même qu'une telle conduite ne serait pas justiciable des tribunaux, alors même que ces propos seraient vrais, c'est toujours diminuer le respect dû à l'humanité en général ; c'est jeter sur l'espèce humaine tout entière l'ombre du discrédit ; c'est faire de la misanthropie, ou du mépris de l'humanité, une manière de penser dominante ; c'est émousser en soi-même le sens moral par le spectacle fréquent du vice, auquel on finit par s'accoutumer. Aussi, au lieu de prendre un malin plaisir à dévoiler les fautes d'autrui, afin de s'assurer la réputation d'un homme de bien, ou moins d'un homme qui n'est pas pire que les autres, la vertu nous fait-elle un devoir de jeter sur les fautes d'autrui le voile de la philanthropie, et nous devons, non seulement atténuer la sévérité de nos jugements, mais même nous interdire de les exprimer ; car l'exemple du respect que nous donnons à nos semblables, est très propre à éveiller en eux le désir de mériter ce respect. — C'est pour la même raison (1) qu'espionner la conduite d'autrui, est marquer à notre prochain une sorte de curiosité blessante, à laquelle il a le droit de s'opposer, la considérant à juste titre comme un manquement au respect qui lui est dû.

CONCLUSION DE LA DOCTRINE ÉLÉMENTAIRE DE LA VERTU.

C'est dans l'amitié que sont unis le plus étroitement l'amour et le respect du prochain.

L'*amitié* (considérée dans toute sa perfection) est l'union de deux personnes dans un sentiment égal et réciproque d'amour et de respect. — On voit aisément qu'elle est l'idéal de la sympathie et de la bienveillance entre des hommes unis par une volonté moralement bonne, et que, si elle ne produit pas tout le bonheur de la vie, du moins les deux sentiments qui la composent rendent l'homme digne d'être heureux ; c'est donc un devoir de chercher à former des liens d'amitié.

Kant ajoute que l'amitié est un idéal qu'il est bien difficile de réaliser absolument, quoique la raison nous engage à y tendre. Comment espérer que, des deux côtés, l'affection et le respect s'équilibreront également, ce qui pourtant est nécessaire à l'amitié?

On peut en effet considérer l'amour comme une force d'attraction, et le respect, comme une force de répulsion, si bien que le principe de l'affection nous commande de nous approcher, tandis que le principe du respect exige que nous nous tenions à une cer-

(1) Quand la curiosité pousse certains hommes à espionner la conduite de leurs semblables, c'est souvent parce qu'ils espèrent trouver dans leur enquête des motifs de s'estimer eux-mêmes aux dépens d'autrui.

taine distance ; cette réserve dans l'intimité, qu'on exprime en disant que même les meilleurs amis ne doivent pas se traiter trop familièrement, est une maxime qui s'applique non seulement au supérieur à l'égard de son inférieur, mais aussi, inversement à l'inférieur à l'égard du supérieur. En effet, le supérieur sent, avant qu'on ne s'en doute, sa fierté offensée ; il veut bien permettre à son inférieur de différer le témoignage de son respect, mais il n'entend pas le relever de cette obligation ; car une fois altéré, le respect intérieur est perdu sans retour; quoique, dans les signes extérieurs (dans le cérémonial), il reprenne son ancienne allure.

Montrer qu'on peut atteindre à l'amitié dans toute sa pureté et dans toute sa perfection (comme l'amitié d'Oreste et de Pylade, celle de Thésée et de Pirithoüs) est la manie des romanciers; à l'encontre, Aristote dit : « Mes chers amis, il n'y a point d'ami. » Les observations suivantes sont destinées à appeler l'attention sur les difficultés de l'amitié.

Si l'on se place au point de vue moral, c'est un devoir que de faire remarquer à un ami les fautes qu'il peut commettre ; c'est pour son bien ; c'est un devoir d'affection. Mais d'un autre côté, notre ami peut voir là un manque d'estime auquel il ne s'attendait pas de notre part ; ou bien il croit, par là, avoir baissé dans notre estime ; ou au moins il craint, étant toujours ainsi observé et secrètement critiqué, d'être en danger de perdre cette estime; d'ailleurs, le seul fait d'être observé et semoncé lui semblera déjà chose offensante par elle-même.

Combien n'est-il pas souhaitable, dans l'adversité, d'avoir un ami ! Bien entendu, un ami actif, et capable de nous venir en aide au moyen de ses propres ressources. Mais c'est aussi un lourd fardeau que de se sentir enchaîné au sort d'un autre et chargé de subvenir aux besoins d'une personne étrangère. — L'amitié ne peut donc pas consister en une union fondée en vue d'avantages réciproques; il faut que cette union soit purement morale, et que l'assistance sur laquelle l'un des deux amis doit pouvoir, en cas de besoin, compter, de la part de son ami, ne soit pas la fin et le principe déterminant de l'amitié, car, par là, l'une des deux parties perdrait tout droit au respect de l'autre. Cette assistance ne doit être que le témoignage extérieur d'une bienveillance que chacun suppose au fond du cœur de l'autre, sans pourtant vouloir la mettre à l'épreuve, ce qui est toujours dangereux. Chacun des deux amis a la générosité de vouloir épargner à l'autre ce fardeau, et de le porter seul; il a même soin de le lui cacher entièrement; cependant, il se flatte toujours de pouvoir, en cas de besoin, compter sur l'assistance de son ami. Toutefois, si l'un accepte de l'autre un *bienfait*, peut-être pourra-t-il compter encore sur l'égalité dans l'affection, mais à coup sûr, il ne peut plus compter sur l'égalité dans le respect; car il se voit manifestement placé à un degré inférieur, puisque, ayant été obligé, il ne peut pas, à son tour, obliger son ami. Ce sentiment si doux d'une possession réciproque qui va presque jusqu'à confondre deux amis en une seule et même personne, l'amitié en un mot, est quelque chose de si *délicat* que, si on ne lui donne pour base que des sentiments, si l'on ne soumet pas cette communication, cet abandon réciproque à des principes ou à des règles fixes, qui mettent en garde contre la familiarité et qui donnent pour limites à l'affection réciproque les exigences du respect, il devient impossible de la garantir des *ruptures* qui peuvent survenir à tout instant : c'est ce qui arrive souvent chez les personnes sans éducation, bien que ces ruptures n'aillent pas toujours jusqu'à une séparation (entre gens du peuple, on se bat et l'on se raccommode); ces sortes de gens ne peuvent ni se quitter, ni s'entendre; ils ont besoin de s'être querellés pour goûter dans la réconciliation les douceurs de la concorde. — En tout cas, l'affection, dans l'amitié, ne doit pas avoir le caractère d'une *passion*; car la passion est aveugle dans son choix, et elle s'évapore avec le temps.

L'*amitié morale* (à la différence de l'amitié esthétique) est la pleine confiance que deux personnes se témoignent en se découvrant l'une à l'autre leurs jugements et leurs sentiments les plus secrets, autant que cela peut se concilier avec le respect qu'elles ont l'une pour l'autre.

L'homme est un être destiné à vivre en société, quoique par sa nature il soit peu sociable : en cultivant la vie de société, il sent puissamment le besoin de s'*ouvrir* aux autres, même sans songer à en retirer le moindre avantage; mais d'un autre côté, il est averti et retenu par la crainte que les autres n'abusent de cette révélation de ses pensées, et il se voit aussi contraint de *renfermer* en lui-même une bonne partie de ses jugements, surtout ceux qu'il porte sur les autres hommes. Il voudrait bien pouvoir s'entretenir avec quelqu'un de ce qu'il pense sur les hommes dans le commerce desquels il se trouve, sur le gouvernement, sur la religion, etc. ; mais il n'ose pas, parce que les autres, qui prudemment gardent pour eux leurs jugements, pourraient faire usage des siens à son préjudice. Il voudrait bien aussi pouvoir s'ouvrir à un autre de ses fautes et de ses défauts ; mais n'a-t-il pas à craindre que cet autre ne lui dissimule les siens, et qu'ainsi il ne baisse dans son estime pour lui avoir parlé à cœur ouvert ?

En revanche s'il rencontre un homme d'intentions assez droites, assez intelligent, pour qu'il puisse sans aucun danger lui ouvrir son cœur en toute confiance ; si, de plus, ils s'accordent tous deux dans leur manière de juger les choses ; alors il peut donner un libre cours à ses pensées ; il n'est plus enfermé avec elles comme dans une prison, et il jouit d'une liberté dont il se voit privé dans la cohue du monde, où il est bien forcé de se renfermer en lui-même. Chaque homme a ses secrets, qu'il ne doit pas confier aveuglément aux autres, soit à cause de la bassesse des uns, qui en feraient un usage préjudiciable pour lui, soit à cause de l'inintelligence des autres, qui sont incapables de juger et de discerner ce qui peut être et ce qui ne doit pas être répété, soit enfin à cause de l'indiscrétion, en général. Or, il est extrêmement rare de trouver toutes ces qualités réunies dans un même sujet (*rara avis in terris, nigroque simillima cygno*) (1); surtout lorsqu'une étroite amitié exige de cet ami intelligent et discret qu'il se regarde comme obligé de garder vis-à-vis d'un troisième ami, qui passe pour très discret aussi, le secret qui lui a été confié, à moins que celui qui l'a confié ne donne la permission expresse de le révéler.

Pourtant, l'amitié purement morale n'est pas simplement un idéal, et ce *cygne noir* existe réellement, et se montre de temps en temps dans toute sa perfection.

Des vertus de société.

C'est un devoir, aussi bien envers soi-même qu'envers le prochain, de pousser le commerce de la vie jusqu'à son plus haut degré de perfection morale; de ne pas s'*isoler*; sans doute on doit mettre en soi-même le centre fixe et immuable de ses principes; mais il faut aussi envisager ce cercle qu'on trace autour de soi comme étant inscrit dans un cercle qui comprend tout, et dans lequel nous nous considérons comme citoyens de l'univers; c'est un devoir envers soi-même de ne pas se borner à se proposer comme fin le bonheur du monde, mais de cultiver aussi les moyens qui, indirectement, conduisent à ce but: l'urbanité dans les relations sociales, la douceur, l'amour et le respect réciproques (l'affabilité et la bienséance, *humanitas esthetica et decorum*), et de donner à la vertu les grâces pour compagnes, car cela même est un devoir de vertu.

Sans doute, ce ne sont là que des *œuvres extérieures*, que des accessoires, qui n'offrent de la vertu qu'une

---

(1) C'est un oiseau rare sur la terre, comme on dirait un cygne noir.

belle apparence, et qui d'ailleurs ne trompent personne, car chacun sait ce qu'il faut en penser sans doute. Ces sortes d'accessoires ne sont qu'une façon de petite monnaie ; mais l'effort même que nous sommes obligés de faire pour rapprocher autant que possible de la vérité cette apparence est de nature à seconder la vertu. Un *abord facile*, un *langage prévenant*, la *politesse*, l'*hospitalité*, et cette *douceur* dans la controverse qui éloigne toute dispute, toutes ces formes de la sociabilité sont des obligations extérieures qui obligent aussi les autres, et qui, en rendant la vertu aimable, lui viennent en aide.

LIVRE II

Méthodologie.

DE L'ENSEIGNEMENT DE LA VERTU.

Que la vertu doive être acquise (et qu'elle n'est point innée), c'est ce qui est impliqué dans l'idée même que nous nous en faisons, et nous n'avons pas besoin pour le savoir de faire appel aux connaissances anthropologiques qui résultent de l'expérience. En effet, la puissance morale de l'homme ne serait pas de la vertu, s'il n'était appelé à montrer sa *force de résolution* (1) en luttant contre les penchants si puissants qui lui font opposition. La vertu est le produit de la raison pure pratique, en tant que cette faculté puise dans la liberté la conscience de sa supériorité sur les penchants, dont elle parvient à se rendre maîtresse.

Que la vertu puisse et doive être enseignée, c'est ce qui résulte du fait qu'elle n'est pas innée : l'enseignement de la vertu est donc une *doctrine*. Mais, comme la force de mettre en pratique les règles de la vertu ne s'acquiert pas uniquement par la connaissance de la doctrine qui enseigne comment on doit se conduire pour se conformer à l'idée de la vertu, les Stoïciens étaient d'avis que la vertu ne s'*apprend* pas par le simple exposé du devoir, par de simples exhortations; mais ils croyaient qu'il faut la cultiver, qu'il faut s'y *entraîner* en luttant contre l'ennemi intérieur qui est en nous ; car on ne *peut* pas sur-le-champ tout ce qu'on *veut* ; il faut d'abord avoir éprouvé ses forces et s'être exercé.

(1) Vertu vient du mot latin *virtus*, qui veut dire à la fois courage et vertu.

Et c'est tout de suite, sans restriction, qu'il faut prendre cette *résolution*; autrement, la conscience capitulerait avec le vice, cherchant à ne l'abandonner que peu à peu ; elle perdrait ainsi de sa pureté, et pourrait même devenir vicieuse ; aussi ne pourrait-elle plus produire aucune vertu.

En ce qui concerne la méthode (car c'est *méthodiquement* qu'une doctrine scientifique doit être enseignée ; sinon, l'exposé en serait *confus et désordonné*) ; il ne faut pas que cette méthode soit exposée *par fragments*, il faut qu'elle le soit d'une manière *systématique*, si l'on veut que la doctrine de la vertu ait le caractère d'une *science*. L'exposé en est *acroamatique*, quand tous ceux auxquels il s'adresse ne sont qu'auditeurs ; ou *érotématique*, quand le maître interroge les élèves sur ce qu'il veut leur enseigner; cette méthode érotématique, à son tour, prend la forme soit d'un *dialogue*, quand le maître s'adresse à leur *raison*, soit la forme d'un *catéchisme*, quand il s'adresse simplement à leur mémoire. Si, en effet, on veut tirer quelque chose de la raison d'une autre personne, cela ne peut se faire qu'au moyen d'un dialogue ; en ce cas, le maître et l'élève s'interrogent et se répondent *mutuellement*. Le maître conduit par ses questions le cours des idées de son disciple jusqu'au point où, au moyen des exemples qu'il lui propose, il découvre l'aptitude de l'élève à concevoir certaines idées ; l'élève, qui par cet exercice se rend compte qu'il est capable de penser par lui-même, fournit à son *maître*, par les questions qu'il lui adresse à son tour (soit au sujet d'un point obscur, soit sur des doutes qu'il oppose à des propositions déjà accordées), l'occasion d'*apprendre* par lui-même (*docendo discimus*)(1), comment il doit faire pour bien interroger ; c'est, en effet, une chose à demander à la logique, et qu'elle n'a pas pris à cœur de nous donner d'une manière satisfaisante, que l'indication d'un ensemble de règles à suivre

---

(1) Enseigner, c'est apprendre.

pour diriger les *recherches* convenablement, c'est-à-dire de règles ne s'appliquant pas seulement aux jugements *déterminants*, mais aussi aux jugements *préliminaires* par lesquels on est porté à penser d'une certaine manière. Ce genre de règles peut même servir d'indication au mathématicien dans ses investigations ; aussi en fait-il un emploi fréquent.

Le premier instrument de la *doctrine* de la vertu, le plus nécessaire pour les élèves encore frustes, est un *catéchisme* moral. Il est nécessaire qu'il précède le catéchisme religieux, et l'on ne doit pas se borner à l'enclaver dans celui-là ; mais il faut l'en abstraire, et le présenter aux enfants comme un tout qui subsiste par lui-même ; car le passage de la morale à la religion ne peut s'opérer que par des principes moraux ; sinon, les croyances religieuses elles-mêmes y perdraient de leur pureté. C'est pour cette raison que ce sont précisément les plus grands et les plus dignes, parmi les théologiens, qui se sont fait scrupule de composer un catéchisme comprenant les statuts de la doctrine religieuse, n'osant en même temps s'en rendre garants ; pourtant, on serait porté à croire que c'était le moins qu'on fût en droit d'attendre des trésors de leur érudition.

Au contraire, un catéchisme *moral*, contenant les principes de la doctrine de la vertu, ne donne lieu à aucun scrupule ni à aucune difficulté de ce genre ; car il peut être tiré (en son contenu) de la raison commune, et (quant à la forme), il n'a besoin de se conformer qu'aux règles didactiques du premier degré de l'enseignement. Toutefois le principe formel d'une instruction de ce genre ne permet pas qu'on se serve à cette fin du *dialogue* à la manière socratique ; en effet, l'élève ne sait pas ce qu'il doit demander ; il faut donc que ce soit le maître qui interroge. Mais la réponse, qu'il tire méthodiquement de la raison de son élève, doit être exprimée en termes précis, qu'il ne soit pas facile de changer, et qui puissent être aisément retenus, c'est-à-dire confiés à sa *mémoire* ; toutes choses par lesquelles l'enseignement d'un *catéchisme* se distingue de l'enseignement *acroamatique* (dans lequel le maître parle seul), aussi bien que du *dialogue* (dans lequel le maître et l'élève interrogent et répondent tour à tour).

Le moyen *expérimental* (le moyen technique), dont le maître dispose pour former ses élèves à la vertu, c'est le bon exemple qu'il doit donner lui-même (par une conduite exemplaire); ce sont aussi les avertissements auxquels peut donner lieu l'exemple des autres personnes; car, pour l'homme encore inculte, l'émulation est le premier mobile qui détermine sa volonté à admettre des maximes qu'il fait siennes dans la suite. L'*accoutumance* permet, sans le secours des maximes, de fonder des inclinations durables; il suffit pour cela de donner fréquemment satisfaction à ces inclinations; mais c'est un mécanisme de la sensibilité et non une manière de penser par principes; aussi est-il beaucoup plus difficile de *désapprendre* dans la suite que d'*apprendre* au début ce qui s'acquiert de cette manière. Quelle que soit d'ailleurs la force de l'*exemple* (soit en bien, soit en mal) proposé à notre imitation ou destiné à nous servir d'avertissement, celui que nous donnent nos semblables ne peut servir à fonder des maximes de vertu. Car la vertu consiste précisément dans l'autonomie subjective de la raison pratique de chacun de nous; aussi n'est-ce pas la conduite des autres hommes, mais bien la loi, qui doit nous servir de mobile. Ainsi l'éducateur n'ira pas dire à un élève difficile : « Prends donc modèle sur ce bon petit garçon, qui est si rangé, si studieux ». Car cela ne servirait qu'à lui faire détester son camarade, dont la conduite met la sienne sous un jour si défavorable. Le bon exemple ne doit pas être présenté comme un modèle à suivre, mais comme la preuve qu'il nous est possible de nous conformer au devoir; ce n'est pas en comparant un homme avec un autre (considéré tel qu'il est), mais en le comparant avec l'idée de ce qu'il doit être (l'idée de l'humanité) que le maître trouvera une règle infaillible d'éducation.

FRAGMENT D'UN CATÉCHISME MORAL.

Le maître, par ses questions, tire de la raison de son élève ce qu'il veut lui enseigner, et, quand celui-ci ne sait que répondre, le maître, par la manière dont il guide sa raison, lui met la réponse sur les lèvres.

Le maître. — Quel est ton plus grand, et même ton seul désir dans la vie ?
L'élève. — ...
Le maître. — Que tout aille pour toi *toujours* et en *tout* selon ta volonté. — Comment appelle-t-on un pareil état ?
L'élève. — ...
Le maître. — On l'appelle le bonheur (une prospérité constante, une vie heureuse, ou encore le parfait contentement de son état). Or, si tu avais entre les mains tout le bonheur (possible au monde), le garderais-tu pour toi seul, ou le partagerais-tu avec tes semblables ?
L'élève. — Je leur en ferais part ; je rendrais les autres aussi heureux et contents.
Le maître. — Cela prouve aussi que tu as assez bon cœur ; fais-nous voir si tu as aussi un bon *esprit*. Procurerais-tu au paresseux des coussins moelleux, sur lesquels il pût passer sa vie dans une douce oisiveté ? veillerais-tu à ne pas laisser manquer de vin et d'autres choses semblables celui qui est adonné à la boisson ? donnerais-tu à l'homme fourbe une figure et des manières prévenantes, pour qu'il pût mieux surprendre les autres, et à l'homme violent, la hardiesse et des poings vigoureux, pour qu'il pût les terrasser ? Car ce sont là autant de moyens que désire chacun d'eux pour être heureux à sa manière.
L'élève. — Certainement non.

Le maître. — Tu vois donc bien que, si tu tenais entre les mains tout le bonheur, et que tu fusses en outre animé de la meilleure volonté, tu ne le livrerais pas encore sans réflexion à chacun selon ses désirs ; mais que tu examinerais d'abord dans quelle mesure chacun est *digne* du bonheur. Et pour toi-même, n'aurais-tu pas d'hésitation à te pourvoir avant tout de tout ce que tu croirais propre à te rendre heureux ?

L'élève. — Si.

Le maître. — Ne te viendrait-il pas à la pensée de te demander si toi-même, tu es bien digne du bonheur?

L'élève. — Assurément.

Le maître. — Eh bien! ce qui, en toi, tend au bonheur, c'est ton penchant ; mais ce qui donne pour limite à ce penchant, cette condition, que tu sois digne du bonheur, c'est la *raison* ; et ce qui fait que, par ta raison, tu mets des bornes à ton penchant, et que tu peux le maîtriser, c'est la liberté de ta volonté. Or, pour savoir comment t'y prendre pour avoir le bonheur en partage et en être digne, c'est dans la *raison* que tu en trouveras la règle et l'indication ; ce qui revient à dire ceci : tu n'as pas besoin d'apprendre par expérience ou par des instructions que te donneraient d'autres personnes, les règles à suivre dans ta conduite : c'est ta propre raison qui te les enseigne, et qui te prescrit ce que tu as à faire. Par exemple, s'il se présente un cas dans lequel, au moyen d'un *mensonge* adroitement imaginé, tu puisses procurer un grand avantage, soit à toi-même, soit à tes amis, sans par là nuire à d'autres personnes, que dit la raison ?

L'élève. — Que je ne dois pas mentir, quelque grand avantage qu'il y ait à cela pour moi et pour mon ami. Le *mensonge* est *avilissant* et rend l'homme *indigne* d'être heureux. Il y a là une nécessité absolue qui m'est m'imposée par un ordre (ou une défense) de la raison, à laquelle je dois obéir, et devant laquelle tous mes penchants doivent se taire.

Le maître. — Comment nomme-t-on cette nécessité

imposée à l'homme par sa raison, d'agir conformément à une loi de la raison?

L'ÉLÈVE. — Elle s'appelle le *devoir*.

LE MAÎTRE. — Ainsi, l'obéissance à son devoir est pour l'homme la condition générale, l'unique condition qui le rende digne d'être heureux; faire son devoir et être digne du bonheur ne font qu'une seule et même chose. Mais, quand nous avons conscience d'avoir cette bonne volonté active qui fait que nous nous estimons dignes (ou, du moins, que nous jugeons n'être pas indignes) du bonheur, pouvons-nous, là-dessus, fonder, avec quelque certitude, l'espoir d'avoir ce bonheur en partage?

L'ÉLÈVE. — Non! Cela ne suffit pas; car il n'est pas toujours en notre pouvoir de nous procurer le bonheur, et le cours de la nature ne se règle pas de lui-même sur le mérite; mais le bonheur, dans la vie (et, principalement, le succès), dépend de circonstances qui ne sont pas toutes, il s'en faut bien, au pouvoir de l'homme. Ainsi le bonheur reste toujours l'objet de nos désirs, sans que jamais ces désirs puissent se changer en espérances, à moins qu'une autre puissance n'intervienne.

LE MAÎTRE. — La raison est-elle fondée à admettre la réalité d'une puissance qui répartisse le bonheur parmi les hommes en proportion de leurs mérites et de leurs fautes, qui commande à la nature tout entière, et qui régisse l'univers avec une suprême sagesse? En un mot, est-elle fondée à croire en Dieu?

L'ÉLÈVE. — Oui, car nous voyons, dans les œuvres de la nature, autant que nous pouvons en juger, une sagesse si profonde et si étendue que nous ne pouvons nous l'expliquer autrement que par l'art infini d'un créateur de l'univers; nous sommes donc fondés à attendre aussi de ce même créateur, dans l'ordre moral, qui fait le plus bel ornement de l'univers, un gouvernement non moins sage; ce qui fait que, si nous ne nous rendons pas nous-mêmes, en manquant à notre devoir, *indignes du bonheur*, nous pouvons aussi espérer *l'avoir un jour en partage*.

CRITIQUE DE LA RAISON PRATIQUE (1)

SOMMAIRE.

Objet de ce traité.

Le problème que Kant a étudié dans *la Critique de la raison pratique* est le suivant :

Comment la raison *pure*, c'est-à-dire la raison qui ne contient que des principes antérieurs à toute expérience, peut-elle être *pratique*, c'est-à-dire être pour la volonté un principe de détermination ?

La *doctrine élémentaire* de *la Critique de la raison pratique* est consacrée à l'examen de cette question. Cet examen comprend deux parties : l'Analytique et la Dialectique.

L'Analytique remonte jusqu'aux premiers éléments, jusqu'aux principes mêmes de la raison pure pratique. Puis, après avoir établi la valeur de ces principes, elle passe à l'examen de l'objet de la raison pratique, c'est-à-dire à la notion du bien. Enfin, elle montre comment le principe de la morale peut devenir un mobile, pour un être à la fois raisonnable et sensible. L'Analytique est suivie d'un examen justificatif.

Mais la tâche de la critique n'est pas encore achevée : indépendamment de ses principes propres, la raison se croit autorisée à affirmer certaines idées qui ne dérivent

---

(1) Ouvrages à consulter : *Revue des Cours et Conférences*, cours de M. E. BOUTROUX : *la Morale de Kant, la Raison pure pratique*, n° du 6 juin 1901 ; *le Bien moral*, n° du 13 juin 1901.

Fondements de la Métaphysique des mœurs, traduction de M. H. Lachelier, préface, p. XXII à XXIX.

La Philosophie pratique de Kant, par M. V. DELBOS, p. 416 à 507.

pas de ses principes d'une manière nécessaire, mais auxquels, pourtant, il ne lui paraît pas possible de renoncer. Cet usage de la raison, qui tend ainsi, par une sorte d'illusion dont elle ne peut se défendre, à sortir de son domaine propre, a reçu de Kant le nom de *dialectique*. Dans *la Dialectique de la raison pratique*, Kant détermine en quel sens et dans quelle mesure la raison pratique est en droit d'affirmer la réalité de la vie future et de l'existence de Dieu, conditions du souverain bien.

Le traité se termine par une *Méthodologie* ou méthode d'enseignement de la morale.

DOCTRINE ÉLÉMENTAIRE
DE LA RAISON PURE PRATIQUE

Analytique de la Raison pure pratique.

DES PRINCIPES DE LA RAISON PURE PRATIQUE

Sommaire.

La volonté est la faculté d'agir par des principes. Or, les principes peuvent être ou des maximes ou des lois. Y a-t-il des lois de la volonté (p. 155-156)? Pour résoudre la question, il faut examiner quelle peut être la nature des différentes sortes de principes. Les principes sont formels ou matériels. Les principes matériels sont ceux qui donnent à la volonté, pour principe de ses déterminations, un objet de désir. De tels principes ne peuvent être qu'empiriques : nous ne pouvons souhaiter quelque chose qu'après en avoir fait l'expérience ; par suite, ils ne peuvent fournir de lois pratiques (p. 156-157).

Tous les principes matériels se ramènent, en dernière analyse, à la recherche du bonheur (p. 157-158). Les plaisirs, si délicats qu'on les suppose, ne correspondent jamais qu'à une faculté inférieure de désirer. La faculté de désirer supérieure est la volonté, et ne peut être déterminée que par la raison. Il suit de là que la loi de la volonté ne peut être un principe matériel, mais qu'elle est nécessairement un principe formel (p. 158-162).

La recherche du bonheur est une loi de notre nature ; mais elle ne peut pas être la loi de la pure volonté. Elle ne peut fournir que de simples maximes, mais non un principe objectif du libre arbitre (p. 162-165).

La loi de la volonté ne peut être qu'un principe formel, et non un principe matériel, puisque cette loi doit être universelle (p. 165-168). Une volonté dont la loi ne peut être qu'une loi formelle est une volonté libre (p. 168-169). Et, réciproquement, une volonté libre ne peut avoir d'autre loi qu'une loi formelle (p. 169-170). La connaissance de la loi est ce qui nous permet de connaître notre liberté (p. 170-171).

La formule de la loi est celle-ci : *Agis de telle sorte que la maxime de ta volonté puisse toujours valoir en même temps comme principe d'une législation universelle* (p. 171).

La volonté humaine n'est jamais assez parfaite pour se conformer de tout point à la loi; cet état serait la *sainteté*. Mais elle peut et doit tendre à se rapprocher indéfiniment de la loi; cet état est la *vertu* (p. 171-173).

L'autonomie de la volonté est l'unique principe de nos devoirs ; au contraire, toute hétéronomie est directement contraire à la moralité (p. 173-174). Pour cette raison, le principe du bonheur personnel ne peut jamais être une loi pratique (p. 174-176). La loi pratique n'est pas non plus dérivée d'un sens moral particulier (p. 176-183).

I. — Définition.

Des *principes* pratiques sont des propositions qui contiennent une détermination générale de la volonté qui implique un certain nombre de règles pratiques. Ces principes sont subjectifs, lorsque le sujet ne les considère comme valables que pour sa seule volonté ; ce sont alors des *maximes*. Ils sont objectifs quand le sujet les reconnaît comme valables objectivement, c'est-à-dire comme valables pour la volonté de tout être raisonnable. Ce sont alors des *lois* pratiques.

SCOLIE.

Si l'on admet que la raison *pure* peut contenir en elle-même un principe pratique, c'est-à-dire un principe suffisant pour déterminer la volonté (1), il existe des lois pratiques ; sinon, tous les principes pratiques ne seront que de simples maximes. Dans la volonté d'un être doué de raison, mais *susceptible d'être affecté par les émotions et les passions*, il peut s'élever un conflit entre les maximes et les lois pratiques, dont lui-même cependant reconnaît l'autorité. Par exemple, on peut se faire une maxime de ne jamais souffrir une offense sans en tirer vengeance, et toutefois, voir en même temps que ce n'est pas là une loi pratique, mais seulement une maxime qui nous est particulière.

Une règle pratique est toujours un produit de la raison, parce qu'elle nous prescrit une action comme le moyen de parvenir à un certain effet, qui est le but qu'on se propose. Une telle règle, dans un être chez lequel la raison n'est pas le seul principe qui détermine la volonté, est un *impératif*, c'est-à-dire une règle caractérisée par le verbe *devoir*, lequel exprime la nécessité objective de l'action, ce qui signifie que, si la raison déterminait entièrement à elle seule la volonté, l'action serait invariablement conforme à cette règle. Les impératifs ont donc une valeur objective, et sont tout à fait distincts des maximes, qui sont des principes d'action subjectifs. Parmi les impératifs, les uns déterminent à quelle condition doit s'exercer la causalité d'un être raisonnable, considéré comme cause efficiente, pour parvenir à un certain effet qu'elle est capable de produire ; les autres déterminent simplement la volonté, qu'elle soit suffisante ou non pour produire son effet. Les premiers de ces impératifs seraient hypothétiques,

---

(1) L'objet de ce traité : *Critique de la Raison pratique*, est de démontrer que la raison le peut.

et ne contiendraient que des préceptes d'habileté; les seconds, au contraire, seraient catégoriques, et, seuls, seraient des lois pratiques. Or les maximes sont, à la vérité, des *principes* ; mais ce ne sont pas des *impératifs*. Les impératifs eux-mêmes, lorsqu'ils sont conditionnels, c'est-à-dire lorsqu'ils ne déterminent pas la volonté, simplement en tant que volonté, mais quand ils ne la déterminent qu'en vue d'un effet souhaité, en d'autres termes, lorsqu'ils sont hypothétiques, ne sont, eux non plus, que des *préceptes* pratiques; ce ne sont point des *lois*. Les lois doivent déterminer la volonté en tant que volonté, avant que nous ne nous soyons demandé si nous avons le pouvoir de produire l'effet souhaité, ou ce que nous avons à faire pour cela; par suite, elles doivent être catégoriques; autrement, elles ne seraient pas des lois : elles n'auraient pas ce caractère de nécessité qui, lorsqu'il s'agit d'une nécessité pratique, suppose l'indépendance de toutes les conditions pathologiques, c'est-à-dire de toutes les conditions contingentes qui peuvent être attachées à la volonté. Par exemple, dites à quelqu'un qu'il doit travailler et faire des économies dans sa jeunesse, afin de n'être pas exposé aux privations dans un âge plus avancé ; c'est un précepte pratique judicieux et important. Mais on voit tout de suite qu'en ce cas, la volonté est dirigée vers *quelque autre chose* dont on suppose qu'elle a le désir ; quant à ce désir, c'est affaire à la personne elle-même, soit qu'elle ait en vue d'autres ressources que celles qu'elle peut acquérir elle-même, soit qu'elle n'espère pas atteindre cet âge, ou qu'en cas de besoin elle pense pouvoir se contenter de peu. La raison, qui seule peut donner naissance à des règles ayant un caractère de nécessité, la raison met dans une prescription de cette sorte, qui est aussi sienne, ce caractère de nécessité (sans quoi cette prescription ne serait pas un impératif) ; mais ce n'est qu'une nécessité subjective, conditionnée, et dont on ne peut supposer qu'elle existe au même degré pour toutes les personnes.

Au contraire, pour sa propre législation, la raison n'a besoin de *supposer qu'elle-même*; car une règle n'est objective et n'a de valeur universelle qu'autant qu'elle est indépendante de toutes les conditions subjectives et contingentes qui distinguent les êtres raisonnables les uns des autres. Par exemple, dites à un homme qu'il ne doit jamais faire de promesse mensongère; voilà une règle qui ne concerne que sa seule volonté; que les desseins qu'il peut se proposer soient réalisés par là ou qu'ils ne le soient pas, c'est le simple vouloir qui doit être déterminé tout à fait *a priori* par cette règle. S'il se trouve ensuite que, pratiquement, cette règle est juste, c'est une loi, parce que c'est un impératif catégorique. Ainsi les lois pratiques n'ont de rapport qu'avec la volonté, indépendamment de tout ce qui peut être réalisé par sa causalité, et l'on doit faire abstraction de cette dernière (qui appartient au monde sensible) pour avoir ces lois dans toute leur intégrité (1).

Théorème I.

Tous les principes pratiques qui attribuent à la volonté, pour principe de ses déterminations, un *objet* de désir (une matière) sont empiriques, et ne peuvent donner lieu à des lois pratiques.

Par la matière de nos désirs, j'entends un objet dont nous souhaitons la réalisation. Quand le désir de cet objet précède la règle pratique et qu'il est la condition qui nous détermine à en faire un principe, je dis :

En premier lieu, que ce principe est toujours un principe empirique. En effet, le motif qui détermine en ce cas notre choix, consiste toujours et dans l'idée que nous nous faisons d'un objet, et dans le rapport que que nous établissons entre cet objet et nous, rapport

(1) Voir V. Delbos, *la Philosophie pratique de Kant*, p. 424-426.

par suite duquel notre faculté de désirer est portée à réaliser cet objet. Ce rapport est le *plaisir* que prend le sujet à la réalisation de cet objet. Mais ce plaisir étant la condition qui détermine notre choix, il faut bien, pour que le choix soit possible, que le plaisir le précède. Or, il est impossible de savoir, *a priori*, d'un objet, de quelque manière qu'on se le représente, s'il nous causera du *plaisir* ou de la *peine*, ou s'il nous sera indifférent. Donc, en pareil cas, le principe de notre choix sera toujours empirique, et, par suite, empirique également le principe pratique matériel qui en était la condition.

En second lieu, attendu qu'un principe qui n'est fondé que sur la capacité du sujet à éprouver du plaisir ou de la peine (qualité qui ne peut jamais être connue qu'empiriquement, et qui ne peut exister au même degré chez tous les êtres raisonnables), peut bien fournir au sujet qui possède cette capacité une maxime, mais non lui servir de loi, (puisqu'un tel principe manque de cette nécessité objective qui doit être reconnue *a priori*), je dis qu'un tel principe ne peut jamais donner lieu à une loi pratique.

Théorème II.

Tous les principes pratiques matériels appartiennent, comme tels, à une seule et même espèce ; on peut les ranger tous sans exception sous le principe général de l'amour de soi ou du bonheur personnel.

Le plaisir que nous trouvons à nous représenter l'existence d'une chose, et qui nous porte à désirer cette chose, est fondé sur la *réceptivité* du sujet, puisque ce plaisir *dépend* de l'existence d'un objet ; il appartient par conséquent à la nature sensible, et non à l'entendement ; car l'entendement exprime le rapport de la représentation *à un objet*, d'après des concepts, et non son rapport au sujet, selon des sentiments. Par suite, ce plaisir n'a de caractère pratique qu'autant que l'impression agréable, que le sujet attend de la réalisation de l'objet, a de l'influence sur sa faculté de désirer. Or, la conscience qu'un être raisonnable peut avoir d'une satisfaction qui accompagne constamment tous les actes de son existence, s'appelle le *bonheur*, et le principe qui consiste à faire du bonheur le mobile suprême de toutes nos actions, est l'amour de soi. Ainsi, les principes matériels, qui tous placent le principe déterminant de notre choix dans le sentiment du plaisir ou de la peine que nous causerait la réalisation d'un objet quelconque, sont tous d'une *seule et même espèce* ; ils rentrent tous dans le principe général de l'amour de soi ou du bonheur personnel.

Corollaire.

Toutes les règles pratiques *matérielles* placent dans la *faculté inférieure de désirer* le principe des déterminations de la volonté ; et, par suite, s'il n'y avait pas de lois *purement formelles* suffisantes pour déterminer la volonté, il n'y aurait pas lieu non plus d'admettre l'existence d'une *faculté supérieure de désirer*.

Scolie I.

Il y a lieu de s'étonner que des hommes, d'ailleurs très clairvoyants, se soient crus autorisés à établir une différence entre *la faculté supérieure et la faculté inférieure de désirer*, par ce simple fait que les *représentations* liées au sentiment du plaisir ont leur origine les unes dans les sens, les autres dans l'entendement. Cependant il importe peu, lorsqu'on recherche quels peuvent être les motifs déterminants du désir, et qu'on les fait consister dans l'agrément qu'on attend de quelque chose, il importe peu de connaître *d'où nous vient l'idée* de cet objet agréable ; ce qui importe, c'est de savoir *dans quelle mesure* il nous *agrée*. Si l'idée d'un objet, bien que d'ailleurs cette idée ait son siège et son origine dans l'entendement, ne pouvait déterminer notre choix qu'autant qu'elle présupposerait en nous le sentiment d'un plaisir, ce serait donc qu'il dépend toujours de la nature du sens interne que cette idée puisse déterminer notre libre choix, ce qui revient à dire qu'il faut que ce sens interne puisse être agréablement affecté par cette idée. Que ces représentations des objets soient de nature aussi diverse qu'on voudra, que ce soient des idées de l'entendement, des idées mêmes de la raison, opposées aux représentations sensibles, toujours est-il que le sentiment de plaisir, faute duquel elles ne pourraient être le principe déterminant la volonté (l'agrément, le plaisir qu'on attend, et qui porte notre activité à produire l'objet) ne peut être que d'une seule et même espèce, non seulement parce que nous ne pouvons jamais le connaître qu'empiriquement, mais aussi parce qu'il affecte cette seule et même force vitale dont la faculté de désirer est une manifestation ; aussi, à cet égard, ne peut-il y avoir entre lui et tout autre principe de détermination qu'une différence de degré. Comment, s'il en était autrement, pourrait-on comparer sous le rapport de l'*intensité* deux principes de détermination procédant de deux modes d'idées tout à fait différents, pour donner la préférence à celui qui affecte le plus la faculté de désirer ? Le même homme est capable de rendre sans l'avoir lu un livre instructif, qu'il n'aura qu'une seule fois entre les mains, pour ne pas manquer une partie de chasse; de partir, au milieu d'un beau discours, de crainte d'arriver en retard à un repas; de quitter une conversation raisonnable, qui l'intéresse, et que d'ailleurs il apprécie beaucoup, pour s'asseoir à une table de jeu; voire même de renvoyer un pauvre, auquel d'ailleurs il a plaisir à faire du bien, parce qu'il n'a plus dans sa poche que juste l'argent nécessaire pour payer son entrée à la comédie. Si la volonté ne se détermine que par le sentiment de l'agrément ou du déplaisir qu'elle attend d'une cause quelconque, peu lui importe le mode de représentation par lequel elle peut être affectée. La seule chose qui lui importe pour se résoudre, c'est de savoir quelle est l'intensité, la durée de cet agrément, s'il lui sera facile de se le procurer, s'il se retrouvera souvent. Il est tout à fait indifférent à l'homme qui a besoin d'or pour une dépense, que la matière, c'est-à-dire l'or, ait été extrait de la montagne, ou qu'il vienne du sable lavé, pourvu qu'on lui attribue partout la même valeur ; de même, pour l'homme qui ne tient qu'à l'agrément de la vie, il est bien indifférent que ce soient les idées intellectuelles plutôt que les idées sensibles qui lui procurent du plaisir ; mais quels seront l'*intensité*, le *nombre* et la *durée* de ces jouissances, voilà ce qui lui importe. Il n'y a que ceux qui voudraient pouvoir contester à la raison pure le pouvoir de déterminer la volonté sans avoir recours au sentiment, qui puissent s'égarer dans leurs propres explications au point de déclarer complètement hétérogènes des sentiments qu'eux-mêmes ont antérieurement rapportés à un seul et même principe. Il se trouve, par exemple, que nous éprouvons du plaisir à *déployer notre force*, à sentir en nous une force d'âme qui nous fait surmonter les obstacles qui s'opposent à nos desseins, à cultiver les dons de notre esprit, et ainsi de suite ; nous appelons avec raison toutes les satisfactions de cette sorte des *plaisirs délicats*, parce qu'ils sont, en effet, plus que d'autres, en notre pouvoir, parce qu'ils ne s'émoussent pas, mais qu'au contraire ils affinent la sensibilité en la rendant de plus en plus ouverte à ce genre de jouissances, enfin parce qu'en lui donnant ces sortes de satisfactions, ils l'éclairent. Mais croire que ces plaisirs déterminent la volonté autrement que par le sens, et supposer, comme le font ces philosophes, que la condition première de cette sorte de contentement soit un sens spécial mis en nous uniquement pour produire cette sorte de plaisirs, c'est imiter ces ignorants, qui, voulant se mêler de métaphysique, se représentent la matière comme si ténue, si subtile, qu'ils en ont presque le vertige, et qu'ils croient ensuite avoir imaginé de la sorte un être *spirituel*, et pourtant étendu. Si, avec Épicure, nous admettons que la vertu ne détermine la volonté que parce qu'elle lui promet du plaisir, nous ne pouvons le blâmer ensuite de considérer ce plaisir comme étant de même nature que les plaisirs les plus grossiers; car on n'a pas de raison suffisante pour accuser ce philosophe d'avoir borné aux sens physiques les perceptions que le sentiment éveille en nous. Autant qu'on peut le conjecturer, il s'est efforcé de placer la source de la plupart des jouissances dans l'exercice des plus hautes facultés intellectuelles ; mais cela ne l'a pas empêché et ne pouvait l'empêcher, suivant le principe invoqué plus haut, deconsidérer le plaisir même que nous causent les représentations intellectuelles, et par lequel seul elles peuvent être le principe déterminant de la volonté, comme étant tout à fait de même nature que les autres plaisirs. Être *conséquent* est la première obligation d'un philosophe; c'est pourtant celle à laquelle on se conforme le plus rarement. Les écoles philosophiques de l'ancienne Grèce nous en offrent des exemples plus nombreux que notre époque de *syncrétisme* (1), où l'on forme, de principes contradictoires, une sorte de *système composite* plein de mauvaise foi et de frivolité, mais qui est plus en faveur auprès du public content de savoir un peu de tout et rien à fond, et de garder son assiette sur toute espèce de monture. Le principe du bonheur personnel, quelque grande que soit la part qu'on y puisse faire à l'intelligence et la raison, ne pourra jamais comprendre d'autres principes déterminants de la volonté, que ceux qui sont propres à la *faculté inférieure de désirer*. Ainsi, de deux

---

(1) Doctrine qui consiste à mélanger ensemble plusieurs systèmes différents.

choses l'une : ou bien il n'y a pas de faculté supérieure de désirer, ou bien il faut que la *raison pure* soit pratique par elle-même, c'est-à-dire que, sans être précédée d'aucun sentiment, et, par suite, sans l'idée d'un plaisir ou d'un déplaisir, qui serait la matière d'un désir, elle puisse déterminer la volonté par la simple forme d'une règle pratique ; c'est alors seulement que la raison, en tant qu'elle détermine la volonté uniquement en vue d'une fin rationnelle (et qu'elle ne la met pas au service de l'inclination), est une véritable *faculté supérieure de désirer*, à laquelle est subordonnée la faculté inférieure de désirer, dont les déterminations sont pathologiques ; elle en est réellement et même *spécifiquement* distincte, à tel point que la moindre immixtion des impulsions de la faculté inférieure dans ses déterminations leur enlève de leur force et de leur supériorité, de même que le moindre élément empirique, introduit comme condition dans une démonstration mathématique, en diminue et en anéantit la valeur et la force. La raison détermine la volonté dans une loi pratique, et non au moyen d'un sentiment de plaisir ou de peine qui viendrait s'interposer entre elle et la volonté ; elle ne la détermine pas même au moyen du plaisir que la volonté prendrait à accomplir cette loi ; et ce fait, qu'en sa qualité de raison pure elle peut être pratique, est seul ce qui lui permet d'être *législatrice*.

Scolie II.

Être heureux est nécessairement ce à quoi aspire tout être raisonnable, mais fini : c'est donc inévitablement un principe déterminant de sa faculté de désirer. En effet, être content pendant toute la durée de son existence n'est pas pour un tel être une sorte de possession originelle, une félicité qui supposerait qu'il a conscience de pouvoir, en toute indépendance, se suffire à lui-même ; non : c'est un problème qui lui est posé par sa nature d'être fini ; car un tel être a des besoins, et ces besoins concernent la matière de sa faculté de désirer, c'est-à-dire quelque chose qui se rapporte à un sentiment de plaisir ou de peine qui réside au fond de chacun de nous et par lequel se trouve déterminé ce dont chacun de nous a besoin pour être satisfait. Mais précisément parce que ce principe matériel de détermination ne peut être connu du sujet que par expérience, il n'est pas possible de considérer cette donnée du problème comme une loi : car la loi, qui est objective, doit ne contenir qu'un *seul et même principe de détermination* pour la volonté, principe qui reste le même dans tous les cas et pour tous les êtres raisonnables. En effet, bien que l'idée du bonheur se retrouve *toujours* au fond de tous les rapports qu'il peut y avoir entre les *objets* et notre faculté de désirer, cette idée du bonheur n'est pourtant qu'un titre commun à tous les principes subjectifs qui peuvent nous faire agir ; elle ne détermine rien spécifiquement et c'est pourtant, dans ce problème pratique, le seul point capital, le seul dont il s'agisse, et sans lequel la question ne peut être résolue. En quoi chacun de nous doit-il faire consister son bonheur ? C'est affaire au sentiment du plaisir ou de la peine qui est particulier à chacun de nous, et même, dans un seul et même sujet, la réponse varie selon la différence des besoins, qui suivent eux-mêmes les variations de ce sentiment ; ainsi ce qui, *subjectivement*, est une loi *nécessaire* (puisqu'elle est une loi de nature), n'est, objectivement, qu'un principe *pratique* tout à contingent, qui ne peut être que très variable, selon les différents sujets, et qui, par suite, ne peut jamais devenir une loi objective ; attendu que, lorsqu'on désire être heureux, il n'est nullement question de la forme et de la légalité des actions ; mais uniquement de leur matière, c'est-à-dire qu'on se demande uniquement si l'on tirera quelques satisfactions, et combien, de l'obéissance qu'on prêtera à la loi. Ainsi, les principes de l'amour-propre peuvent contenir des règles générales d'habileté (nous enseigner à trouver les moyens propres à nous faire parvenir à tel ou tel but); mais ce ne sont que des principes purement théoriques (1); par exemple, celui-ci : l'homme qui voudrait avoir du pain devrait d'abord inventer un moulin. Mais les préceptes pratiques fondés sur ces principes ne peuvent jamais être universels, car, en pareil cas, le principe selon lequel se détermine la faculté de désirer ne repose que sur le sentiment du plaisir ou de la douleur, lequel n'étant jamais tourné vers les mêmes objets, ne peut jamais non plus être admis comme un principe universellement applicable aux mêmes objets.

Cependant, admettons que des êtres raisonnables, mais finis, parviennent tous à s'entendre sur les objets qui éveillent en eux ce sentiment de plaisir ou de peine; admettons même que tous tombent d'accord sur le choix des moyens dont ils auront à se servir pour parvenir au plaisir et écarter la peine, toujours est-il que, même en ce cas, le *principe de l'amour de soi* ne pourrait leur être proposé pour leur *loi pratique*, car cette unanimité ne serait encore que contingente. Le principe de leurs déterminations ne serait jamais valable que d'une manière toute subjective et tout empirique; il aurait bien un caractère de nécessité, mais non pas de cette sorte de nécessité que nous concevons dans une loi, c'est-à-dire de nécessité objective, fondée sur des principes *a priori*; il faudrait la considérer non comme une nécessité pratique, mais comme une nécessité physique; c'est-à-dire qu'en pareil cas, nos actions

---

(1) « Les propositions qui, en mathématiques ou dans les sciences physiques, sont appelées *pratiques* devraient, à proprement parler, être appelées *techniques*. Car, dans ces sciences, il n'est pas question des déterminations de la volonté; ces propositions ne sont destinées qu'à mettre en évidence la propriété qu'ont un certain nombre d'actions, d'être suffisantes pour produire un certain effet; elles sont donc théoriques, comme le sont toutes celles qui énoncent un rapport de cause à effet. Celui à qui l'effet convient doit en admettre aussi la cause. » (Note de Kant.)

nous seraient imposées par nos penchants aussi inévitablement que nous l'est le bâillement quand nous voyons bâiller les autres. On ferait mieux de soutenir qu'il n'y a pas de lois pratiques, mais seulement des *consultations* sur les moyens de satisfaire nos désirs, plutôt que d'élever au rang de lois pratiques des principes purement subjectifs ; car les lois pratiques ont un caractère de nécessité objective, et non pas simplement de nécessité subjective ; elles ne peuvent être connues que par la raison, *a priori*, et non par l'expérience, quelque générale que puisse être cette expérience. D'ailleurs, les règles qui s'appliquent à des phénomènes qui concordent ne prennent le nom de lois naturelles (par exemple, de loi mécanique) que si on les connaît réellement *a priori* ou si l'on admet *a priori* (comme cela a lieu pour les lois chimiques) que nous les connaîtrions au moyen de principes *a priori* si notre intelligence entrait plus profondément dans leur nature. Mais, pour ce qui est des principes pratiques qui ne sont que subjectifs, c'est une condition expresse que leur principe ne réside pas dans les conditions objectives, mais dans les conditions subjectives de notre libre arbitre ; et que, par suite, nous ne puissions les concevoir que comme de simples maximes, et jamais comme des lois pratiques. Cette dernière observation paraît, au premier abord, une simple querelle de mots ; au fond, elle renferme la définition de la différence la plus importante dont il y ait lieu de tenir compte dans les recherches pratiques.

Théorème III.

Pour qu'un être raisonnable doive considérer ses maximes comme des lois universelles, il faut qu'il conçoive ces maximes comme des principes contenant, non une matière pour la volonté, mais une forme selon laquelle elle doit se déterminer.

La matière d'un principe pratique est un objet pour

la volonté. Ou cet objet est le motif qui porte la volonté à se déterminer, ou il ne l'est pas. S'il est le motif selon lequel la volonté se détermine, la règle de la volonté est soumise à une condition empirique (au rapport qui existe entre l'idée qu'on se fait de cet objet et un sentiment de plaisir ou de peine), et par suite, cette règle ne peut être une loi pratique. Or, quand, dans une loi, on fait abstraction de toute matière, c'est-à-dire de tout ce qui peut être un objet de la volonté (comme principe déterminant de cette même volonté), il ne reste plus rien que la simple *forme* d'une législation universelle. Par conséquent, un être raisonnable, ou bien ne peut pas se représenter les principes subjectifs qui le font agir, c'est-à-dire ses maximes, comme des lois universelles; ou bien il faut admettre que la simple forme de ces maximes, en vertu de laquelle elles *conviennent pour une législation universelle*, suffit à en faire des lois pratiques.

Scolie.

Quelle forme, dans une maxime, convient ou ne convient pas pour une législation universelle, c'est ce que l'esprit le plus ordinaire peut discerner sans instruction préalable. Par exemple, je me suis fait une maxime d'accroître ma fortune par tous les moyens qui ne présenteront rien d'aléatoire. Maintenant, j'ai entre les mains un dépôt dont le propriétaire est mort sans laisser d'écrit. Au point de vue naturel, c'est le cas de mettre en pratique ma maxime. Mais auparavant je veux savoir si une telle maxime peut avoir la valeur d'une loi universelle. Je l'applique donc au cas présent, et je me demande si elle pourrait prendre la forme d'une loi, et si par ma maxime, je pourrais édicter la loi suivante : tout homme peut nier un dépôt quand personne ne peut prouver que ce dépôt lui a été confié. Je vois tout de suite qu'un tel principe, érigé en loi, tomberait de lui-même, parce qu'il ferait qu'il n'y aurait plus de dépôts. Une loi pratique, que je reconnais pour telle, doit prouver qu'elle a qualité pour être une loi universelle ; c'est une proposition identique, et, par conséquent, claire par elle-même. Maintenant, si je dis que ma volonté est soumise à une *loi* pratique, je ne puis alléguer que mon penchant (la cupidité) pourrait convenir comme un principe déterminant qui conviendrait à une loi pratique universelle ; car un tel penchant, bien loin d'être propre à cette législation universelle, se détruirait lui-même si l'on essayait de lui donner cette forme.

Il est donc étonnant que, quoique le désir du bonheur, et, par suite, la maxime par laquelle chacun fait de ce désir le principe déterminant de sa volonté, soient universels, il ait pu venir à l'esprit d'hommes distingués d'en faire une loi universelle. En effet, tandis qu'une loi universelle de la nature met en tout un accord parfait, ici, si l'on voulait donner à cette maxime l'universalité d'une loi, on aurait précisément tout l'opposé de la concorde, un conflit à l'état aigu, et l'anéantissement de la maxime elle-même et de son objet. Car la volonté de tous ne peut jamais avoir un seul et même objet : chacun, au contraire, a le sien propre (son propre bien-être), qui, par hasard, peut bien s'accorder avec les desseins que les autres ont pour eux-mêmes, mais qui ne suffit pas, il s'en faut bien, à faire loi, parce que les exceptions qu'on est autorisé à y faire dans l'occasion, sont en nombre infini, et ne peuvent être renfermées d'une manière déterminée dans une règle générale. Ainsi se produit une harmonie semblable à celle qu'un poème satirique dépeint à propos de la bonne intelligence de deux époux qui se ruinent : *O merveilleuse harmonie ! ce qu'il veut, elle le veut aussi*, ou comme ce qu'on raconte du roi François Ier, prenant un engagement envers l'empereur Charles-Quint : « Ce que mon frère Charles veut (Milan), je le veux aussi ». Les principes empiriques ne sont pas valables pour une législation universelle extérieure ; ils ne le seraient pas davantage pour une législation interne : car chacun se prend soi-même pour base de son inclination, chacun diffère de ses semblables, et, dans chaque sujet, c'est tantôt l'une, tantôt l'autre, des inclinations qui a la prééminence. Trouver une loi qui pût régir tous ces penchants, à condition de mettre entre eux une complète harmonie, est absolument impossible.

Problème Ier.

Supposé que la simple forme législative des maximes soit à elle seule un principe de détermination suffisant pour une volonté quelconque : trouver la nature d'une volonté qui ne peut être déterminée que de cette manière.

Solution. — Il n'y a que la raison qui puisse se représenter la forme de la loi ; donc, cette forme ne peut être un objet des sens, et, par conséquent, elle n'appartient pas au monde des phénomènes (1) : il s'ensuit que la

---

(1) Pour comprendre ce passage et une partie des suivants, il faut se rappeler qu'il y a pour Kant deux ordres de choses : le monde des phénomènes et le monde des noumènes. Le monde des phénomènes comprend tout ce qui nous apparaît dans le temps et dans l'espace (perceptions, images, sentiments) ; c'est le monde tel qu'il apparaît, soit aux sens extérieurs, soit au sens interne, à la conscience que nous avons de nous-mêmes. Ce monde des phénomènes est régi par le déterminisme le plus rigoureux ; c'est un enchaînement de causes et d'effets où il n'y a nulle place pour la liberté. C'est le monde tel que le conçoit et que l'explique la science. Mais l'esprit conçoit une autre réalité : la science nous dit seulement comment les choses nous apparaissent : elle ne nous dit pas ce que sont les choses en elles-mêmes. Nous ne pouvons pas nous imaginer ce que sont ces choses en elles-mêmes ; mais nous pouvons pourtant essayer de les penser. C'est ce monde purement intelligible, dont nous n'avons aucune intuition d'aucune sorte, mais que pourtant nous pouvons concevoir, que Kant appelle le monde des *noumènes* (choses pensées). La loi de ce monde est la liberté.

représentation de cette forme est pour la volonté un principe de détermination radicalement distinct de ceux qui appartiennent au monde des phénomènes tel qu'il est régi par la causalité naturelle ; car, dans le monde des phénomènes, les principes déterminants doivent être eux-mêmes des phénomènes. D'un autre côté, si une volonté ne peut avoir pour loi d'autre principe de détermination que cette forme d'une législation universelle, on ne peut concevoir cette volonté que comme tout à fait indépendante de la loi naturelle qui régit les phénomènes, c'est-à-dire de la causalité qui les enchaîne les uns aux autres. Mais une telle indépendance, c'est la *liberté*, au sens strict du mot. D'où il suit qu'une volonté dont la loi ne peut être que la forme législative de sa maxime, est une volonté libre.

Problème II.

Supposé que la volonté soit libre : trouver la loi qui seule est apte à la déterminer nécessairement.

Solution. — Puisque la matière de la loi pratique, c'est-à-dire l'objet de toute maxime, ne peut jamais nous être donnée que dans l'expérience, et que la volonté libre, mais libre en ce sens qu'elle est indépendante de toute condition empirique (de toute condition faisant partie du monde sensible), doit pourtant pouvoir se déterminer, il faut que cette volonté libre puisse trouver, indépendamment de la *matière* de la loi, un principe de détermination dans la loi elle-même. Mais, en dehors de la matière, une loi ne contient rien de plus que la forme législative. Donc la forme législative, en tant que contenue dans sa maxime, est la seule chose qui puisse être pour la volonté libre un principe de détermination.

Scolie.

Liberté et loi pratique inconditionnée sont donc deux aspects d'une même idée. Kant se demande laquelle de ces deux notions précède l'autre dans la connaissance humaine.

Nous ne pouvons partir de l'idée de liberté : car nous ne pouvons ni en avoir conscience d'une manière immédiate, puisque la première idée que nous puissions en avoir est négative ; ni la tirer de l'expérience, puisque l'expérience ne nous fait connaître que la loi des phénomènes, le mécanisme de la nature, c'est-à-dire précisément le contraire de la liberté. Donc, c'est *la loi morale*, dont nous avons immédiatement conscience (dès que notre volonté se propose des maximes), qui se présente à nous la *première*, et qui nous conduit à l'idée de liberté ; car notre raison nous représente la loi morale comme un principe de détermination auquel doivent le céder toutes les conditions tirées du monde sensible, bien plus : comme un principe de détermination complètement indépendant de toute condition de cette nature.

. . . .

L'expérience confirme que tel est bien l'ordre dans lequel nous concevons ces deux notions. Demandez à quelqu'un si, dans le cas où son souverain le menacerait d'une mort immédiate pour l'obliger à porter un faux témoignage contre un honnête homme qu'il voudrait perdre sous un prétexte plausible, il considère comme possible de surmonter son amour pour la vie, si grand qu'il puisse être ? Peut-être n'osera-t-il pas assurer qu'il le ferait ou qu'il ne le ferait pas ; mais il confessera sans hésiter que la chose est possible. S'il juge donc qu'il peut faire une chose, c'est uniquement parce qu'il a conscience qu'il doit la faire, et parce qu'il reconnaît alors en lui une liberté, qui, sans la loi morale, lui serait restée inconnue.

LOI FONDAMENTALE DE LA RAISON PURE PRATIQUE.

Agis de telle sorte que la maxime de ta volonté puisse valoir toujours en même temps comme principe d'une législation universelle.

COROLLAIRE.

La raison pure est pratique par elle seule, et donne à l'homme une loi universelle que nous appelons la *loi morale*.

SCOLIE.

Le fait cité précédemment est indéniable. Il suffit pour cela d'analyser le jugement que les hommes portent sur la légitimité de leurs actions : on trouvera toujours que, alors même que leurs inclinations s'y opposeraient, leur raison, sans se laisser ni corrompre ni contraindre par elles, confronte toujours la maxime qui a porté la volonté à agir dans un cas particulier, avec la volonté pure, c'est-à-dire avec la raison elle-même, considérée comme pratique *a priori*. Or ce principe de la moralité, précisément à cause de l'universalité de la législation qui fait de lui, en dépit de toutes les différences qui existent entre les personnes, le principe suprême des déterminations de notre volonté, ce principe, la raison l'érige en une loi universelle qui s'étend à tous les êtres raisonnables, parce que seuls les êtres raisonnables ont, en général, une volonté, c'est-à-dire la faculté de déterminer leur causalité en se représentant à eux-mêmes les règles de leur conduite ; seuls les êtres raisonnables sont capables de régler leurs actions selon des principes, et, par suite, selon des principes pratiques *a priori* (car on ne trouve que dans les principes *a priori* ce caractère de nécessité que la raison exige d'un principe). Ce principe ne se borne pas à l'humanité ; il s'étend à tous les êtres finis qui sont doués de raison et de volonté ; il y a plus, il comprend même l'être infini, qui est aussi l'intelligence suprême. Toutefois, quand elle s'applique à des êtres finis, la loi prend la forme d'un impératif, parce que si, dans un être raisonnable, on peut supposer une volonté *pure*, cependant, dans un être assujetti à des besoins et affecté par des mobiles sensibles, on ne peut supposer une volonté *sainte*, incapable d'adopter une maxime qui serait en contradiction avec la loi morale. C'est pourquoi la loi morale, pour les premiers de ces êtres, est un *impératif*, qui commande catégoriquement, puisque la loi n'a point de condition ; le rapport d'une volonté de cette sorte à la loi est un rapport de *dépendance*, qui porte le nom d'obligation ; or obligation signifie *contrainte*; ce terme veut dire que la simple raison et sa loi objective nous contraignent à faire une action qui s'appelle un *devoir*, et qui tire ce nom de ce fait qu'une volonté affectée pathologiquement (sans être pour cela déterminée d'une manière nécessaire, et, par suite, tout en restant libre) porte en elle des désirs qui ont leur source dans des causes *subjectives*, et peut, précisément pour cela, être en opposition avec les principes purement objectifs de détermination ; pour se déterminer selon ces principes, cette volonté a besoin d'une sorte de contrainte morale qu'elle trouve précisément dans la résistance que la raison pratique oppose à ses désirs, et que, pour cette cause, on peut appeler une sorte de coercition interne, mais intellectuelle. Au contraire, dans l'intelligence suprême qui se suffit à elle-même, on conçoit le libre arbitre comme incapable de se former des maximes qui ne seraient pas en même temps des lois objectives (1), et l'idée de *sainteté*, que nous lui attribuons, sans mettre une telle volonté au-dessus de toute loi pratique, l'élève cependant au-dessus de toute loi pratique qui restreindrait ses volontés, c'est-à-dire au-dessus de toute obligation et de tout devoir. Cette sainteté de la volonté est toutefois une idée pratique, qui doit nécessairement servir de *type idéal* ; s'en rapprocher indéfiniment est la seule chose qui soit possible à des êtres raisonnables, mais finis ; la loi morale dans sa pureté, cette loi qui pour cela est appelée une loi sainte, leur met continuellement cette idée devant les yeux, tout en l'appropriant à leur condition. Nous devons nous assurer par nos maximes d'un progrès continu vers cet idéal ; nous devons y tendre sans dévier : telle est la vertu, c'est-à-dire le point le plus élevé que puisse atteindre la raison pratique dans un être fini. Toutefois, nous ne devons pas croire que la vertu, qui est une sorte de bien acquis par des moyens naturels, puisse être jamais parfaite, et prenons garde que l'assurance d'avoir atteint cet idéal de sainteté, non seulement est dépourvue de certitude, mais encore qu'elle serait très périlleuse à la vie morale.

Théorème IV.

L'*autonomie* de la volonté est donc le principe unique d'où dérivent toutes les lois morales et tous les devoirs qui y sont conformes : au contraire, l'*hétéronomie* du libre arbitre, non seulement ne peut servir de fondement à l'obligation, mais elle est plutôt opposée au principe de l'obligation et à la moralité de la volonté. L'unique principe de la moralité consiste, pour le libre

---

(1) Voir pour l'intelligence de ce passage, le chapitre sur le Respect.

arbitre : d'une part, à être absolument indépendant de toute matière d'une loi quelconque (à être affranchi de tout désir) — et, d'autre part, à n'être déterminé que par la forme d'une législation universelle, à laquelle doivent pouvoir s'adapter ses maximes. Cette *indépendance* est la liberté, au *sens négatif* ; ce fait de n'être soumis *qu'à la législation de sa propre raison*, mais de sa raison pure, et qui n'est pratique que parce qu'elle est pure, c'est la liberté, au sens *positif*. Aussi, ce terme de loi morale ne signifie pas autre chose que l'autonomie de la raison pure pratique, c'est-à-dire la liberté, et cette autonomie est la condition formelle de toutes les maximes, la seule qui leur permette de s'accorder avec une législation pratique suprême. Si donc la matière du vouloir, laquelle ne peut être que l'objet d'un désir lié à la loi, intervient dans la loi pratique comme *condition de la possibilité de cette loi*, il en résultera pour la volonté, hétéronomie, c'est-à-dire dépendance d'une loi naturelle qui la portera à suivre une impulsion ou un penchant ; la volonté, en ce cas, ne se donne plus à elle-même sa loi, mais elle se prescrit simplement la soumission à des lois pathologiques ; d'ailleurs, la maxime, qui ne peut jamais alors contenir en elle-même la forme d'une législation universelle, ne pourra, de cette manière, fonder aucune obligation ; bien plus, elle sera même en opposition avec le principe d'une *raison* pratique *pure*, et, par suite, elle sera absolument contraire à la moralité de l'intention, alors même que l'action qui en résulterait serait conforme à la loi.

Scolie I.

Ainsi jamais un précepte pratique ne pourra être compté pour une loi pratique, s'il contient quelque condition matérielle (et par suite empirique). En effet, par sa loi, la volonté pure, qui est une volonté libre, se trouve placée dans une sphère toute différente de la sphère de l'expérience ; et la nécessité qu'exprime une telle loi, ne devant pas être une nécessité dans l'ordre de la nature, ne peut consister que dans les conditions formelles de la possibilité d'une loi en général. Tout ce qui est matière dans des règles pratiques se fonde toujours sur des conditions subjectives, qui n'ont, pour des êtres raisonnables, qu'une universalité conditionnelle (au cas où je *désire* ceci ou cela, la règle indique comment il faut que j'agisse pour faire en sorte que cela soit); toutes ces règles gravitent toutes autour du principe du *bonheur personnel*. Sans doute il est indéniable que tout vouloir a un objet, et, par là-même, une matière ; mais il ne s'ensuit pas que cette matière soit le principe déterminant et la condition de notre maxime ; car, si elle l'est, elle ne permet pas à la maxime de prendre la forme d'une législation universelle, attendu qu'en ce cas la réalisation de l'objet serait la cause déterminante de notre choix, et qu'il faudrait chercher le principe du vouloir dans la dépendance où se trouve, par rapport à l'existence d'un objet, notre faculté de désirer ; mais cette dépendance ne peut être elle-même cherchée que parmi les conditions empiriques, et, par conséquent, ne peut jamais servir de base à une règle nécessaire et universelle. C'est ainsi, par exemple, que le bonheur d'autrui peut être l'objet de la volonté d'un être raisonnable. Mais pour que ce bonheur pût être le principe déterminant de sa maxime, il faudrait supposer que nous trouvons dans le bien-être de nos semblables, non seulement un plaisir, mais aussi la satisfaction d'un besoin, comme la sympathie l'est souvent pour certaines personnes. Mais je ne puis supposer qu'un tel besoin existe en tout être raisonnable (en Dieu, pas du tout). Alors, la matière de la maxime peut rester, mais il ne faut pas qu'elle devienne la condition de la maxime ; car celle-ci ne pourrait plus avoir la valeur d'une loi. Et par conséquent, c'est cette pure forme d'une loi circonscrivant une matière quelconque, qui nous autorise à ajouter cette matière à notre volonté, mais nous ne sommes jamais autorisés à mettre la matière avant la forme. Je suppose, par exemple, que la matière soit mon bonheur personnel. Cette matière, si je l'attribue à chacun (comme je dois le faire, en effet, quand il s'agit d'êtres finis), ne peut devenir une loi pratique *objective* que si j'y fais entrer aussi le bonheur des autres. Et, par suite, la loi qui nous prescrit de contribuer au bonheur d'autrui ne résultait nullement de cette hypothèse que ce bonheur soit en fait, de la part de tous les hommes, l'objet d'un libre choix ; elle vient uniquement de ce que la forme de l'universalité, dont la raison a besoin pour donner à une maxime de l'amour de soi la valeur objective d'une loi, devient en ce cas le principe déterminant de la volonté. Par suite, l'objet qu'on se proposait (le bonheur d'autrui) n'était pas le principe déterminant de la volonté pure ; ce principe n'était autre que la simple forme législative, par laquelle je délimitais ma maxime, fondée sur une inclination, pour lui donner l'universalité d'une loi et la rendre conforme à la raison pratique ; et c'est seulement de cette délimitation de ma maxime, et non de l'addition d'un mobile étranger, que pourrait naître l'idée de l'*obligation* où je suis, d'étendre au bonheur d'autrui une maxime tirée de l'amour de soi.

Scolie II.

On obtient le contraire du principe de la moralité quand on donne à la volonté pour principe déterminant la recherche de notre *bonheur personnel* ; or, il faut, comme je l'ai montré plus haut, ranger sous ce titre toutes les doctrines qui placent le principe déterminant qui doit nous servir de loi ailleurs que dans la forme législative de la maxime. Cette contradiction n'est pas simplement logique, comme le serait celle qui se produirait entre des règles empiriquement conditionnées, qu'on voudrait élever à la hauteur de principes de la connaissance. Elle est d'ordre pratique, et si la voix de la raison parlant à la volonté n'était pas si claire, si capable de parler haut, si distincte, même pour les hommes les plus vulgaires, une telle contradiction ruinerait totalement la moralité. Aussi ne la rencontre-t-on que dans les spéculations des écoles qui sont assez hardies pour rester sourdes à cette voix céleste, afin de maintenir une théorie qui ne leur coûte aucune contention d'esprit.

Supposez qu'un de vos amis croie se justifier auprès de vous d'avoir porté un faux témoignage, en alléguant le prétexte, sacré à ses yeux, du bonheur personnel; qu'il énumère ensuite les avantages qu'il s'est acquis par ce moyen ; qu'il fasse ressortir la sagacité qu'il a déployée pour échapper au danger d'être découvert, même par vous, à qui il ne révèle ce secret que parce qu'il pourra le nier en tout temps ; et qu'ensuite il prétende sérieusement qu'il vient de remplir un véritable devoir d'humanité : ou vous lui ririez au nez, ou vous vous détourneriez de lui avec horreur ; et cependant, si chacun de nous ne fondait ses principes que sur l'intérêt personnel, il n'y aurait pas la moindre chose à objecter. Ou bien supposez encore que quelqu'un vous recommande pour administrer vos biens un homme auquel vous pouvez, vous dit-on, confier aveuglément toutes vos affaires, et que, pour vous inspirer confiance, on vous le représente comme un homme avisé, passé maître dans l'art de ménager ses propres intérêts, de plus d'une activité infatigable, et ne laissant jamais échapper une occasion avantageuse sans en profiter ; qu'enfin, pour vous enlever la crainte de ne rencontrer en lui qu'un vulgaire égoïste, on vous vante la délicatesse avec laquelle il sait vivre, fort éloigné de la cupidité ou d'un goût brutal pour le plaisir, et mettant toute sa satisfaction dans le développement de ses connaissances, dans le commerce d'hommes instruits qu'il a su distinguer, et même dans le bien qu'il fait aux nécessiteux ; d'ailleurs, homme peu scrupuleux sur le choix des moyens (pensant que les moyens ne sont bons ou mauvais que selon le but qu'on se propose) et capable d'user du bien d'autrui comme s'il lui appartenait, pourvu qu'il crût n'être en cela ni découvert, ni empêché : certes vous croiriez, ou que celui qui vous fait une telle recommandation se moque de vous, ou qu'il a perdu l'esprit. — Si distincte et si tranchée est la ligne de démarcation qui sépare la moralité de l'amour-propre, que l'œil le moins pénétrant ne peut manquer de discerner ce qui appartient à l'une et ce qui appartient à l'autre. Les quelques observations qui vont suivre pourront paraître superflues pour établir une vérité si évidente ; du moins elles serviront à donner aux jugements du sens commun un peu plus de précision.

Le principe du bonheur peut bien donner lieu à des maximes, mais jamais à des maximes qui puissent servir de lois à la volonté, même quand elle prendrait pour objet le bonheur général. En effet, comme la notion du bonheur général ne repose que sur des données empiriques, comme le jugement qu'en porte chacun dépend de sa manière de voir, et que cette manière de voir même est très variable dans le même individu, on en peut bien tirer des règles *générales*, mais non pas des règles *universelles*, c'est-à-dire qu'on en peut bien tirer des règles qui, à tout prendre, conviendraient le plus souvent, mais non des règles qui aient toujours et nécessairement la même valeur ; par conséquent, des lois pratiques ne peuvent être fondées sur cette notion. Et précisément parce qu'ici c'est une fin arbitraire qui sert à fonder la règle, et qui, par suite, doit être antérieure à cette règle, il s'ensuit que celle-ci ne peut se rapporter qu'à ce qu'on éprouve, c'est-à-dire qu'à l'expérience, ni se fonder sur un autre principe, d'où il suit que la diversité des jugements doit être infinie. Donc, ce principe ne prescrit pas à tous les êtres raisonnables les mêmes règles pratiques, quoiqu'elles aient un titre commun, celui de bonheur. Tandis que la loi morale n'est conçue comme objectivement nécessaire que parce qu'elle est valable pour quiconque est doué de raison et de volonté.

La maxime de l'amour de soi (de la prudence) se borne à *conseiller* ; la loi de la moralité *ordonne*. Or, il y a une grande différence entre ce qu'*on peut nous conseiller*, et ce à quoi *nous sommes obligés*.

Ce qu'il convient de faire, suivant le principe de l'autonomie de la volonté, apparaît aisément, et sans effort de réflexion, même à l'esprit le plus ordinaire ; ce qu'il faudrait faire, dans l'hypothèse de l'hétéronomie de la volonté, est difficile à saisir, et exige la connaissance de la vie ; en d'autres termes, la connaissance de ce qui est *devoir* s'offre d'elle-même à tout le monde ; mais la connaissance de ce qui réellement peut procurer un avantage durable est toujours, si cet avantage doit s'étendre à l'existence tout entière, enveloppée d'une obscurité impénétrable, et il faut beaucoup de prudence pour adapter, même passablement, aux buts de la vie, en faisant la part des exceptions, les règles pratiques qui se fondent sur cette considération. Au contraire, la loi morale commande à tout le monde l'obéissance la plus ponctuelle. Par conséquent, il faut bien que ses injonctions soient assez claires pour que l'intelligence la plus ordinaire et la moins exercée puisse les comprendre, même sans avoir la moindre expérience du monde.

Satisfaire aux ordres de la moralité est toujours en tout temps au pouvoir de chacun de nous ; satisfaire aux prescriptions empiriquement conditionnelles du bonheur ne se peut que de loin en loin, et il s'en faut de beaucoup que cela soit possible pour tous, même en ce qui concerne une seule sorte d'actions. La raison en est que, dans le premier cas, ce qui importe, c'est l'intégrité et la pureté de la maxime, tandis que dans le second, tout dépend des forces et des facultés physiques, puisqu'il s'agit de réaliser un objet de nos désirs. Un ordre qui prescrirait à tous de chercher leur bonheur serait insensé; car on n'a jamais besoin d'ordonner à une personne ce qu'elle ne peut pas manquer de vouloir. Tout au plus aurait-on à lui prescrire, ou plutôt à lui en donner les moyens, car elle ne peut pas tout ce qu'elle veut. Au contraire, il est tout à fait rationnel d'ordonner la moralité sous le nom de devoir ; car, d'abord, tout le monde n'est pas disposé à se soumettre de bonne grâce à cette prescription, puisqu'elle est en lutte avec les penchants ; ensuite, en ce qui concerne les règles à suivre pour obéir à la loi, elles n'ont pas besoin d'être enseignées ; car, ce que l'homme veut, à cet égard, il le peut également.

Celui qui a perdu au jeu peut *être de méchante humeur* contre lui et contre son imprudence ; mais, s'il a conscience d'avoir *trompé* au jeu (bien qu'il ait gagné), il se voit forcé de se *mépriser* lui-même, dès qu'il met sa conduite en regard de la loi morale. Il faut bien que cette loi soit tout autre chose que le principe du bonheur personnel. Car, pour se dire à soi-même : « Je suis un *être indigne*, quoique j'aie rempli ma bourse », il faut avoir un autre critérium que pour s'en applaudir en disant : « Je suis un habile homme, car j'ai enrichi ma caisse. »

Enfin, il y a encore, dans l'idée de notre raison pratique, autre chose qui accompagne le mépris de la loi morale : c'est l'idée que le coupable *mérite un châtiment*. Or, le fait d'avoir part au bonheur n'a rien de commun avec la notion d'un châtiment, considéré comme tel. En effet, quoique celui qui l'applique puisse avoir en même temps la bonne intention de diriger la punition de telle sorte qu'elle tourne au profit du coupable, il faut avant tout qu'elle se justifie d'elle-même, que la peine qu'elle cause soit assez juste pour que celui qui la subit, même si les choses en restent là, et qu'il n'entrevoie pas l'espoir de sa grâce à travers ces rigueurs, puisse avouer que ce qui lui arrive n'est que justice, et que son sort est parfaitement mérité. Dans tout châtiment, en tant que tel, il faut qu'il y ait avant tout de la justice, et c'est ce qui fait l'essence même de cette notion. Sans doute, la bienveillance peut s'y joindre; mais celui qui, par sa conduite, a mérité d'être puni, n'a pas le moindre droit d'y compter. Ainsi, le châtiment est un mal physique qui, quand bien même il ne s'attacherait pas au mal moral comme *une conséquence naturelle*, devrait encore y être lié comme une conséquence suivant les principes de la législation morale. Si donc toute action criminelle, abstraction faite des suites qu'elle peut avoir pour son auteur, mérite un châtiment, c'est-à-dire si le criminel encourt la perte du bonheur (du moins en partie), il serait manifestement inconséquent de dire que la faute consiste à s'être attiré un châtiment en portant atteinte à son propre bonheur (ce qui, suivant le principe de l'amour de soi, devrait être la notion essentielle contenue dans l'idée de faute). La punition serait, en ce cas, la seule raison qui autoriserait à qualifier une action de criminelle, et la justice consisterait plutôt à laisser de côté toute punition, et même à mettre obstacle aux châtiments naturels ; car, en ce cas, il n'y aurait plus rien de mauvais dans l'action, puisque le mal physique qui s'en serait suivi sans cette intervention, et qui seul faisait considérer cette action comme mauvaise, en aurait été écarté. Enfin, ne considérer les récompenses et les châtiments que comme un mécanisme dont dispose une puissance supérieure et dont elle se sert pour pousser vers leur but final des êtres raisonnables (le bonheur), c'est soumettre la volonté à un mécanisme qui lui enlève toute liberté, et cela est trop évident pour qu'il soit nécessaire d'y insister davantage.

Plus subtile encore, quoique tout aussi fausse, est l'opinion de ceux qui admettent un certain sens moral particulier, lequel déterminerait la loi morale au lieu et place de la raison, et d'après lequel la conscience de la vertu serait immédiatement liée au contentement et au plaisir, tandis que la conscience du vice le serait au trouble et à la douleur ; ainsi, selon eux, toute la vie morale reposerait sur le désir du bonheur personnel. Sans rappeler ce qui a été dit précédemment, je vais faire remarquer l'illusion dans laquelle on tombe ici. Pour pouvoir représenter un méchant homme comme tourmenté par le remords de ses méfaits, il faut d'abord lui attribuer un caractère qui, en son fonds essentiel, soit déjà à quelque degré moralement bon ; de même qu'il faut se représenter tout d'abord comme un homme vertueux, celui que réjouit la conscience d'avoir fait son devoir. Ainsi les notions de la moralité et du devoir devraient précéder la considération du contentement de soi-même, et n'en peuvent être dérivées. Il faut être d'abord capable d'apprécier à leur juste valeur l'importance de ce que nous appelons le devoir, l'autorité qui s'attache à la loi morale, et la valeur absolue que l'obéissance à la loi nous donne à nos propres yeux, pour pouvoir sentir le contentement qui vient de ce qu'on a conscience d'avoir agi conformément au devoir, ou les reproches amers qui viennent de ce qu'on a conscience de l'avoir transgressé. On ne peut donc ressentir ce contentement, cette tranquillité d'âme, avant d'avoir connaissance de l'obligation, et il est impossible de placer dans ce contentement le fondement de l'obligation. Il faut être déjà du moins à moitié honnête homme, pour pouvoir se faire une idée quelconque de ces sentiments. D'ailleurs, je ne nie pas que, de même que, par la liberté, la volonté humaine peut être déterminée immédiatement par la loi morale, de même, la pratique fréquente du devoir, conformément à ce principe de détermination, ne puisse à la longue produire en nous un sentiment de contentement de nous-mêmes ; bien plus, je conviens qu'il est même de notre devoir de faire naître en nous et d'y développer ce sentiment, qui seul, à proprement parler, mérite le nom de « sentiment moral » ; mais il ne faut pas en faire dériver la notion du devoir ; autrement, nous serions obligés d'admettre l'existence d'un sentiment d'une loi comme telle, et de faire un objet de la sensibilité d'une chose qui ne peut être conçue que par la raison ; ce qui, si ce n'est pas une pure contradiction, supprimerait totalement toute notion du devoir, pour y substituer un jeu mécanique de penchants délicats entrant parfois en lutte avec des penchants grossiers.

Du concept d'un objet de la raison pure pratique.

Sommaire.

Les seuls objets de la raison pratique sont le bien et le mal. La raison humaine n'a pas la connaissance directe du bien et du mal ; elle n'a cette connaissance que par l'intermédiaire de la loi morale. C'est parce que nous savons que nous avons des devoirs à remplir, que nous avons l'idée du bien (p. 183-185).

Cette idée du bien a une double acception : le même mot sert à désigner tantôt le bien, au point de vue moral, tantôt le bien, au point de vue physique. Kant remarque que la langue allemande a l'avantage de posséder deux mots différents pour exprimer cette distinction (p. 185-187).

De ces deux sortes de bien, lequel est l'objet de la raison ? Sans doute, la raison ne néglige pas absolument le bien naturel ; mais elle a une fonction plus haute que celle de tenir lieu d'instinct. La fonction de la raison est de distinguer son bien propre, le bien moral, de ce qui n'est que le bien naturel, et de faire du bien moral, ou de la vertu, la condition du bonheur, ou bien naturel (p. 187-188).

Extraits

Les seuls objets de la raison pratique sont les idées du *Bien* et du *Mal*. Par la première, on entend un objet du désir ; par la seconde, un objet de l'aversion, désir et aversion s'accordant toutefois avec un principe de la raison.

Quand on n'a pas, au préalable, déduit l'idée du bien d'une loi pratique, et qu'au contraire on veut donner cette idée à la loi pour fondement, alors l'idée du bien ne peut se rapporter qu'à quelque chose dont l'existence promette du plaisir, et c'est par l'attrait de ce plaisir que le sujet se détermine à faire le bien. Mais, comme il est impossible de savoir *a priori* ce qui sera accompagné de plaisir et ce qui sera suivi de peine, ce serait donc uniquement à l'expérience à décider ce qui pourrait être immédiatement bon ou mauvais. La seule qualité du sujet qui nous permette de faire cette expérience est le *sentiment* du plaisir ou de la douleur ; ainsi la notion de ce qui est immédiatement bon ne s'appliquerait qu'à ce qui est immédiatement lié à une impression de *plaisir*, et la notion de ce qui est mauvais d'une manière absolue, qu'à ce qui excite *immédiatement* de la *douleur*. Mais cela est contraire à l'usage de la langue, qui distingue ce qui est *agréable* de ce qui est *bon*, ce qui est *désagréable* de ce qui est mauvais, et qui veut qu'on juge toujours du bien du mal selon la raison, c'est-à-dire selon des notions qui puissent être communiquées à tous, universellement, et non selon une simple impression, limitée à des objets individuels et à la manière dont ils peuvent nous affecter ; d'autre part, un sentiment de plaisir ou de peine ne peut pas être, en lui-même, lié à la représentation d'un objet *a priori*; pour toutes ces raisons, les philosophes qui se croiraient obligés de fonder nos jugements pratiques sur le sentiment du plaisir, appelleraient *bien* ce qui n'est qu'un *moyen* de nous procurer quelque agrément, et *mal* ce qui nous cause de l'incommodité ou de la douleur, car le jugement que nous portons sur le rapport des moyens à leurs fins est sans contredit du domaine de la raison. Mais, quoique la raison ait seule en partage la faculté de rattacher les moyens aux buts qu'on se propose (si bien qu'on pourrait définir la volonté la faculté des fins), cependant les maximes pratiques qui seraient dérivées du principe du bien énoncé plus haut, à titre de moyens, ne proposeraient jamais pour objet à la volonté ce qui est bon en soi, mais seulement ce qui est bon à *quelque autre chose* ; le bien ne serait plus alors que l'utile, et ce à quoi il est utile ne se rencontrerait jamais que hors de portée de la volonté, dans nos impressions. Et s'il fallait distinguer celles-ci, en tant qu'impressions agréables, de la notion du bien, il n'existerait nulle part de bien absolu, mais le bien ne pourrait être recherché que parmi les moyens de parvenir à quelque chose d'autre que lui, c'est-à-dire à un agrément quelconque.

Kant remarque que la langue allemande a deux mots pour désigner ce que, dans d'autres langues, on appelle, d'un mot unique, le bien ou le mal.

Les mots *Wohl* (le bien sensible) ou *Uebel* (le mal sensible) se rapportent toujours à un état agréable ou désagréable, à un plaisir ou à une douleur; et quand c'est pour cette raison que nous désirons ou que nous repoussons un objet, nous ne le faisons jamais que dans la mesure où nous rapportons cet objet à notre sensibilité, et au sentiment du plaisir ou de la peine qu'il nous cause. Au contraire, les mots *Gute* (le bien) et *Böse* (le mal) se rapportent toujours à la *volonté* en tant qu'elle est déterminée par une *loi de la raison* à faire de quelque chose son objet ; car la volonté n'est jamais déterminée immédiatement par un objet, ni par la représentation de cet objet ; mais elle est, elle, la faculté de prendre une règle de la raison pour cause déterminante d'une action (par laquelle un objet peut être réalisé). Les qualificatifs *Gute* ou *Böse* s'appliquent donc proprement aux actes mêmes, et non aux impressions de la personne, et s'il y a quelque chose qui soit absolument bon ou mauvais, ou qui du moins doive être tenu pour tel (sous tous les rapports et sans autre condition), ce ne serait que la manière d'agir, la maxime de la volonté, et, par suite, la personne qui agit en homme de bien ou en méchant homme, et non une chose, qu'on pourrait appeler ainsi.

Ainsi, on pouvait bien sourire en entendant ce stoïcien qui, en proie aux plus violentes douleurs de la goutte, s'écriait : « Douleur, tu as beau me torturer, tu ne me feras jamais avouer que tu sois un mal ! » C'était lui qui avait raison. Ce qu'il ressentait était un mal sensible (*Uebel*), et c'est ce que trahissaient ses cris ; mais il n'avait aucune raison de concéder qu'il lui fût arrivé par là un mal moral (*ein Böses*) ; en effet, la douleur ne diminuait en rien la valeur de sa personne morale, mais seulement la valeur de son état physique. Au contraire, un seul mensonge qu'il aurait eu sur la conscience aurait certainement abattu sa constance ; mais, pour la douleur, elle le servait, au contraire, en lui donnant occasion de s'élever, si toutefois il avait conscience de ne l'avoir pas méritée par une injustice, et par conséquent de n'avoir pas mérité de châtiment.

Ce qu'il convient d'appeler bon, moralement (*gut*), c'est ce qui, au jugement de tout être raisonnable, doit être l'objet de nos désirs ; de même que nous devons appeler le mal moral (*das Böse*) ce qui, aux yeux de tous, doit être l'objet de l'aversion ; par conséquent, pour juger du bien et du mal, la sensibilité ne suffit pas, il y faut encore la raison. Il en est ainsi de la sincérité en opposition avec le mensonge, de la justice en opposition avec la violence, etc. Mais nous pouvons parfois appeler un mal sensible (*Uebel*) une chose que tout le monde ne peut considérer que comme un bien moral (*Gut*), soit indirectement, soit même directement. Celui qui se soumet à une opération chirurgicale en ressent du mal (*Uebel*), sans aucun doute ; mais sa raison, d'accord avec celle de tout le monde, trouve que c'est un mal pour un bien (*Gut*). Mais qu'un homme qui se plaît à harceler et à inquiéter les gens paisibles s'adresse mal, un jour, et finisse par être repoussé avec une bonne volée de coups, cela lui cause certainement du mal sensible (*Uebel*), mais tout le monde y applaudit, et trouve que c'est *bien* fait (*gut*), même quand il n'en résulterait rien d'autre ; bien plus, celui qui a reçu les coups est bien obligé, en son for intérieur, de reconnaître qu'il n'a que ce qu'il mérite, puisque la corrélation qui, au point de vue de sa raison, doit exister nécessairement entre la bonne conduite et le bien-être, se trouve, dans son cas, appliquée très exactement.

Le véritable objet de la raison n'est pas seulement le bien physique.

Sans doute, notre raison pratique attache, dans ses jugements, *une grande importance* à notre bien et à notre mal sensibles, et, en ce qui regarde notre nature d'êtres doués de sensibilité, elle rapporte *tout* à notre *bonheur*, si, comme l'exige la raison, on juge du bonheur non par des impressions fugitives, mais par l'influence que cette éventualité a sur notre existence tout entière et sur le contentement de notre sort ; mais pourtant, *tout, en général* ne se rapporte pas au bonheur. L'homme est un être asservi à des besoins, en tant qu'il appartient au monde sensible ; et, à cet égard, sa raison reçoit de sa sensibilité une mission à laquelle elle n'a pas à se dérober, et qui consiste à se préoccuper des intérêts de la sensibilité, et à se faire des maximes pratiques en vue d'assurer la félicité en cette vie, et même, s'il est possible, dans une vie future. Toutefois, l'homme n'est pas assez voisin de la bête pour demeurer indifférent à tout ce que la raison lui dit en faveur d'elle-même, et pour n'employer cette raison qu'à la satisfaction des besoins auxquels il est assujetti, par sa nature d'être sensitif. Car ce qui l'élève en dignité au-dessus de la bête, ce n'est pas d'avoir en partage la raison, si cette raison ne devait servir qu'à lui faire accomplir ce que produit l'instinct chez l'animal ; elle ne serait en ce cas qu'un mode particulier que la nature aurait employé pour que l'homme fût armé en vue d'une fin qui est la même que celle qui est destinée à l'animal, sans lui assigner une fin plus élevée. Il est donc vrai que l'homme a besoin de la raison pour prendre en considération son bien et son mal sensibles, conformément aux dispositions que la nature a mises en lui ; mais il l'a reçue, en outre, en vue d'une vocation supérieure, c'est-à-dire non seulement pour pouvoir discerner ce qui est moralement bon ou mauvais en soi, et dont une raison pure, dégagée de tout intérêt sensible, peut seule être juge, mais encore pour distinguer radicalement dans ses jugements l'élément moral de l'élément sensible, et pour faire du premier la condition suprême du second.

Des mobiles de la raison pure pratique.

Sommaire.

Ainsi la véritable loi de la volonté est la loi morale. Mais comment la loi peut-elle déterminer la volonté d'un être chez lequel la raison n'est pas souveraine ? Si cet être, pour obéir à la loi, a besoin d'un mobile, d'un sentiment quelconque de plaisir ou de peine, son action perd tout caractère moral : elle peut être conforme à la *lettre*; mais, assurément, elle n'est pas conforme à l'*esprit* de la loi (p. 189-190).

Pour que la loi morale agisse en nous, il faut qu'elle-même devienne l'objet immédiat d'un sentiment. Ce sentiment est le respect (190-196).

Le respect ne se confond ni avec la crainte ni avec l'affection, ni même avec l'admiration. Ce n'est pas non plus une impression de plaisir, toutefois ce n'est pas non plus un sentiment de peine ; car plus nous en sommes pénétrés, plus nous sentons notre âme s'élever (196-199).

Le respect est la libre soumission de la volonté à la loi (199-200).

C'est dans ce respect de la loi, et non dans le goût que nous inspire la vertu, que consiste, pour l'homme, la véritable moralité (200-205).

L'origine de ce sentiment est dans notre *personnalité*, c'est-à-dire dans notre liberté, et dans l'indépendance où nous sommes, en notre qualité d'*êtres intelligibles*, par rapport au reste de la nature (205-209).

EXTRAITS

Le caractère essentiel d'une action, lorsqu'elle a une valeur morale, tient à ce que, en ce cas, c'est *la loi morale qui détermine immédiatement la volonté*. Si la détermination volontaire, *bien que conforme à la loi morale*, n'a été prise que par l'intermédiaire d'un sentiment, de quelque espèce qu'il soit, et si l'on est obligé de supposer l'existence préalable de ce sentiment pour que la loi parvienne à fournir à la volonté un motif suffisant de se déterminer ; en d'autres termes, si la détermination volontaire n'est pas prise *uniquement en vue de la loi*, alors l'action aura bien un caractère de *légalité*, mais nullement un caractère de *moralité*. Or, si l'on entend par *mobile* le principe subjectif qui détermine la volonté d'un être dont la raison n'est pas déjà, par sa propre nature, nécessairement conforme à la loi objective, il s'ensuivra, d'abord, qu'on ne peut attribuer de mobiles à la volonté divine ; ensuite, que si l'on veut que l'action soit conforme non seulement à *la lettre*, mais encore à *l'esprit* de la loi, il faut que le mobile qui détermine la volonté humaine en particulier (et en général, la volonté de toute créature raisonnable) ne

---

(1) « On peut dire de toute action conforme à la loi, mais qui n'a pas été faite en vue de la loi, qu'elle est moralement bonne *selon la lettre*, mais non *selon l'esprit* de la loi (selon l'intention). » (Note de Kant.)

soit autre que la loi morale, et partant, que le principe objectif de détermination se confonde toujours et exclusivement avec le principe qui, subjectivement, en fait, détermine l'action.

Donc, puisqu'il ne faut, en aucun cas, sous prétexte de venir en aide à la loi morale et de lui procurer de l'influence sur la volonté, faire appel à un mobile étranger, qui se substituerait au mobile moral (car ce ne serait là que vaine et pure hypocrisie) ; puisqu'il est même scabreux d'admettre, à côté de la loi, le concours de quelques autres mobiles (comme ceux de l'intérêt), il ne nous reste plus qu'à examiner avec soin de quelle manière la loi morale peut devenir un mobile; ce qui advient, lorsqu'elle en est un, de la faculté qu'ont les hommes d'éprouver des désirs, et quels sont les effets d'un tel mode de détermination sur cette dernière faculté.

Sommaire.

Pour que la loi morale agisse en nous, il faut qu'elle éveille en nous un sentiment ; quelle peut être la nature de ce sentiment ? Nous appartenons à deux mondes différents : le monde de la raison et le monde de la nature, le monde intelligible et le monde sensible.

L'individu, l'être sensible, est borné à ses désirs et à ses appétits; il n'aime que lui, et l'amour-propre prend chez lui tantôt la forme de la recherche du bien-être, tantôt la forme de l'orgueil. Quel effet peut produire sur une telle nature le commandement de la loi morale? Sans le demander à l'expérience, nous sommes certains *a priori* que la loi morale refoule tous ces sentiments; elle produit donc un sentiment qui fait que notre *moi* s'efface et se confond en présence de la loi. Ce sentiment est le respect.

EXTRAITS.

Le caractère essentiel de toute détermination de la volonté par la loi morale est que, dans une détermination de ce genre, la volonté, en tant qu'elle est une volonté libre (1), est déterminée exclusivement par la loi ; par conséquent, elle agit, en pareil cas, non seulement sans le concours des attraits de la sensibilité, mais même en se refusant à les suivre et en rompant avec tous les penchants, lorsqu'ils pourraient être en opposition avec la loi. Dans cette mesure, l'effet de la loi morale, comme mobile, est donc purement négatif, et, comme tel, ce mobile peut être connu *a priori*. Car tout penchant et tout attrait sensible est fondé sur le sentiment, et l'effet négatif qui se produit sur le sentiment (lorsqu'on rompt avec les penchants) est encore lui-même un sentiment.

Par suite, nous pouvons voir, *a priori*, que la loi morale, comme principe déterminant de la volonté, par cela même qu'elle tient en échec tous nos penchants, doit nécessairement produire un sentiment qui peut être qualifié de pénible ; et c'est ici le premier cas, peut-être même le seul, où nous puissions, au moyen de notions *a priori*, établir un rapport entre une connaissance (qui vient ici de la raison pure pratique) et le sentiment du plaisir ou de la peine. L'ensemble de tous les penchants (qu'on est peut-être autorisé à considérer comme formant une sorte de système, et dont la satisfaction s'appelle alors le bonheur personnel) constitue l'*amour-propre* (*solipsismus*). L'amour-propre est ou bien l'*amour de soi*, qui consiste dans une *bienveillance* excessive pour soi-même (*philautia*), ou bien le contentement exagéré de soi-même (*arrogantia*). Le premier s'appelle particulièrement l'*égoïsme*; le second, la *suffisance*. La raison pure pratique se borne à *mettre un frein* à l'amour de soi, en contraignant cette inclination, qui est naturelle à l'homme, et qui agit en lui

---

(1) En effet, si la volonté est déterminée par quelque attrait sensible, elle obéit à un principe étranger à elle-même, et cesse par là d'être libre. De là, les expressions : l'esclavage, le joug, la tyrannie des passions.

antérieurement à la loi morale, à s'accorder avec la loi ; on lui donne alors le nom d'*amour-propre raisonnable*. Mais elle *rabat* complètement la suffisance, puisque toute prétention à l'estime de soi-même qui n'a pas pour point de départ l'accord de notre volonté avec la loi morale, est vaine et mal fondée, attendu que la conscience d'une intention qui s'accorde avec la loi est la première condition de la valeur de la personne (comme nous le montrerons bientôt plus clairement), et que tout ce qui empiète sur cette condition est faux et illégitime. Toutefois, le penchant à s'estimer soi-même fait partie des inclinations que la loi morale se borne à modérer lorsque l'estime de soi-même ne se fonde que sur la moralité. C'est ainsi que la loi morale confond la suffisance. Mais la loi est aussi en elle-même quelque chose de positif; ainsi, quand, s'opposant à ce qui, en nous, lui est contraire, c'est-à-dire à nos inclinations, elle *affaiblit* l'amour-propre, elle devient en même temps un objet de *respect*; et même lorsqu'elle va jusqu'à *confondre*, c'est-à-dire à humilier cette même suffisance, elle devient l'objet *du respect le plus profond*; ce qui revient à dire qu'elle est le principe d'un sentiment positif qui n'est pas d'origine empirique et qu'on peut connaître *a priori*. Donc, le respect pour la loi morale est un sentiment produit par un principe intellectuel; ce sentiment est le seul que nous connaissions parfaitement *a priori*, et dont nous puissions saisir le caractère de nécessité.

Kant revient sur ce qui a été établi précédemment, et rappelle que tout ce qui, en nous, est étranger à la loi, est par là même opposé à la moralité, puisque cela ne peut donner lieu à une législation universelle. Il insiste sur l'opposition que cette conception des rapports de la volonté et de la loi peut rencontrer dans notre nature.

Nous trouvons, dit-il, notre nature d'êtres sensibles faite de telle sorte que la matière de nos désirs (j'entends par là les objets de nos inclinations, objets de crainte ou d'espérance) s'impose à nous, et que notre moi pathologique (1), quoiqu'il soit impropre à fonder par ses maximes une législation universelle, s'efforce, tout comme s'il était à lui seul notre être tout entier, de mettre en avant ses prétentions et de les faire valoir comme des droits primitifs et originels. On peut donner à ce penchant le nom d'*amour-propre*, et l'amour-propre, quand il s'érige en législateur et en principe d'action absolu, peut s'appeler *suffisance* ou *présomption*. Or la loi morale, qui seule est véritablement objective (c'est-à-dire objective à tous égards), exclut complètement du principe suprême de nos actions toute influence de l'amour-propre; et, ce faisant, elle s'oppose radicalement à la présomption, qui prescrit comme des lois les principes subjectifs de l'amour de soi. Or ce qui, à nos propres yeux, fait échec à notre présomption nous humilie. Donc, la loi morale est nécessairement pour tout homme un sujet d'humiliation, toutes les fois qu'il met en comparaison avec elle les penchants de sa nature sensitive.

Mais ce dont la représentation, *comme principe déterminant de notre volonté*, nous humilie dans notre propre conscience, éveille par soi-même *le respect*, comme étant quelque chose de positif, et comme principe de détermination. La loi morale est donc, subjectivement aussi, un principe de respect. Or, comme tout ce qui se rencontre dans l'amour de soi fait partie de l'inclination, et que toute inclination repose sur des sentiments, et, partant, que tout ce qui fait échec à toutes ces inclinations réunies sous la dénomination commune d'*amour-propre*, a nécessairement par là même une influence sur le sentiment, nous comprenons comment il est possible de savoir *a priori* que la loi morale, étant donné qu'elle ferme aux inclinations et à la tendance que nous pou-

(1) Le *moi*, en tant qu'il est susceptible d'être affecté par les émotions ou les passions.

vons avoir à les ériger en principe suprême de conduite, c'est-à-dire à l'amour-propre, tout accès à la législation pratique suprême, peut exercer sur le sentiment une action, qui, d'une part, est simplement *négative* ; mais qui, d'autre part, relativement au principe restrictif de la raison pure pratique, est *positive*. Mais il ne faut pas pour cela admettre, sous le nom de *sens pratique* ou de *sens moral*, une espèce particulière de sentiment qui serait antérieure à la loi morale et lui servirait de fondement.

L'effet négatif produit sur le sentiment (sentiment pénible), comme toute influence qui pourrait s'exercer sur ce même sentiment, et, en général, sur la sensibilité tout entière, est *pathologique*. Comme effet de la conscience que nous avons de la loi morale, et, par suite, comme sentiment que nous avons d'être en rapport avec une cause intelligible, qui n'est autre que le sujet de la raison pure pratique, suprême législatrice, ce sentiment d'un être raisonnable affecté par des inclinations peut s'appeler un sentiment d'*humiliation* (mépris intellectuel) ; mais, considéré dans son rapport avec son principe positif, c'est-à-dire avec sa loi, ce sentiment s'appelle le respect pour la loi. Ce n'est pas qu'il puisse exister de sentiment particulier pour la loi, à proprement parler ; mais, comme la loi triomphe d'une résistance en pareil cas, l'obstacle écarté est estimé par le jugement de la raison à l'égal d'un effet positif de la causalité. C'est pour cela que ce sentiment peut être appelé un sentiment de respect pour la loi morale ; et, pour ces deux raisons réunies, on peut l'appeler *un sentiment moral*.

Ainsi, de même que la loi morale est présentée par la raison pure pratique comme un principe formel qui doit déterminer l'action, de même aussi qu'elle est un principe matériel en un sens, mais seulement un principe objectif, propre à déterminer les objets de l'action qu'on appelle le bien et le mal, elle est encore un principe subjectif de détermination, c'est-à-dire un mobile de cette action, puisqu'elle a de l'influence sur la moralité du sujet, et qu'elle produit un sentiment nécessaire à l'influence de la loi sur la volonté. Il n'y a point *antérieurement* dans le sujet de sentiment qui le disposerait à la moralité. Cela est impossible, puisque tout sentiment est sensible, et que le mobile de l'intention morale doit être libre de toute condition sensible. Mais plutôt le sentiment sensible, qui est le fondement de toutes nos inclinations, est aussi la condition de cette impression que nous nommons le *respect* ; car la cause qui détermine ce sentiment réside dans la raison pure pratique, et c'est pourquoi il ne faut pas dire que c'est un effet *pathologique :* c'est un *effet pratique*. Tandis que, par cela même que la représentation de la loi morale enlève à l'amour de soi son influence et à la présomption son illusion, par cela même qu'elle diminue l'obstacle que rencontre la raison pure pratique, et qu'elle conduit ainsi notre raison à juger que cette loi objective est supérieure aux impulsions de la sensibilité, partant, en écartant de la volonté ce contrepoids des affections sensibles, elle donne à la loi tout son poids.

Et c'est ainsi que le respect de la loi n'est pas, à proprement parler, le mobile de la moralité, mais qu'il est la moralité même, considérée subjectivement comme mobile, en ce sens que la raison pure pratique, par le seul fait qu'elle met à néant toutes les prétentions de l'amour de soi qui sont en opposition avec elle, donne de l'autorité à la loi, qui dès lors a seule de l'influence. Il faut remarquer ici que, comme le respect est un effet produit sur le sentiment, et, par conséquent, sur la sensibilité d'un être raisonnable, il suppose chez les êtres auxquels s'impose la loi morale, la sensibilité, et, par conséquent aussi, le caractère d'êtres finis, et que ce respect *pour la loi* ne peut être attribué à un être suprême, ni même à un être affranchi de toute sensibilité, et chez lequel, par conséquent, la sensibilité ne pourrait être un obstacle à la raison pratique.

Ce sentiment (qu'on appelle le sentiment moral) est

donc produit uniquement par la raison. Il ne sert pas à juger les actions, ni à fonder la loi objective, mais seulement à en faire notre maxime, c'est-à-dire qu'il sert de mobile. Or quel nom conviendrait mieux à ce sentiment singulier, qui ne peut être comparé à aucun sentiment pathologique ? Il est d'une espèce si particulière qu'il paraît être exclusivement aux ordres de la raison, et même de la raison pure pratique.

Sommaire.

Le respect est un sentiment qui ne se confond ni avec la crainte, ni avec l'affection, ni même avec l'admiration; ce n'est ni un sentiment de plaisir, ni un sentiment douloureux.

Le respect est la soumission de notre volonté à la loi, soumission libre, à la vérité, mais toutefois accompagnée d'une contrainte exercée sur tous nos penchants.

EXTRAITS.

Le respect s'adresse toujours aux personnes, et jamais aux choses. Les choses peuvent bien éveiller en nous de l'inclination, voire même, si ce sont des animaux (par exemple, des chevaux, des chiens), de l'*affection* ou de la *crainte* (comme la mer, un volcan, une bête féroce), mais jamais du *respect*. Ce qui se rapproche le plus de ce sentiment, c'est l'*admiration;* et l'admiration considérée en tant qu'émotion, c'est-à-dire l'étonnement, peut s'adresser aux choses : aux montagnes qui s'élèvent jusqu'au ciel, à la grandeur, à la multitude, à l'éloignement des corps célestes; à la force et à l'agilité de certains animaux, etc. Mais tout cela n'est pas du respect. Un homme peut aussi être pour moi un objet d'affection, de crainte, ou d'une admiration poussée jusqu'à l'étonnement, et, pourtant, n'être pas pour cela un objet de respect. Son humeur satirique, son courage et sa force, la puissance qu'il doit au rang qu'il occupe parmi ses semblables, peuvent m'inspirer à son égard des sentiments de ce genre, et il se peut qu'il y manque toujours intérieurement le respect pour sa personne. Fontenelle dit : *Je m'incline devant un grand, mais mon esprit ne s'incline pas.* Je puis ajouter : devant un homme de condition inférieure, devant un citoyen obscur, mais en qui je relève une droiture de caractère portée à un degré que j'ai conscience de ne pas rencontrer en moi, *mon esprit s'incline*, que je veuille ou non porter bien haut la tête, pour ne pas lui permettre de perdre de vue la supériorité de mon rang. Pourquoi cela ? C'est que son exemple me met devant les yeux une loi qui confond mon orgueil, quand je la compare à ma propre conduite ; une loi dont je ne puis regarder la pratique comme impossible, puisque la *possibilité de l'accomplir* m'est prouvée par le fait. Or, même si j'ai conscience de ne pas le céder à cet homme en honnêteté, le respect n'en subsiste pas moins. En effet, tout ce qui est bon, dans la nature humaine, n'étant jamais que d'une bonté incomplète, la loi, rendue visible par un exemple, n'en rabaisse pas moins mon orgueil, même en ce cas ; car l'homme que je vois, et dont l'imperfection ne m'est pas aussi connue que ma propre imperfection, m'apparaît, par là même, sous un jour meilleur, et me sert, encore en ce cas, de terme de comparaison. Le *respect* est donc un *tribut* que nous ne pouvons refuser au mérite, et même quand nous parvenons à n'en rien laisser percer au dehors, nous ne pouvons pas nous défendre de l'éprouver intérieurement.

Le respect est *si peu* un sentiment de *plaisir* qu'on ne s'y soumet pas volontiers à l'égard d'un homme. On s'efforce de trouver en lui quelque chose qui en allège le fardeau, quelque sujet de blâme, pour être quitte de l'humiliation que nous ressentons de l'exemple qui nous est donné. Les morts eux-mêmes, surtout quand leurs exemples nous semblent inimitables, ne sont pas toujours à l'abri de la critique. La loi morale elle-même, dans sa *majesté imposante*, est exposée à ces tentatives que font les hommes pour se défendre du respect. Pense-t-on pouvoir rapporter à une autre cause la tendance qui porterait volontiers les hommes à la faire descendre au niveau de nos inclinations familières ? Et croit-on que toute la peine qu'on prend pour en faire une prescription de l'intérêt personnel bien entendu, ait une autre origine que le désir d'être délivrés de ce respect qui nous épouvante, en retraçant si sévèrement à nos yeux notre propre indignité ? Mais, d'un autre côté, le respect est si peu un *sentiment de peine* que, lorsqu'on a dépouillé tout amour-propre, et accordé au respect l'influence qu'il doit avoir sur nos actions, on ne peut se lasser de contempler la majesté de la loi, et que l'âme croit s'élever elle-même d'autant plus qu'elle voit cette loi sainte plus élevée au-dessus d'elle et de sa fragile nature. De grands talents, joints à une activité qui leur est proportionnée, peuvent aussi provoquer le respect, ou un sentiment analogue ; il convient d'avoir pour eux de tels sentiments ; et il semble même que l'admiration se confonde ici avec le respect. Cependant, si l'on y regarde de plus près, on remarquera que, comme il est toujours difficile de déterminer exactement quelle est la part des dons naturels, et quelle est la part de la culture ou du travail personnel, dans le talent, la raison veut que nous le considérions comme le fruit probable de la culture, et, par conséquent, comme un mérite qui rabaisse sensiblement notre suffisance, et devient pour nous un reproche vivant, ou un exemple à suivre, dans la mesure de nos moyens. Ce n'est donc pas uniquement de l'admiration, que le respect que nous éprouvons pour ces personnes (respect qui s'adresse véritablement à la loi, que leur exemple nous met devant les yeux). Ce qui confirme cette opinion, c'est que, tandis que le commun des admirateurs, dès qu'il croit être renseigné sur les côtés fâcheux du caractère d'un homme de cette sorte (de Voltaire, par exemple), perd tout respect pour lui, au contraire, le vrai savant continue toujours à éprouver ce sentiment, au moins en se plaçant au point de vue du talent de cet homme, parce qu'il est lui-même attaché à une œuvre et engagé dans une carrière qui lui fait en quelque sorte une loi d'imiter l'exemple qu'il a sous les yeux.

Le respect pour la loi morale, en tant que ce sentiment ne se rapporte à aucun autre objet qu'à cette loi, est donc le seul mobile moral, et, en même temps, le seul mobile moral qui soit incontesté.

Le respect est donc :

La conscience de la soumission de la volonté à la loi, soumission qui se produit librement, à la vérité, mais qui toutefois est accompagnée d'une contrainte inévitable exercée sur tous nos penchants, mais seulement par notre propre raison. La loi qui commande ce sentiment, et qui l'inspire aussi, n'est autre, comme on le voit, que la loi morale (car nulle autre loi n'exclut ainsi tous les penchants de l'influence qu'elle exerce immédiatement sur la volonté). L'action qui, suivant cette loi, et à l'exclusion de tout principe de détermination tiré de l'inclination, est objectivement pratique, s'appelle *devoir*, et le devoir, à cause de cette exclusion même, enferme la notion d'une *contrainte* pratique, c'est-à-dire d'actions auxquelles il faut se résoudre, *quoi qu'il en coûte*. Le sentiment qui résulte de la conscience que nous avons de cette contrainte, n'a pas un caractère pathologique, comme un sentiment qui serait produit par un objet des sens; mais il a un caractère pratique. Comme *soumission* à une loi, c'est-à-dire à un ordre reçu (qui dit ordre dit contrainte exercée sur un sujet sensible), il ne contient aucun plaisir, mais plutôt une peine attachée à l'action. En revanche, comme cette coërcition n'est exercée que par la législation de notre *propre* raison, elle est aussi pour nous une source d'*élévation*, et l'effet subjectif produit sur le sentiment peut-être appelé aussi, sous ce rapport, *approbation de soi-même*, car on reconnaît qu'on n'est déterminé à faire son devoir que par la loi et sans nul intérêt; de plus, on a alors conscience d'y prendre un intérêt d'un tout autre genre, produit subjectivement par la loi, c'est-à-dire un intérêt pratique et *libre*, que l'inclination ne nous conseille pas, mais que la raison nous ordonne absolument de prendre, qu'elle produit donc réellement, et qui par ce fait mérite un nom tout particulier, celui de respect.

La notion du devoir exige donc *objectivement*, de l'action, qu'elle soit conforme à la loi, et, *subjectivement*, de la maxime, que le respect de cette loi soit l'unique motif qui détermine à s'y conformer. Et c'est là-dessus qu'est fondée la différence qui existe entre la conscience d'une action *conforme au devoir* et la conscience d'une action faite *par devoir*. La première manière d'agir (la légalité) serait encore possible, alors même que la volonté ne serait déterminée que par des inclinations; mais la seconde (la moralité), en laquelle réside toute la valeur morale des actions, consiste en ce que l'action ait été faite par devoir, c'est-à-dire en vue de la loi elle-même (1).

La moralité consiste donc dans le respect de la loi, et non dans le goût que nous inspire la vertu.

Il est de la plus haute importance, dans tous les juge-

---

(1) « Si l'on examine de près la notion du respect pour les personnes, comme nous l'avons fait précédemment, on s'aperçoit qu'elle repose toujours sur la conscience d'un devoir qu'un exemple nous met devant les yeux, que le respect ne peut jamais avoir qu'un fondement moral, et qu'il est très bon, et même, au point de vue psychologique, très utile pour la connaissance des hommes, de remarquer, chaque fois que nous employons cette expression, la déférence secrète et admirable, mais pourtant assez fréquente, que l'homme témoigne à la loi morale dans ses jugements. » (Note de Kant.)

ments moraux, de surveiller avec une extrême exactitude le principe subjectif de toutes nos maximes, afin de placer toute la moralité des actions dans la nécessité de les faire *par devoir* et par respect pour la loi, et non par goût, ou par inclination pour ce qu'elles peuvent produire. Pour les hommes et pour toute créature raisonnable, la nécessité morale est une *contrainte* (1), c'est-à-dire une *obligation* (2), et toute action fondée sur cette nécessité doit être représentée comme un devoir, et non pas comme une manière d'agir qui nous soit agréable ou qui puisse un jour le devenir. Comme si jamais, exempts de ce respect de la loi qui est lié à la crainte ou du moins à l'appréhension de la transgresser, semblables à la Divinité, qui est élevée au-dessus de toute dépendance, assurés d'un parfait accord, devenu chez nous si naturel et si infaillible que nous ne pourrions pas même être tentés de lui être infidèles, entre notre volonté et la loi morale (et cette loi cessant enfin d'être un ordre pour nous), nous pouvions parvenir à posséder jamais la sainteté de la volonté !

La loi morale est, en effet, pour la volonté d'un être infiniment parfait, une loi de *sainteté* ; mais, pour la volonté d'un être fini, quoique doué de raison, elle est la loi du *devoir*, de l'obligation morale, la loi qui détermine à agir par *respect* pour elle et par considération pour le devoir. Aucun autre principe subjectif ne pourrait servir de mobile ; autrement, l'action pourrait bien être faite comme le prescrit la loi morale; mais comme, tout en étant conforme au devoir, elle ne serait pas faite par devoir, l'intention, à laquelle s'adresse directement cette législation, n'aurait aucun caractère de moralité.

Il est très beau de faire du bien aux hommes par

(1) Contrainte vient de *constringere*, qui veut dire : serrer enchaîner étroitement.
(2) Obligation vient de *obligare*, qui veut dire: lier. L'obligation est le lien qui relie la volonté de l'être raisonnable à la loi morale.

amour de l'humanité et par une bienveillance sympathique, ou d'être juste par amour de l'ordre ; mais pourtant, nous ne suivons pas encore la véritable maxime morale qui doit diriger notre conduite, celle qui est conforme au rang que nous occupons, *nous autres hommes*, parmi les êtres raisonnables, lorsque, semblables à des volontaires, nous nous imaginons, dans notre orgueil, nous mettre au-dessus de la pensée du devoir et que nous avons la prétention de faire indépendamment de tout commandement, uniquement par pur plaisir, le bien, pour lequel nous n'aurions besoin d'aucun ordre. Nous sommes sous la *discipline* de la raison, et nous ne devons, dans aucune de nos maximes, ni oublier la soumission que nous lui devons, ni en rien retrancher, ni amoindrir l'autorité de la loi par les illusions de notre amour-propre, en plaçant le principe déterminant de notre volonté, quoique conforme à la loi, ailleurs que dans la loi elle-même et dans le respect qui lui est dû. Devoir et obligation, telles sont les seules dénominations que nous ayons le droit de donner à nos rapports avec la loi morale. Sans doute, nous sommes membres législateurs d'un règne de la moralité que la liberté rend possible et que la raison pratique nous représente comme un objet de respect, mais en même temps nous en sommes les sujets et non le chef ; et méconnaître l'infériorité du rang où nous sommes placés en notre qualité de créature, et refuser par amour-propre de nous incliner devant l'autorité de la loi sainte du devoir, c'est déjà être infidèle à l'esprit de la loi, alors même que nous nous attacherions à la lettre.

Kant insiste sur cette idée que la loi morale est comme un idéal de sainteté que ne peut atteindre aucune créature, et qui est le modèle dont nous devons nous efforcer de nous rapprocher sans pouvoir jamais prétendre à en réaliser complètement toute la perfection.

Si une créature raisonnable pouvait jamais en venir à ce degré de perfection, d'accomplir sans *aucun regret* toutes les prescriptions de la loi morale, cela signifierait qu'il ne lui est pas possible d'éprouver même la tentation de s'en écarter; car la victoire qu'on remporte sur un tel désir nous coûte toujours quelque sacrifice, et exige par conséquent un effort sur soi-même, c'est-à-dire une contrainte intérieure, que nous ne pouvons subir sans regret. Mais une créature ne peut jamais parvenir à un tel degré de perfection. En effet, une créature n'est jamais indépendante, puisqu'elle dépend toujours de ce que son état présent exigerait pour être tout à fait satisfaisant ; dès lors, elle ne peut jamais être exempte de désirs ni de penchants ; et ces désirs et ces penchants, dont la cause est dans la nature, ne se trouvent pas d'eux-mêmes en harmonie avec la loi morale, laquelle a une origine tout autre ; or l'existence de ces désirs et de ces penchants nous oblige à nous inspirer de maximes fondées exclusivement sur la nécessité morale, et non sur un zèle arbitraire ; sur le respect que la soumission à la loi *exige* de nous (quoique nous ne nous soumettions pas à ce sentiment sans difficulté), et non sur un amour du bien tellement sûr de lui-même qu'il n'appréhenderait pas que la volonté opposât intérieurement un refus à la loi ; et pourtant nous sommes obligés de faire de ce pur amour pour la loi le but constant, quoique inaccessible, de nos efforts (la loi, alors, cesserait d'avoir le caractère d'un ordre, et la moralité cesserait d'être la vertu, parce qu'elle se confondrait avec la sainteté). Car la loi, qui est l'objet de notre vénération, est bien en même temps un objet de crainte (à cause de la conscience que nous avons de nos faiblesses) ; mais cette crainte respectueuse se change en inclination, et ce respect en amour pour la loi, à mesure que nous éprouvons moins de peine à satisfaire à ses ordres ; et un tel amour donnerait à la conscience qui aurait pour la loi cet attachement inébranlable une perfection achevée, si toutefois il était jamais possible à une créature d'y parvenir.

Le degré moral où est placé l'homme, et, autant que

nous pouvons en juger, toute créature raisonnable, c'est le respect pour la loi morale. L'esprit dans lequel il doit la suivre, pour lui obéir véritablement, c'est de lui obéir par devoir, et non par bon plaisir, ni même pour se donner la satisfaction d'entreprendre ce que la loi ne lui commanderait pas ; l'état de moralité dans lequel l'homme peut toujours être, c'est la *vertu*, c'est-à-dire la moralité *militante*, et non la *sainteté*, c'est-à-dire la *possession* imaginaire de la *pureté d'intention* dans toute sa plénitude. On dispose les âmes à un état fâcheux d'exaltation morale et à une recrudescence d'amour-propre, quand, pour les exhorter à certaines actions, on les leur présente comme nobles, sublimes, magnanimes ; par là, on ferait naître dans les esprits cette illusion qui les porterait à croire que le principe qui doit déterminer leur conduite n'est pas le devoir, c'est-à-dire le respect pour cette loi dont il *leur faudrait*, bon gré, mal gré, porter le joug (ce joug qui, nous étant imposé par la raison même, est doux), et devant laquelle ils se sentent humiliés, même lorsqu'ils la sui- la suivent (lorsqu'ils lui obéissent) ; et ainsi on leur fait croire qu'on attend ces actions de leur part, non comme un devoir, mais comme un pur mérite (1). D'abord, en imitant ces sortes d'actions, ou en s'inspirant de tels principes, non seulement on ne satisfait pas le moins du monde à l'esprit de la loi, qui consiste dans la soumission de l'intention à la loi, et non pas seulement dans la légalité de l'action (quel que soit le principe de cette soumission); non seulement on substitue un mobile *pathologique* (la sympathie ou même l'amour de soi) à un mobile moral (à la loi) ; mais encore on produit dans les esprits une conception qui n'est que pure vantardise, prétention à planer au-dessus de la loi ou à prendre pour elle nos propres fantaisies, et qui consiste à se flatter soi-même en s'attribuant une bonté

---

(1) C'est la réfutation de cette erreur de l'amour-propre, qui consiste à croire qu'on peut faire plus que son devoir.

naturelle et spontanée qui n'aurait besoin ni de frein ni d'aiguillon, qui rendrait tout commandement inutile ; ainsi on risque de leur faire perdre de vue, pour cette conception chimérique, leurs obligations, auxquelles ils devraient penser, pourtant, avant de songer au mérite. Sans doute, on a le droit d'honorer du nom d'actes *nobles* et *sublimes* les actions du prochain, lorsqu'elles ont été accomplies au prix d'un grand sacrifice et tout à fait par devoir ; et pourtant il ne faut le faire qu'autant que des indices nous permettent de supposer que ces actions n'ont été faites que par respect pour le devoir, et non par un mouvement du cœur. Que si l'on veut les proposer comme des exemples à suivre, il faut avant tout qu'on n'invoque pas d'autre mobile que le respect du devoir (le seul véritable sentiment moral), ce précepte sévère et saint, qui ne permet pas à notre amour-propre vaniteux de jouer avec les penchants pathologiques (dans la mesure où ils auraient quelque analogie avec la moralité), et ne nous laisse pas nous prévaloir de notre *mérite*. Si nous cherchons bien, nous trouverons, dans toutes les actions dignes de louange, une loi du devoir qui *commande*, et ne nous permet pas de choisir à notre gré ce qui pourrait flatter notre inclination. C'est la seule manière de représenter le devoir qui soit capable de former dans les âmes la moralité, parce que c'est la seule qui contienne des principes fermes et déterminés avec précision.

. . . .

Devoir ! mot grand et sublime, qui ne renfermes en toi rien d'agréable ni de flatteur, mais qui réclames la soumission, sans pourtant employer, pour ébranler la volonté, des menaces propres à exciter dans l'âme un sentiment d'aversion naturelle ou de terreur, car tu te bornes à proposer une loi qui d'elle-même trouve accès en notre âme, et qui la force même malgré elle au respect (sinon toujours à l'obéissance), une loi devant laquelle se taisent tous les penchants (quoiqu'ils travaillent sourdement contre elle), quelle origine est digne de toi ? Où trouve-t-on la racine de ta noble tige, qui repousse fièrement toute parenté avec les penchants et dont il faut faire dériver la condition indispensable de la seule valeur que les hommes puissent se donner à eux-mêmes?

Ce (1) ne peut être rien de moins que ce qui élève l'homme au-dessus de lui-même (en tant qu'il fait partie du monde sensible), ce qui le rattache à un ordre de choses que seul l'esprit peut concevoir, et qui, en même temps, domine tout le monde sensible, et, avec le monde sensible l'existence de l'homme telle qu'elle pourrait être déterminée empiriquement dans le temps, et, de plus, l'ensemble de toutes les fins (cet ensemble qui seul concorde avec une loi pratique inconditionnée, comme l'est la loi morale). Ce ne peut être que la *personnalité*, c'est-à-dire l'indépendance à l'égard du mécanisme de la nature, ou la liberté, mais la liberté considérée comme la faculté d'un être qui appartient au monde sensible, quoiqu'il soit en même temps soumis à des lois pures pratiques qui lui sont propres, ou qui lui sont dictées par la pure raison, et qui, par conséquent, est soumis à sa propre personnalité, en tant qu'il appartient au monde intelligible. Il ne faut donc pas s'étonner de ce que l'homme, appartenant à deux mondes, ne puisse considérer son être propre, relativement à sa seconde et suprême destination, qu'avec vénération, et les lois auxquelles il est soumis sous ce rapport, avec le plus grand respect.

C'est là l'origine de quelques expressions qui marquent la valeur que nous attribuons aux objets d'après les idées morales. La loi morale est *sainte* (inviolable). L'homme, il est vrai, n'est pas saint autant qu'il devrait l'être, mais l'*humanité* en sa personne doit lui être sainte. Dans la création tout entière, tout ce qu'on veut, et sur quoi on a quelque pouvoir, peut être employé *simplement comme un moyen;* seul l'homme, et avec lui toute créature raisonnable,

---

(1) Ce = l'origine du devoir.

est une fin en soi. Car, en vertu de l'autonomie de sa liberté, il est le sujet de la loi morale, laquelle est une loi sainte. Pour cette raison, toute volonté, même la volonté propre de chacun de nous, en ce qui ne concerne que nous-même, est astreinte à la condition de s'accorder avec l'*autonomie* de l'être raisonnable ; en d'autres termes, notre volonté ne doit jamais se proposer un but qui serait incompatible avec une loi émanant de la volonté même du sujet qui la subit, c'est-à-dire qu'il ne faut jamais employer celui-ci comme un simple moyen, mais toujours en même temps comme une fin. Nous imputons avec raison cette condition même à la volonté divine à l'égard des êtres raisonnables de l'univers, qui sont ses créatures ; car elle repose sur la *personnalité* de ces êtres, qui seule leur donne leur caractère de fins en soi.

Cette idée de la personnalité, qui éveille le respect, et qui nous met devant les yeux la sublimité de notre nature (considérée dans sa destination), en même temps qu'elle nous fait remarquer combien notre conduite en est éloignée et confond ainsi notre amour-propre, cette idée est naturelle et familière même à la raison humaine la plus ordinaire. En effet, n'arrive-t-il pas souvent qu'un homme d'une honnêteté moyenne recule devant un mensonge, d'ailleurs inoffensif, grâce auquel cependant il pourrait se tirer d'une mauvaise affaire, ou procurer quelque avantage à un ami qui lui est cher et qui le mérite, et cela uniquement pour ne pas se rendre secrètement méprisable à ses propres yeux ? L'honnête homme, en proie aux infortunes les plus cruelles, auxquelles il aurait pu se soustraire s'il avait voulu manquer à son devoir, n'est-il pas soutenu par la conscience d'avoir conservé et honoré dans sa personne la dignité humaine, de n'avoir pas à rougir de lui-même, et de ne trouver aucun sujet de honte dans l'examen qu'il fait intérieurement de sa conscience ? Cette consolation n'est pas le bonheur ; elle n'en est pas même la moindre partie. Car personne ne souhaiterait avoir occasion de l'éprouver, ni même peut-être avoir à vivre dans de telles conjonctures. Mais il vit, et il ne peut souffrir d'être indigne de la vie à ses propres yeux (1). Cette tranquillité intérieure est donc toute négative, par rapport avec tout ce qui fait le charme de la vie, c'est-à-dire qu'elle nous préserve du péril de déchoir de notre valeur personnelle, après l'abandon total que nous avons fait de ce qui peut donner quelque prix à notre condition. Elle est l'effet du respect que nous portons à quelque chose autre que la vie, et en comparaison duquel la vie même, avec tout ce qui la rend agréable, n'a plus aucune valeur. Un tel homme ne vit plus que par devoir, car il n'a plus le moindre goût à vivre.

Telle est la nature du véritable mobile de la raison pure pratique; il n'est autre que la loi morale elle-même, dans toute son intégrité, en tant qu'elle nous fait entrevoir la sublimité de notre propre existence supra-sensible, et que, par là, elle produit subjectivement dans l'homme, qui a conscience aussi de sa nature sensible, et de la dépendance dans laquelle il est de cette nature qu'affectent les passions, le respect de sa destination supérieure. D'ailleurs, tant d'attraits et tant d'agréments s'ajoutent à ce mobile, que, même pour cette dernière raison, le choix d'un épicurien raisonnable et capable de réfléchir sur le plus grand bien de la vie, le porterait à se déclarer en faveur de la conduite la meilleure au point de vue moral ; il peut même être prudent de joindre cette perspective d'une vie heureuse au mobile suprême, et déjà suffisant par lui-même, de la moralité; mais il ne faut le faire que dans la mesure où il

---

(1) Juvénal avait dit, dans l'antiquité, et Kant aimait à répéter ces vers :

Summum crede nefas animam præferre pudori,
Et propter vitam vivendi perdere causas.

« Crois-moi : la dernière des abominations, c'est de sacrifier l'honneur à la vie, et, pour sauver ses jours, de perdre ce qui est la raison d'être de notre existence. »

est nécessaire d'opposer ce contrepoids aux séductions que le vice ne manque pas de faire miroiter de son côté, et non pour en faire, si peu que ce soit, un véritable mobile de détermination, quand il s'agit du devoir. Car ce serait altérer dans sa source la pureté de l'intention morale. La majesté du devoir n'a rien de commun avec les jouissances de la vie : elle a sa loi propre ; elle a aussi son propre tribunal ; et lorsqu'on veut agiter ensemble, pour les mêler, le devoir et l'agrément, ces deux éléments si différents, afin d'administrer aux âmes malades cette sorte de médicament, ils ne tardent pas à se dissocier, ou, s'ils ne le font pas, le premier n'agit pas : et quand la vie physique y gagnerait en vigueur, la vie morale disparaîtrait sans retour.

JUSTIFICATION CRITIQUE DE L'ANALYTIQUE DE LA RAISON PRATIQUE

SOMMAIRE.

Les principes de la moralité sont les principes mêmes de la raison pratique. Ce qui justifie cette opinion, c'est que la raison pratique exclut de ses principes tout sentiment de plaisir, et qu'elle n'admet qu'un seul sentiment : le respect pour la loi (p. 209-214).

EXTRAITS.

Maintenant, si nous considérons le contenu de la connaissance que la raison pure pratique nous donne d'elle-même, nous trouvons, à côté d'une remarquable analogie entre elle et la raison théorique, des différences non moins remarquables. En ce qui concerne la raison théorique, le pouvoir de connaître *a priori* qu'a cette faculté pouvait être prouvé facilement, et d'une manière tout à fait évidente par des exemples tirés des sciences (car, dans les sciences, comme les principes sont mis à l'épreuve de tant de manières différentes par l'usage de la méthode scientifique, on n'a pas à craindre, comme dans la connaissance vulgaire, une secrète immixtion d'éléments empiriques). Mais que la raison pure, sans aucun mélange de principes empiriques de détermination, puisse en même temps être pratique par elle-même, c'est ce qu'il fallait pouvoir montrer par *l'usage pratique le plus ordinaire de la raison*; pour cela il fallait prouver que le principe pratique suprême était tel que *la raison qui est naturellement en tout homme* le reconnaissait comme complètement *a priori*, et comme étant, indépendamment de toutes données sensibles, la loi suprême de sa volonté. Il fallait d'abord établir et prouver la pureté de son origine, *même au jugement de la raison commune*, avant que la science pût s'en emparer pour en faire usage, comme un fait qui dépasse toutes les subtilités auxquelles on peut se livrer au sujet de sa possibilité, et toutes les conséquences qu'on voudrait tirer de là. Mais cette circonstance s'explique fort bien aussi par ce qui vient d'être dit précédemment : par ce fait que la pure raison pratique doit nécessairement procéder par des principes qui soient comme les données premières sur lesquelles reposent toute science, et qui ne sont pas dérivés de la science. La justification de l'opinion qui veut que les principes de la morale soient les principes mêmes de la raison pure, pouvait se faire très bien et avec une certitude très suffisante par un simple appel au jugement du sens commun, parce que tout élément empirique qui pourrait tenter de s'introduire comme motif de détermination dans nos maximes, *se ferait immédiatement reconnaître* par le sentiment de plaisir ou de douleur qui s'attache à lui nécessairement, quand il excite le désir, et que, précisément, la pure raison pratique se *refuse* à admettre dans son principe un tel sentiment comme condition. L'hétérogénéité de ces deux principes (le principe empirique et le principe rationnel) est révélée par la résistance qu'oppose la raison pratique législatrice aux inclinations qui voudraient se confondre avec elle ; il se produit alors une impression d'une espèce particulière, qui ne précède pas la législation de la raison pratique, mais qui, au contraire, est produite par elle, et par elle seule, et qui est une sorte de contrainte : c'est le sentiment du respect, que l'homme ne saurait éprouver pour aucune inclination, quelle qu'en soit la nature, mais qu'il éprouve pour la loi. Et cette différence essentielle entre le principe rationnel et le principe empirique est si marquée et si saillante, qu'il n'y a personne, pas même l'esprit le plus ordinaire, qui ne sente immédiatement, dans un exemple proposé, que les principes empiriques du vouloir peuvent bien l'engager à les suivre par les attraits qu'ils lui présentent, mais que jamais on ne peut lui imposer l'obligation d'*obéir* à une autre loi qu'à la loi de la raison pure pratique.

Sommaire.

Le principe du bonheur et le principe de la moralité ne sont pas en contradiction l'un avec l'autre. Toutefois ce sont deux principes différents, et le premier ne peut jamais être la condition du second. En d'autres termes, la recherche du bonheur ne peut jamais être le principe de la vertu (p. 211-213).

Extraits.

Établir une distinction entre la doctrine du bonheur et la doctrine de la morale, faire voir que la première est tout entière fondée sur des principes empiriques, tandis que de tels principes ne peuvent entrer à aucun titre dans la seconde, telle est la tâche principale qui incombe à l'Analytique de la raison pratique ; et elle doit y apporter autant de précision, et même, si l'on peut s'exprimer ainsi, autant de rigueur, que la géométrie en apporte dans ses démonstrations. Mais s'il arrive ici au philosophe d'avoir à lutter contre de grandes difficultés, il a cependant l'avantage de pouvoir, un peu comme le chimiste, faire en tout temps sur la raison pratique de tout homme des expériences qui lui permettent de distinguer le principe purement moral du principe empirique ; il suffit pour cela de présenter la loi morale (comme un motif d'agir) à une volonté affectée par des mobiles empiriques (comme le serait, par exemple, la volonté de celui qui consentirait volontiers à mentir pour acquérir par là quelque avantage). C'est comme si le chimiste ajoutait de l'alcali à une solution de chaux dans de l'esprit de sel. L'esprit de sel abandonne immédiatement la chaux, s'unit à l'alcali, et la chaux est précipitée au fond. De même, présentez à un honnête homme (ou seulement à celui qui se met par la pensée à la place d'un honnête homme) la loi morale, par laquelle il reconnaît l'indignité d'un menteur, immédiatement sa raison pratique abandonne la considération de l'utilité (qui juge de ce qui devrait être fait par lui), maintient en lui le respect de sa propre personne (qui est la sincérité) ; et chacun, après avoir séparé la considération de l'utile, de tout ce qui se rattache à la raison (car la raison est tout entière du côté du devoir), pèse l'utilité pour voir dans quels autres cas elle pourra se combiner avec les exigences de la raison, mais sans jamais s'imaginer qu'une telle combinaison puisse avoir lieu dans le cas où l'intérêt est en opposition avec la loi morale, que la raison n'abandonne jamais.

Toutefois, *distinguer* le principe du bonheur du principe de la moralité ne veut pas dire *opposer* ces deux principes l'un à l'autre ; la raison pure pratique ne demande pas qu'on abandonne tout espoir légitime de bonheur ; elle interdit seulement de prendre le bonheur en considération, dès qu'il est question du devoir. Ce peut même être pour nous un devoir, à certains égards, de veiller à notre propre bonheur; d'une part, parce que les éléments du bonheur (comme l'habileté, la santé, la richesse) nous fournissent les moyens de remplir notre devoir; d'autre part, parce que la privation de ces avantages (par exemple, la pauvreté), peut donner lieu à la tentation de manquer au devoir. Seulement, le soin de notre propre félicité ne peut jamais être une obligation immédiate, et encore moins le principe de tous les devoirs. Ainsi, comme tous les principes qui peuvent déterminer la volonté en dehors de cette seule loi de la raison pure pratique (de la loi morale) sont tous empiriques, et que, comme tels, ils appartiennent tous au principe du bonheur, il faut qu'ils soient tous séparés du principe suprême de la moralité, et qu'ils ne lui soient jamais incorporés à titre de condition, parce qu'un tel mélange serait aussi préjudiciable à toute valeur morale qu'une immixtion empirique dans les principes de la géométrie pourrait l'être à l'évidence mathématique, laquelle est, au jugement de Platon, ce que les mathématiques ont de plus excellent et de bien supérieur aux applications utiles qu'on peut faire de ces sciences.

Sommaire.

La moralité n'est possible qu'à la condition que l'homme soit libre. Mais notre caractère échappe-t-il à la loi de causalité qui régit tous les phénomènes de la nature?

En tant que phénomène, placé dans les conditions du temps, notre caractère est soumis à la loi de causalité. Mais en tant qu'il appartient à l'ordre intelligible, il échappe à la condition du temps, et, par là, au mécanisme de la nature. Or, notre caractère empirique est déterminé, sans que nous sachions comment, par notre caractère intelligible. De sorte que notre moralité tout entière est notre propre ouvrage.

Les jugements de la conscience s'accordent avec cette explication : un malfaiteur nous paraît d'autant plus odieux qu'il semble faire preuve d'une méchanceté innée. C'est donc que nous l'en jugeons responsable (p. 214-228).

EXTRAITS

Pour lever la contradiction apparente qui oppose le mécanisme de la nature à la liberté dans un seul et même acte, il faut se rappeler ce qui a été dit à ce sujet dans *la Critique de la raison pure*, ou ce qui s'ensuit : à savoir, que cette nécessité naturelle qui ne peut coexister avec la liberté du sujet, ne dépend que de la détermination d'une chose soumise aux conditions du temps, et, par conséquent, ne dépend du sujet qui agit qu'en qualité de phénomène ; par conséquent, le principe de détermination de chacune des actions du sujet réside dans ce qui appartient à son passé et *n'est plus en son pouvoir* (et il faut comprendre dans ce passé les actions qu'il a déjà faites, et aussi les modifications de son caractère qui en ont été la suite, dans l'ordre des phénomènes, et dont il a conscience). Mais d'autre part, ce même sujet, qui a conscience d'exister par lui-même, considère son existence *en tant qu'elle ne dépend pas des conditions du temps*, comme ne pouvant être déterminée que par des lois qu'il se donne par sa propre raison, et, dans une existence de cette sorte, rien ne précède les déterminations de sa volonté, mais chacune de ses actions, et, d'une manière générale, chacune des déterminations changeantes de son existence qui se trouve conforme au sens interne, bien plus, toute la suite de son existence sensible n'est envisagée par lui, qui a conscience de son existence intelligible, que comme une conséquence, mais jamais comme le principe déterminant de sa causalité comme noumène (1). A cet égard, l'être raisonnable peut dire à bon droit, lorsqu'il a fait une action contraire à la loi, que, bien qu'à titre de phénomène cette action lui ait paru suffisamment conditionnée par son passé, et, pour cette

---

(1) Voir les extraits des *Fondements de la Métaphysique des Mœurs*, p. 91-102.

raison, immuablement nécessaire, toutefois, il aurait pu s'en abstenir ; car cette action, avec tout le passé qui l'a déterminée, a fait partie du seul et unique phénomène du caractère, que l'homme se fait à lui-même, et d'après lequel il s'attribue, comme à une cause indépendante de toute sa nature sensible, la causalité de ces phénomènes eux-mêmes.

Les jugements de cette faculté extraordinaire qui réside en nous, et qu'on nomme la conscience, s'accordent de tout point avec cette explication. Qu'un homme ait recours à tous les artifices qu'il voudra pour se dépeindre une action contraire à la loi, dont il se souvient, comme une de ces erreurs commises sans intention, un de ces faits de pure inadvertance qu'on ne peut jamais tout à fait éviter, enfin comme une faute dans laquelle il aurait été entraîné par le torrent de la nécessité ; qu'il tente de s'appuyer sur tous ces prétextes pour se déclarer innocent ; il trouvera toujours que l'avocat qui parle en sa faveur ne peut réduire au silence l'accusateur qui est en lui, pour peu qu'il ait conscience que, dans le temps même où il commettait cette faute, il était dans son bon sens, c'est-à-dire en possession de sa liberté. Et cependant, il *s'explique* également sa conduite par certaines mauvaises habitudes qu'il a prises insensiblement en se relâchant dans la vigilance exercée sur lui-même, à tel point qu'il peut envisager sa faute comme une suite naturelle de cette mauvaise habitude ; sans toutefois qu'une telle explication le rassure et le mette à l'abri du blâme et des reproches qu'il se fait à lui-même. Ces considérations servent aussi à expliquer le remords qui se produit chaque fois que réapparaît le souvenir d'une mauvaise action commise depuis longtemps déjà ; ce remords est une impression douloureuse, produite par le sentiment de la moralité ; pratiquement, il paraît vide, à certains égards, puisqu'il ne peut faire que ce qui est arrivé n'ait pas eu lieu ; il serait même une véritable inconséquence (comme Priestley, fataliste très conséquent, l'a déclaré avec une franchise plus louable, et pour laquelle il mérite plus d'approbation que ceux qui, soutenant la liberté en paroles, et, en fait, le mécanisme de la volonté, veulent toujours être considérés comme faisant entrer la liberté dans leur système syncrétique, sans pourtant faire comprendre comment la liberté peut, en pareil cas, logiquement intervenir) ; et pourtant, la douleur du remords est pleinement justifiée, parce que, dès qu'il s'agit de la loi de notre existence intelligible (de la loi morale), la raison ne reconnaît aucune distinction de temps, et demande seulement si le fait commis nous est imputable ; et lorsqu'il en est ainsi, elle y attache toujours cette même impression morale, que le fait soit récent ou qu'il soit de longue date. Car *la vie sensible* a, par rapport à la conscience *intelligible* de son existence (à la conscience de la liberté), l'unité absolue d'un phénomène qui, en tant qu'il contient simplement des phénomènes de l'intention qui concerne la loi morale (la loi du caractère), ne doit pas être jugé selon la nécessité naturelle qui lui appartient comme phénomène, mais d'après la spontanéité absolue de la liberté. On peut accorder que, s'il nous était possible de pénétrer dans la pensée d'un homme telle qu'elle se manifeste dans ses actes tant intérieurs qu'extérieurs, assez profondément pour que tous les mobiles qui le font agir, même les plus inaperçus, fussent connus, et, avec eux, toutes les circonstances extérieures qui agissent sur ces mobiles, on pourrait prédire la conduite future de cet homme avec autant de certitude qu'une éclipse de lune ou de soleil, et, pourtant, soutenir, malgré tout, que cet homme est libre.

Par cette explication, qui est naturelle à notre raison, encore qu'inexplicable, se justifient des jugements, qui, bien que formulés en toute conscience, paraissent pourtant, au premier abord, en contradiction avec l'équité. Il est des cas où, dès l'enfance, avec une éducation reçue en commun avec d'autres, qui en ont profité, certains hommes montrent une méchanceté si précoce, et qui ne fait que s'accroître avec les années si régulièrement, qu'on les considère comme des malfaiteurs de naissance, et, en ce qui concerne la moralité de l'intention, comme incorrigibles ; et en même temps qu'on juge ainsi de leur conduite, on leur reproche leurs crimes comme s'ils les avaient commis de leur faute ; bien plus, ces mêmes hommes (même dans leur enfance) trouvent cette accusation tout à fait fondée, comme si, malgré la constitution désespérément mauvaise de leur naturel, ils en étaient aussi responsables que les autres hommes le sont de leur caractère. Ce qui ne se produirait pas si nous ne supposions que tout ce qui dérive de leur libre arbitre (comme, sans aucun doute, toutes les mauvaises actions qu'ils ont accomplies avec préméditation) se fonde sur une libre causalité, qui, dès leur plus tendre jeunesse, exprime son caractère dans ses phénomènes (les actions). Ces phénomènes permettent de reconnaître dans l'uniformité de la conduite un enchaînement naturel qui ne procède pas nécessairement d'une volonté mauvaise par nature, mais qui plutôt est la conséquence de principes invariablement mauvais adoptés librement, et qui font que le méchant n'en est que d'autant plus odieux et n'en mérite que d'autant plus un châtiment.

Dialectique (1) de la raison pure

SOMMAIRE.

La vertu est le bien suprême. Mais elle n'est pas toutes fois le bien complet, le souverain bien. Il ne suffit pas, pour que tout soit bien, que la vertu existe; il faut encore qu'elle ait en partage le bonheur qui lui est dû. Mais comment concevoir cette union nécessaire de la vertu et du bonheur? D'une part, la poursuite du bonheur exclut l'idée même de vertu; et d'autre part, la vertu ne suffit pas à assurer le bonheur. Il n'y a donc pas en ce monde de corrélation entre ces deux termes. Et pourtant, la raison pratique exige la nécessité d'une telle corrélation, puisqu'elle exige que le souverain bien soit possible.

Il faut donc examiner à quelles conditions pourrait se produire cette union de la vertu et du bonheur, exigée par la raison comme nécessaire, et démentie par l'expérience. La condition de la vertu est la liberté; les conditions du bonheur sont la persistance de notre être, c'est-à-dire l'immortalité de l'âme, et l'existence d'un Dieu juste et tout-puissant, qui seul peut proportionner le bonheur au mérite. Bien que la raison, selon Kant, ne puisse démontrer théoriquement la réalité de ces conditions, elle est en droit, néanmoins, de les *postuler*; c'est-à-dire de *demander* qu'on *lui accorde la permission* de supposer sans preuve leur existence.

(1) Sur le sens du mot *dialectique* dans la philosophie de Kant, et sur l'objet de cette seconde partie de *la Critique de la Raison pratique*, voir p. 151.

DE LA DIALECTIQUE DE LA RAISON PURE
DANS LA DÉTERMINATION DE L'IDÉE DU SOUVERAIN BIEN

Sommaire.

L'objet de la Raison pratique est le souverain Bien. Le souverain Bien consiste dans l'union parfaite de la vertu et du bonheur. Comment cet accord est-il possible ? Selon Kant, les anciens n'ont pu résoudre ce problème, parce qu'ils admettaient, à tort, qu'il y a un rapport analytique entre la vertu et le bonheur.

Pour les Epicuriens, la vertu *n*'était *qu*'un ensemble de moyens dont le bonheur était la fin ; pour les Stoïciens, le bonheur était la conscience que la vertu avait d'elle-même (p. 219-223).

EXTRAITS

La notion du *souverain bien* enferme déjà en elle-même une équivoque, qui, si l'on n'y prend pas garde, peut devenir une source de contestations inutiles. L'expression *souverain* peut avoir le sens de *suprême* (*supremum*) ou le sens de *complet* (*consommatum*). Dans le premier cas, le mot veut dire absolu, qui sert de condition à tout le reste, sans être soi-même soumis à aucune condition (*originarium*); dans le second, il désigne un tout, qui ne peut être partie d'un tout encore plus grand et de même espèce. Que la vertu (qui est-ce qui nous rend dignes d'être heureux) soit la condition suprême de tout ce qui peut nous paraître seulement désirable, par conséquent de toute recherche du bonheur, c'est-à-dire qu'elle soit le bien *suprême*, c'est ce qui vient d'être prouvé. Mais elle n'est pas encore pour cela le bien parfait et complet, objet des désirs d'un être raisonnable, mais fini; car il faudrait pour cela qu'elle fût accompagnée du *bonheur*; et cela est vrai, non seulement aux yeux intéressés de la personne qui se prend elle-même pour fin, mais même au jugement d'une raison impartiale, qui considère la vertu en général dans le monde comme une fin en soi. Car, avoir besoin du bonheur, en être digne, et ne point l'avoir en partage, c'est ce que nous ne pouvons concilier avec la perfection de la volonté chez un être raisonnable qui serait en même temps tout-puissant, lorsque nous essayons de nous représenter un tel être. Ainsi, de même que la vertu et le bonheur, réunis ensemble, mettent une personne en possession du souverain bien (ajoutons qu'en ce cas le bonheur doit être exactement en proportion de la moralité, car la moralité est ce qui fait le mérite d'une personne et la rend digne d'être heureuse), de même, l'union de la vertu et du bonheur constitue le *souverain bien* d'un monde possible, c'est-à-dire le bien total, le bien complet; mais, de ces deux éléments, la vertu, comme condition, reste toujours le bien suprême, puisqu'elle-même n'est soumise à aucune autre condition, tandis que le bonheur, qui, assurément, est toujours chose agréable à qui le possède, mais qui n'est pas bon en soi absolument et à tous égards, est toujours subordonné à la condition d'avoir été mérité par une bonne conduite.

. . . .

On peut comprendre l'union de la vertu et du bonheur de deux manières différentes. Ou bien l'effort fait pour être vertueux et la recherche rationnelle du bonheur ne sont pas deux actions différentes; ce seraient, au contraire, deux choses tout à fait identiques, à tel point qu'on n'aurait pas besoin de donner à la vertu d'autres maximes que celles qui servent de principes à la recherche du bonheur; ou bien, au contraire, l'union de la vertu et du bonheur part de ce principe que c'est la vertu qui produit le bonheur, mais comme quelque chose de tout à fait distinct de la conscience qu'elle a d'elle-même, et à la manière dont une cause produit un effet.

Parmi les écoles philosophiques de la Grèce antique, il y en eut deux qui suivirent la même méthode dans la détermination de l'idée du souverain bien, et qui se refusèrent à considérer la vertu et le bonheur comme deux éléments distincts l'un de l'autre; toutefois, elles se séparèrent à leur tour l'une de l'autre en faisant, entre les deux éléments, un choix différent de leur concept fondamental. Les *Épicuriens* disaient : avoir conscience de suivre des maximes qui conduisent au bonheur, c'est là la vertu. Les *Stoïciens :* avoir conscience de sa propre vertu, c'est là le bonheur. Aux yeux des premiers, la *prudence* était l'équivalent de la moralité; pour les seconds, qui réservaient à la vertu un nom plus digne d'elle, la *moralité* était la seule véritable sagesse.

Il est à regretter que la sagacité de tels hommes (qui sont néanmoins dignes de toute admiration, pour avoir, en ces temps reculés, tenté d'ouvrir toutes les voies imaginables pour agrandir le domaine de la philosophie) ait été employée d'une manière malencontreuse à établir, à force de subtilité, l'identité de deux concepts aussi radicalement différents que celui de la vertu et celui du bonheur. Mais il était conforme à l'esprit dialectique de cette époque, et, maintenant encore, il paraît parfois séduisant à certains esprits subtils de supprimer dans les principes des différences essentielles, irréductibles entre elles, dans lesquelles on cherche à ne voir qu'une querelle de mots; et d'établir ainsi, en apparence, l'unité du concept, dans lequel on reconnaît plus que des distinctions nominales; et ceci se produit communément dans les cas où la liaison de principes hétérogènes se fait à une telle profondeur ou à une telle élévation, ou bien exigerait un changement si radical dans les doctrines admises d'ailleurs par un système philosophique, qu'on a peur de pénétrer profondément dans la différence réelle, et qu'on aime mieux n'y voir qu'une simple dissidence dans les formules.

Les deux écoles, tout en cherchant à subtiliser sur l'identité des principes pratiques de la vertu et du bonheur, ne s'accordaient pas dans le rapprochement forcé qu'elles voulaient faire de ces deux idées; elles s'écartaient même à l'infini l'une de l'autre : l'une établissait ses principes sur les sens; l'autre, sur la raison; celle-là les Épicuriens), sur la conscience d'un besoin de la sensibilité; l'autre, dans l'indépendance où la raison pratique se trouve de tout principe sensible. Pour les *Épicuriens*, l'idée de la vertu était déjà contenue dans cette maxime, qu'il faut travailler à son propre bonheur; pour les *Stoïciens*, au contraire, le sentiment du bonheur résidait dans la conscience d'être vertueux. Cependant, si l'idée qui est contenue dans un concept est bien identique à la partie du concept qui la contient, toutefois elle n'est pas identique au tout; d'ailleurs, *deux touts* peuvent être spécifiquement différents l'un de l'autre, quoiqu'ils soient formés de la même matière, quand, dans l'un et dans l'autre, les parties composantes sont réunies d'une manière tout à fait différente. Les Stoïciens soutenaient que la vertu est le *souverain bien tout entier*, et que le bonheur n'est que la conscience d'être vertueux. Les Épicuriens prétendaient que le bonheur est le souverain bien tout entier, et que la vertu n'est que la forme des maximes à suivre pour l'acquérir, c'est-à-dire qu'elle consiste dans l'emploi des moyens rationnels propres à nous y faire parvenir.

Or, il est évident, d'après l'Analytique, que les maximes de la vertu et celles du bonheur personnel diffèrent essentiellement entre elles en ce qui concerne leur principe pratique suprême; tant s'en faut qu'elles s'accordent, quoiqu'elles fassent partie d'un souverain bien, que, prises ensemble, elles rendent pourtant possible; au contraire, elles se limitent les unes par les autres et se heurtent lorsqu'elles se rencontrent en une même personne. La question de savoir : *comment le souverain bien est-il possible* pratiquement ? est donc restée sans solution, en dépit de toutes les tentatives de conciliation entre les deux éléments qui ont été faites jusqu'ici. On a expliqué dans l'Analytique ce qui rendait le problème difficile à résoudre : c'est que le bonheur et la moralité sont deux *éléments* du souverain bien tout à fait *différents spécifiquement*; leur liaison *ne peut* nous être connue *par voie d'analyse* (par exemple, celui qui cherche son propre bonheur ne sera pas rendu vertueux par le seul fait qu'il démêle exactement les notions qui président à sa conduite ; et celui qui suit la vertu ne sera pas rendu heureux *ipso facto* par le seul fait qu'il a conscience de se bien conduire) ; la liaison des deux concepts de la vertu et du bonheur doit être une synthèse. Il est nécessaire *a priori* (moralement) de *produire le souverain bien par la liberté de la volonté* ; il faut donc nécessairement que la condition qui rend le souverain bien possible repose uniquement sur des principes *a priori*.

L'ANTINOMIE (1) DE LA RAISON PRATIQUE

SOMMAIRE.

L'union de la vertu et du bonheur ne peut être établie par voie d'analyse, puisque l'un des deux termes n'est pas contenu dans l'autre. Peut-elle l'être par voie de synthèse, et peut-on soutenir, ou bien que le désir du bonheur soit cause de la vertu, ou bien que la vertu produise nécessairement le bonheur ? L'opposition de ces deux principes est ce que Kant appelle l'*Antinomie* de la Raison pratique. Le premier est radicalement faux, puisque la vertu est essentiellement désintéressée. Le second n'est pas contradictoire, sans doute, mais il n'est pas exact ; car les lois de la nature, telles que nous les connaissons, ne se règlent pas sur la loi morale (p. 223-225).

EXTRAITS

Dans le souverain bien pratique pour nous, c'est-à-dire tel qu'il peut être réalisé par notre volonté, nous concevons la vertu et le bonheur comme deux

---

(1) Antinomie : opposition de deux lois qui semblent se contredire.

éléments nécessairement unis ; de telle sorte que la raison pratique ne peut admettre l'un sans que l'autre lui appartienne également. Or, cette liaison (comme toute liaison en général) est ou *analytique* ou *synthétique*. Elle ne peut être analytique, comme nous venons de le montrer; il faut donc que nous la concevions comme synthétique, et même comme un rapport de cause à effet, puisqu'elle concerne le bien pratique, c'est-à-dire possible par l'action. Il faut donc de deux choses l'une : ou que le désir du bonheur nous détermine à suivre les maximes de la vertu ; ou que les maximes de la vertu soient la cause efficiente de notre bonheur. La première de ces solutions est *absolument* impossible ; attendu que (comme il a été prouvé dans l'Analytique) des maximes qui placent dans le désir du bonheur le principe déterminant de notre volonté n'ont aucun caractère de moralité, et ne peuvent servir de base à la vertu. Mais la seconde solution, *elle aussi, est impossible*, parce que, en ce monde, tout l'enchaînement pratique des effets à leur cause, résultant des décisions de notre volonté, ne se règle pas sur les intentions morales de notre volonté, mais sur la connaissance des lois de la nature, et sur la faculté naturelle que nous pouvons avoir de faire servir ces lois à nos desseins ; par suite, on ne peut s'attendre en ce monde, même avec l'observation la plus exacte des lois de la morale, qu'il y ait entre la vertu et le bonheur une relation suffisante pour réaliser le souverain bien. Et comme c'est pour notre volonté un objet nécessaire *a priori*, que de travailler à réaliser ce bien suprême qui résulte de l'union de ces deux notions ; comme cet objet est inséparablement lié aux lois de la morale, l'impossibilité de réaliser le souverain bien tendrait aussi à prouver la non-existence de la loi. S'il était impossible de réaliser le souverain bien selon des règles pratiques, il faudrait aussi que la loi morale, qui nous commande d'y travailler, fût de pure fantaisie, dirigée vers un but vain et imaginaire, et, par suite, qu'elle fût fausse.

SOLUTION CRITIQUE DE L'ANTINOMIE DE LA RAISON PRATIQUE

Sommaire.

La première des deux thèses, celle que soutenait Épicure en affirmant que le bonheur est inséparable de la vertu, parce que la vertu n'est qu'un ensemble de moyens propres à nous faire parvenir au bonheur, est une thèse absolument fausse. Si l'on agit *afin* d'être heureux, on n'agit plus *par* devoir. Et si, pour maintenir un rapport nécessaire entre la vertu et le bonheur, on fait consister le bonheur, non pas dans l'ensemble de tous les plaisirs possibles, mais seulement dans le choix des satisfactions les plus pures (et c'est ainsi que, selon Kant, l'entendait Épicure), alors on n'échappe à la contradiction précédente que par un cercle vicieux : en effet, pour mettre son bonheur uniquement dans la satisfaction des tendances les plus élevées de la nature humaine, il faut déjà être vertueux.

La seconde des deux thèses, celle des Stoïciens, n'est vraie que dans une certaine mesure. Sans doute, les satisfactions de la conscience sont la source du contentement. Mais ce contentement de soi-même est une sorte de tranquillité toute négative. Ce n'est pas tout à fait le bonheur positif auquel la vertu a droit.

Pourtant, il ne faut pas tenir pour impossible la réalisation du souverain Bien. Sans doute, elle n'a pas lieu en ce monde. Toutefois, il suffit, pour qu'une juste proportion s'établisse entre la vertu et le bonheur, que l'auteur de la nature soit en même temps le souverain du monde intelligible. Mais comment cette harmonie de la vertu et du bonheur peut-elle être établie ? C'est ce qu'il n'est pas en notre pouvoir de nous représenter (p. 225-233).

EXTRAITS

Dans l'antinomie de la raison spéculative, se trouve une contradiction analogue entre la nécessité naturelle et la liberté, dans la causalité des événements du monde. On a levé cette contradiction en démontrant qu'elle n'est pas réelle, si l'on considère les événements et même le monde dans lequel ils se produisent (et c'est ainsi qu'on doit faire) comme de simples phénomènes. En effet, un seul et même être, agissant *en tant que phénomène* (même aux yeux de son propre sens interne) a dans le monde sensible une causalité qui est toujours conforme au mécanisme de la nature ; et pourtant, par rapport au même événement, la personne qui agit, considérée en même temps en tant que *noumène* (comme une pure intelligence, dans son existence qui ne peut être déterminée par le temps), peut avoir en elle un principe de détermination de cette causalité selon les lois naturelles, principe qui, lui, est absolument affranchi de toute loi naturelle.

Dans la présente antinomie de la raison pratique, il en est de même. La première des deux propositions, celle qui consiste à soutenir que l'effort pour atteindre le bonheur produit le principe de l'intention vertueuse, est une proposition *absolument fausse*; la seconde, qui affirme que l'intention vertueuse produit nécessairement le bonheur, *n'est pas fausse absolument* ; elle ne l'est que d'une manière hypothétique, seulement si on la considère comme la forme de la causalité dans le monde sensible, et, par suite, si l'on admet l'existence dans le monde sensible comme le seul mode d'existence possible pour un être doué de raison. Toutefois, comme je suis également autorisé à considérer mon existence comme un noumène dans le monde intelligible, et même, comme j'ai, dans la loi morale, un motif déterminant purement intellectuel de ma causalité (dans le monde sensible), il n'est pas impossible que la moralité de l'intention ait un rapport nécessaire de causalité sinon direct, du moins indirect (par l'intermédiaire d'un auteur de la nature qui serait un être intelligible), avec le bonheur qui, dans le monde sensible, en serait l'effet ; mais une telle connexion dans une nature qui n'est qu'un objet sensible, ne peut jamais être qu'accidentelle ; elle ne peut jamais atteindre au souverain bien.

Ainsi se trouve résolue cette antinomie ; la réalité du souverain Bien est démontrée.

On a toutefois le droit de s'étonner, que, depuis l'antiquité jusqu'à l'époque actuelle, tant de philosophes aient cru pouvoir trouver en cette vie cette proportion exacte entre le bonheur et la vertu, qui constitue le souverain Bien.

Car Épicure aussi bien que les Stoïciens ont élevé le bonheur qui résulte, en cette vie, de la conscience d'être vertueux, au-dessus de tout ; et le premier était bien loin d'avoir, dans ses préceptes pratiques, des sentiments aussi bas qu'on serait tenté de le conclure des principes de sa théorie (principes qui ne servaient que pour l'explication et non pour l'action), ou comme on pourrait le croire, ainsi que beaucoup l'ont fait, trompés qu'ils étaient par le terme de volupté, qui pour Épicure était synonyme de contentement; ce philosophe, au contraire, comptait la pratique la plus désintéressée du bien au nombre des joies les plus profondes, et une frugalité et une modération, telles qu'elles pourraient être exigées des moralistes les plus austères, entraient dans sa conception du plaisir ; il faisait d'ailleurs consister le plaisir dans une joie constante du cœur ; et, en cela, il ne différait des Stoïciens que parce qu'il faisait de ce plaisir le mobile de nos actes, ce à quoi ceux-ci se refusaient à bon droit. En effet, d'une part, le vertueux Épicure, comme l'ont fait depuis beaucoup d'hommes animés de bonnes intentions morales, mais ne réfléchissant pas assez profondément sur les principes, commit la faute de supposer tout d'abord une *intention* vertueuse dans les personnes auxquelles il voulait donner un mobile pour les déterminer à la vertu (et en effet, l'honnête homme ne peut se trouver heureux s'il n'a pas, avant toute chose, conscience d'être honnête ; mais cela vient de ce que, pour un homme qui pense de la sorte, les reproches que sa manière de voir l'obligerait à se faire à lui-même s'il venait à manquer à son devoir, et la condamnation morale qu'il s'infligerait, lui ôteraient la satisfaction qu'il pourrait tirer des agréments de son état). Mais la question qui se pose est celle-ci : comment peut-on avoir de tels sentiments et cette manière d'apprécier la valeur de sa propre existence, si, dans la personne, on ne trouve auparavant aucun sentiment qui lui fasse attacher du prix à la moralité ? Il est bien vrai qu'un homme, s'il est vertueux, n'est capable de jouir de la vie, quelque favorable que lui ait été la fortune, qu'à condition d'avoir conscience d'avoir agi honnêtement dans toutes ses actions ; mais, pour le rendre d'abord vertueux, et pour que, par suite, il prise si haut la valeur morale de son existence, peut-on lui vanter cette paix de l'âme qui vient de la conscience de sa droiture, qualité dont il n'aurait encore aucune idée ?

D'ailleurs, on a toujours lieu de craindre qu'il ne se glisse une faute dans le raisonnement, et comme une sorte d'illusion d'optique, qui nous ferait prendre la conscience de ce qu'*on fait* pour la conscience de ce qu'*on sent*, illusion à laquelle l'homme le plus expérimenté ne peut échapper tout à fait. L'intention morale est liée d'une manière nécessaire avec la conscience qu'a la volonté *d'être déterminée immédiatement par la loi*. Or, la conscience que la faculté de discerner a de ses déterminations, nous fait toujours prendre un plaisir quelconque à l'acte que nous produisons ; mais ce plaisir, cette satisfaction de soi-même, n'est pas le motif qui nous détermine à faire cette action ; au contraire, c'est le fait que la volonté s'y détermine d'une manière immédiate, par pure raison, qui est le principe de ce sentiment de plaisir, et cette détermination de la faculté de désirer conserve un caractère purement pratique, et non esthétique. Or comme cette détermination produit en nous le même effet qu'un attrait qui nous porterait à agir, elle ressemble au sentiment du plaisir que nous pourrions nous promettre de l'action souhaitée ; et nous sommes portés à considérer un état de choses dans lequel nous sommes actifs comme un état de choses dans lequel nous nous bornerions à sentir, d'une manière passive ; ainsi nous prenons les mobiles moraux pour des impulsions sensibles, comme cela a lieu, d'ordinaire, dans ce qu'on appelle les illusions des sens (ici, il s'agit d'une illusion du sens intime). C'est une propriété très élevée de la nature humaine, que d'être déterminée immédiatement à agir par une pure loi de la raison, et même d'être capable de l'illusion qui consiste à prendre ce qu'il y a de subjectif dans cette propriété qu'a la volonté de se déterminer d'une manière tout intellectuelle, pour un élément esthétique et pour l'effet d'un sentiment spécial d'ordre sensible (car un sentiment intellectuel serait une contradiction). Il est très important d'appeler l'attention sur cette propriété de notre personnalité, et de cultiver, du mieux qu'on peut, l'effet que peut produire la raison sur ce sentiment. Mais en même temps, il faut bien se garder, en vantant à tort ce mobile comme notre principe moral de détermination, en faisant reposer ce principe sur un sentiment de joie particulier (sentiment qui n'est que l'effet de ce mobile) d'aller par une sorte de folie rabaisser et défigurer le véritable mobile de la moralité, c'est-à-dire la loi elle-même. Le respect, et non le plaisir ou la jouissance du bonheur, est donc quelque chose qui ne peut *avoir pour antécédent* un autre sentiment, établi en principe dans la raison (car un tel sentiment serait toujours esthétique et pathologique), et la conscience qu'a la volonté de la contrainte immédiate qu'exerce sur elle la loi n'a qu'une analogie lointaine avec le sentiment d'un plaisir, bien que la loi puisse produire sur notre faculté de désirer un tel sentiment ; mais il a alors une autre source. Ce n'est qu'en se représentant cette contrainte qu'on peut atteindre ce qu'on cherche, à savoir : obtenir des actions qui ne soient pas simplement conformes au devoir (et qui toutefois ne soient pas l'effet de sentiments qui nous agréent), mais des actions faites par devoir ; et tel doit être le véritable but de la culture morale.

Mais la langue n'a-t-elle pas un terme qui puisse servir à désigner, non la jouissance, comme le mot de bonheur, mais plutôt une certaine satisfaction attachée à notre existence, un analogue de ce bonheur qui doit accompagner nécessairement la conscience de notre propre vertu. Si ! et c'est l'expression : *contentement de soi-même*, laquelle, dans son sens propre, sert toujours à désigner cette sorte de satisfaction négative qu'éprouve chacun de nous quand il a conscience de n'avoir besoin de rien. La liberté, et la conscience que nous avons d'être libres, c'est-à-dire de pouvoir toujours, dans toutes nos intentions, faire prédominer l'obéissance à la loi morale, constitue pour nous une véritable *indépendance à l'égard des penchants*, considérés comme causes déterminantes de nos désirs ; et la conscience que nous avons d'être indépendants, quand nous mettons en pratique nos maximes morales, est l'unique source du contentement inaltérable qui est attaché indissolublement à cette obéissance, et qui ne repose sur aucun sentiment particulier. On peut dire d'un contentement de cette nature qu'il est purement intellectuel. Au contraire, le contentement qui résulte de la satisfaction des penchants, si affinés qu'on les suppose, ne peut jamais être adéquat à ce qu'on en attend. En effet, les inclinations changent ; elles croissent en raison même de la faveur qu'on leur accorde, et le vide qu'elles nous laissent à combler est toujours plus grand que nous n'avions pensé. C'est pourquoi elles sont toujours à *charge* à un être raisonnable, et, quoiqu'il ne puisse s'en affranchir, elles lui font toutefois souhaiter d'être délivré d'elles. Même une inclination qui porte à faire ce qu'exige le devoir (par exemple, le penchant à la bienfaisance) peut sans doute concourir à rendre plus efficaces les maximes morales, mais elle ne peut, par elle-même, produire de telles maximes. Car tout, dans nos maximes, doit tendre à mettre dans la représentation de la loi le principe de nos déterminations, si l'on veut que l'action n'ait pas seulement un caractère de *légalité*, mais qu'elle ait un caractère de *moralité*. Les penchants sont, de leur nature, aveugles et serviles, qu'ils soient ou non d'une bonne espèce ; de plus, dès qu'il s'agit de la moralité, la raison n'a pas pour mission de jouer à l'égard des inclinations le rôle de tuteur ; loin de là, sans leur accorder la moindre attention, elle doit, au contraire, en sa qualité de raison pure pratique, veiller exclusivement à ses propres intérêts. Si bien que ces sentiments de pitié et de tendre commisération, quand ils s'éveillent avant qu'on ait eu le temps de réfléchir à ce qu'exige le devoir, paraissent importuns aux bons esprits, à cause de la confusion qu'ils apportent dans le travail de réflexion qui précède leurs décisions, et il arrive que ces sentiments n'excitent plus en ces personnes que le désir d'en être délivrées, pour n'être désormais soumises qu'à la seule législation de la raison.

D'après cela, il est facile de comprendre comment la conscience de cette faculté d'une raison pure pratique peut, par le fait (par la vertu), nous faire prendre conscience de l'empire que nous exerçons sur nos inclinations, et, par conséquent, peut nous donner le sentiment de notre indépendance à cet égard ; on comprend aussi que, par suite, elle nous affranchisse de ce mécontentement qui les accompagne toujours, et qu'ainsi elle éveille un sentiment négatif qui est la satisfaction de notre condition, c'est-à-dire un *contentement*, qui a son origine en notre propre personne. La liberté elle-même est capable de produire de cette manière (c'est-à-dire indirectement) une jouissance, qu'on ne peut appeler le bonheur, parce qu'il ne s'y joint pas de sentiment positif ; et qui n'est pas non plus, à parler exactement, la *béatitude*, parce qu'il ne nous met pas dans une complète indépendance des penchants et des besoins, mais qui, pourtant, ressemble à la félicité, du moins tant que nous parvenons à maintenir nos résolutions libres de l'influence de ces penchants et de ces besoins ; ce sentiment est donc, au moins au point de vue de son origine, analogue à cette propriété de se suffire à soi-même, qu'on ne peut attribuer qu'à l'Être suprême.

Il suit de là qu'on peut considérer comme possible (sinon reconnaître et apercevoir clairement) l'existence d'un lien naturel et nécessaire entre la conscience de la moralité et l'attente d'un bonheur qui lui serait proportionné, et qui en serait la conséquence ; tandis qu'au contraire les principes de la recherche du bonheur ne peuvent jamais produire la moralité ; d'où il résulte que le *bien suprême* (condition première du souverain bien) est la moralité, alors que le bonheur n'est que le second élément du souverain bien, celui-ci subordonné à celui-là, mais en étant la conséquence nécessaire. C'est seulement dans cet ordre que le *souverain bien* est l'objet tout entier de la raison pratique, qui doit nécessairement se le représenter comme possible, puisqu'elle nous fait un précepte de travailler à le réaliser autant qu'il est en notre pouvoir.

DE L'IMMORTALITÉ DE L'AME
CONSIDÉRÉE COMME UN POSTULAT DE LA RAISON PRATIQUE

Sommaire.

La loi morale prescrit à la volonté humaine de tendre à la sainteté. La sainteté est, en effet, le premier des deux éléments qui constituent le souverain Bien. Mais une volonté finie ne peut jamais atteindre cet idéal. Pour que le souverain Bien ne soit pas une illusion, il faut concevoir la sainteté qu'il nous prescrit, non pas comme une perfection absolue, que nous pourrions réaliser ici-bas (car cela est impossible), mais comme un progrès allant à l'infini vers la parfaite conformité de nos actions avec la loi morale. Or, un tel progrès n'est possible que si nous supposons que la personnalité, dans l'être raisonnable, persiste au delà de la vie présente, et indéfiniment. Pour concevoir que la première partie du souverain Bien puisse être réalisée, il faut donc admettre l'immortalité de l'âme (p. 233-237).

EXTRAITS

La réalisation du souverain Bien en ce monde est nécessairement l'objet d'une volonté qui peut être déterminée par la loi morale. Or, dans une telle volonté, la *parfaite conformité* des intentions avec la loi morale est la condition suprême du souverain Bien. Cette conformité doit donc être possible, aussi bien que son objet, puisqu'elle nous est prescrite par le même commandement qui nous ordonne de réaliser cet objet. Mais elle n'est autre chose que la *sainteté*, c'est-à-dire une perfection dont n'est capable, à aucun moment de son existence, aucun des êtres raisonnables appartenant au monde sensible.

Toutefois, puisque cette perfection est exigée de nous, comme étant pratiquement nécessaire, elle ne peut consister pour nous que dans un progrès allant à l'infini vers la conformité parfaite de notre intention à la loi; et il est nécessaire d'admettre, suivant les principes de la raison pure pratique, que ce progrès pratique est l'objet réel de la volonté.

Or, ce progrès indéfini n'est possible que si l'on suppose la persistance indéfinie de l'existence et de la personnalité de l'être raisonnable (c'est ce qu'on nomme l'immortalité de l'âme). Ainsi, pratiquement, le souverain bien n'est possible que dans l'hypothèse que l'âme est immortelle; et, par suite, une telle croyance, liée indissolublement à la loi morale, est un *postulat* de la raison pratique. (Par ce terme de postulat, j'entends une proposition *théorique*, qu'on ne peut démontrer comme telle, mais qui est inséparablement liée à une loi *pratique*, valable *a priori* sans condition.)

Cette proposition, que la véritable destinée morale de notre nature ne peut consister que dans une progression indéfinie vers un état où notre nature serait en parfait accord avec la loi morale, cette proposition est de la plus grande utilité, non seulement au point de vue spéculatif, pour suppléer à l'impuissance de notre raison à cet égard, mais aussi au point de vue de la religion. Sans elle, ou bien nous dégraderions la loi morale, en la dépouillant de son caractère de *sainteté*, en l'imaginant *indulgente* et accommodée à nos convenances; ou bien, nous nous ferions une idée exagérée de notre vocation et en même temps nous croirions vainement devoir atteindre une destinée inaccessible, qui consisterait dans la parfaite possession, vainement attendue par nous, de la sainteté de notre volonté; ou bien encore nous nous perdrions dans les rêveries extravagantes des théosophes, théories qui sont tout à fait en contradiction avec la connaissance de nous-mêmes. C'est ainsi que, par l'un ou l'autre de ces deux extrêmes, on ne fait qu'arrêter l'effort incessant qu'exige de nous l'observation rigoureuse des prescriptions sévères et inflexibles, mais cependant réelles de la raison. Pour un être raisonnable, mais fini, la seule chose possible est un progrès constant des degrés inférieurs aux degrés supérieurs de la perfection morale. L'être infini, pour lequel la condition du temps n'existe pas, considère ce qui, pour nous, est un progrès illimité, comme une conformité de l'ensemble de notre conduite avec la loi morale ; et la sainteté, que ses commandements exigent impérieusement pour pouvoir s'accorder avec sa justice dans la part qu'il assigne à chacun dans le souverain Bien, ne peut se rencontrer tout entière que dans une seule intuition intellectuelle de l'existence des êtres raisonnables.

La seule manière dont une créature puisse espérer participer au souverain bien, consisterait dans la conscience qu'elle aurait de la droiture éprouvée de ses intentions : en considérant le progrès par lequel elle s'est élevée en cette vie, des degrés inférieurs aux degrés supérieurs de la moralité, elle puise, dans la connaissance qu'elle prend de la fermeté de sa résolution, l'espoir (1) que ce progrès continuera sans interruption

(1) « La *conviction* de l'immutabilité de sa résolution dans le progrès vers le bien paraît pourtant impossible pour une créature. Aussi la doctrine chrétienne la fait-elle dériver du même esprit que celui qui opère la sanctification, c'est-à-dire de ce même ferme propos, et, avec lui, de la conscience de la persévérance dans le progrès moral. Mais, même dans l'ordre naturel, celui qui a conscience d'avoir été, une grande partie de sa vie, et jusqu'à la fin, en progrès vers le bien, et qui ne s'y est porté que par des principes de détermination purement moraux, peut avoir la consolante espérance, sinon la certitude, que même dans une existence qui se prolongerait au delà de cette vie, il persévérerait dans ces principes ; et, bien qu'ici-bas il ne soit jamais entièrement justifié à ses propres yeux, et qu'il ne puisse espérer de le devenir jamais, si loin qu'il puisse porter dans l'avenir le perfectionnement de sa nature et l'accomplissement de ses devoirs, toutefois il peut trouver dans ce progrès vers un but qui recule à l'infini, mais qui, aux yeux de Dieu, équivaut à la possession, la perspective d'un avenir de *béatitude* ; car telle est l'expression dont la raison se sert pour désigner un *bien* complet, indépendant de toutes les

pendant toute la durée de son existence, et même au-delà de cette vie. Par conséquent, elle ne peut jamais espérer, ici-bas, ni en aucun point de son existence à venir, avoir une volonté complètement adéquate à la volonté divine (laquelle est une volonté sans indulgence et sans rémission : car ces deux manières d'être ne s'accordent pas avec l'idée de justice); mais elle ne peut concevoir en elle une telle volonté que dans une durée infinie (que Dieu seul peut embrasser).

contingences de ce monde, lequel, de même que la *sainteté*, est un idéal qui suppose un progrès indéfini, et la totalité de ce progrès, et qui, par suite, ne peut jamais être entièrement atteint par une créature. » (Note de Kant.)

DE L'EXISTENCE DE DIEU, CONSIDÉRÉE COMME UN POSTULAT DE LA RAISON PURE PRATIQUE

Sommaire.

La réalité du souverain Bien implique la notion d'une Cause suprême de toute la nature, distincte de la nature même, et qui sert de principe à l'accord de la vertu et du bonheur (p. 237-241).

EXTRAITS

La loi morale aboutissait, dans l'analyse qui précède, à un problème pratique qui nous est imposé par la seule raison pure, sans aucun concours des mobiles de la sensibilité, c'est-à-dire au problème de la perfection nécessaire de la première et principale partie du souverain bien, de la *moralité*, et, comme ce problème ne peut être pleinement résolu que dans une éternité, au postulat de l'*immortalité*. Précisément, cette même loi doit aboutir également, d'une manière tout aussi désintéressée, d'après le jugement d'une raison impartiale, à la possibilité du second élément du souverain bien, à savoir, d'un *bonheur* proportionné à la moralité, c'est-à-dire à l'hypothèse d'une existence adéquate à cet effet; en d'autres termes, elle doit postuler l'*existence de Dieu*, comme une condition nécessaire de la possibilité du souverain bien. Nous nous efforcerons de montrer l'évidence de ce rapport.

Le *bonheur* est l'état d'un être raisonnable, en ce monde, à qui, pendant toute son existence, tout arrive suivant ses désirs et sa volonté; il est donc fondé sur l'accord de la nature avec la propre fin tout entière de cet être, et, en même temps, avec le principe essentiel de détermination de sa volonté. Or, la loi morale, qui est la loi d'un être libre, commande en vertu de principes qui doivent être tout à fait indépendants, et de la nature, et de l'accord de la nature avec nos désirs (considérés comme des mobiles). L'être raisonnable, agissant en ce monde, n'est pas pour cela la cause du monde et de la nature elle-même. Ainsi la loi morale ne saurait fonder un accord nécessaire et équitable entre la moralité et le bonheur, pour un être qui, faisant partie du monde, dépend de la nature ; et qui, précisément pour cette raison, ne peut pas être cause de cette nature, ni la rendre, par ses propres forces, parfaitement conforme, en ce qui concerne son bonheur, avec ses principes pratiques. Et pourtant dans le problème pratique que nous propose la raison pure, c'est-à-dire dans la poursuite nécessaire du souverain bien, cet accord est *postulé* comme nécessaire. Nous *devons* donc chercher à réaliser le souverain bien (lequel doit, par conséquent, être possible). Donc, on postule aussi l'existence d'une cause de toute la nature, distincte de la nature même, et servant de principe à cet accord, c'est-à-dire à la juste harmonie de la vertu et du bonheur. Mais cette cause suprême doit contenir le principe de l'accord de la nature, non seulement avec la loi de la volonté des êtres raisonnables, mais encore avec la représentation de cette *loi,* en tant que de tels êtres mettent dans cette représentation de la loi le *principe suprême de détermination de leur volonté* ; donc elle contient aussi le principe de l'accord de la nature, non seulement avec les mœurs, d'après la forme, mais aussi avec la moralité comme principe déterminant, c'est-à-dire avec l'intention morale. Ainsi l'existence du souverain bien dans le monde n'est possible qu'autant qu'il existe une cause suprême de la nature, dont la causalité est conforme à l'intention morale. Or, un être capable d'agir selon des lois qu'il se représente, est une *intelligence* (un être raisonnable), et la manière dont un tel être agit comme cause, selon cette représentation des lois, est sa *volonté*. Ainsi, la cause suprême de la nature, cette cause qui est la condition du souverain bien, est un être qui est la cause de la nature par son *intelligence et par sa volonté* (il est, par conséquent, l'auteur de la nature), c'est-à-dire que cette cause est Dieu. Par conséquent, le postulat de la possibilité *du souverain bien dérivé* (du meilleur des mondes), est aussi le postulat de la réalité d'un *souverain bien primitif*, c'est-à-dire de l'existence de Dieu. Or, puisque c'était un devoir pour nous de travailler à la réalisation du souverain bien, ce n'est pas seulement un droit, c'est une nécessité ou un besoin qui dérive de ce devoir, de supposer la possibilité de ce souverain bien, lequel, n'étant possible que sous la condition de l'existence de Dieu, lie inséparablement au devoir la supposition de cette existence ; c'est-à-dire qu'il est moralement nécessaire d'admettre l'existence de Dieu.

Il faut avoir soin de remarquer que cette nécessité morale est *subjective*, c'est-à-dire qu'elle est un besoin, et non *objective*, c'est-à-dire qu'elle n'est pas un devoir, car il n'y a pas de devoir qui nous ordonne d'affirmer l'existence d'une chose quelconque (en effet, cela concerne seulement l'usage théorique de la raison). On n'entend pas non plus par là qu'il soit nécessaire d'admettre l'existence de Dieu *comme le principe de toute obligation en général* (car le principe de toute obligation repose, comme nous l'avons prouvé suffisamment, uniquement sur l'autonomie de la raison elle-même). La seule chose ici qui soit un devoir, c'est de travailler à produire et à réaliser dans le monde le souverain bien, dont on peut, par conséquent, postuler la possibilité ; mais notre raison ne peut concevoir cette possibilité que dans l'hypothèse de l'existence d'une intelligence suprême, et l'existence d'une telle intelligence est liée à la conscience que nous avons de notre devoir. A la vérité, cette affirmation est du domaine de la raison théorique, et, considérée comme un principe d'explication pour la seule raison théorique, elle n'est qu'une *hypothèse* ; mais, par rapport à la possibilité de concevoir un objet proposé par la loi morale (le souverain bien), et par là de concevoir un besoin au point de vue pratique, une telle affirmation peut s'appeler un *acte de foi* ; cette foi est purement rationnelle, puisque seule la raison pure (aussi bien dans son usage théorique que dans son usage pratique) est l'unique source d'où elle découle.

DES POSTULATS DE LA RAISON PURE PRATIQUE

Sommaire.

Ces postulats ne sont pas des dogmes théoriques, mais des *hypothèses* nécessaires au point de vue pratique. Nous ne pouvons prétendre avoir ni une connaissance certaine de l'immortalité de l'âme, ni de la liberté, ni de l'existence de Dieu. Nous savons seulement que la loi morale demande qu'on lui accorde la réalité de ces trois objets.

EXTRAITS

Ils (1) dérivent tous du principe de la moralité, lequel n'est pas un postulat, mais une loi, selon laquelle la raison détermine la volonté d'une manière immédiate; la volonté, par ce seul fait qu'elle est déterminée de la sorte, est une volonté pure, qui réclame ces postulats comme les conditions nécessaires de l'observation des prescriptions de sa loi. Ces postulats ne sont pas, par conséquent, des dogmes théoriques, mais des *hypothèses* exigées nécessairement par la pratique; par suite, ils n'étendent pas notre connaissance spéculative; mais ils donnent aux idées de la raison spéculative en *général* une réalité objective (au moyen du rapport qu'ils ont avec la pratique), et ils autorisent cette faculté à admettre des concepts dont, sans ces postulats, elle ne pourrait s'aventurer à affirmer la possibilité.

Ces postulats sont ceux de l'*immortalité*, de la *liberté*

(1) Les postulats.

au sens positif (considérée comme la causalité d'un être en tant qu'il appartient au monde intelligible) et de l'*existence de Dieu*. Le *premier* dérive de ce fait que la durée est la condition pratiquement nécessaire de la perfection dans l'accomplissement de la loi morale ; le *second* découle de ce que la condition nécessaire, pour que cet accomplissement soit possible, est que notre volonté soit indépendante du monde sensible et capable de se déterminer selon les lois d'un monde intelligible, c'est-à-dire qu'elle soit douée de liberté ; le *troisième* postulat vient de la condition nécessaire de l'existence du souverain bien dans un tel monde intelligible, par l'hypothèse d'un bien suprême qui subsiste par lui-même, c'est-à-dire par la supposition de l'existence de Dieu.

Par ces trois postulats, la raison pratique nous donne la solution de problèmes que la raison spéculative est impuissante à résoudre.

Mais le champ de nos connaissances est-il élargi de cette manière par la raison pratique ?

Certes, mais seulement *au point de vue pratique*, car nous ne parvenons à connaître par là ni la nature de notre âme, ni le monde intelligible, ni l'Être suprême tels qu'ils sont en eux-mêmes ; nous ne concevons ces trois idées que réunies, dans la notion *pratique du souverain bien*, conçue comme l'objet de notre volonté, et tout à fait *a priori* par la raison pure ; toutefois, la raison ne conçoit cette idée du souverain bien que par l'intermédiaire de la loi morale et par le rapport qu'elle a avec cette loi, à l'égard de l'objet que nous prescrit la loi morale. Mais comment la liberté est-elle possible, et comment faut-il se représenter, au point de vue théorique et positif, une causalité de cette sorte, c'est ce qu'on n'aperçoit pas par le raisonnement qui précède ; tout ce qu'il nous fait voir, c'est qu'une telle causalité existe, parce qu'elle est postulée par la loi morale. Il en est de même des deux autres idées, dont aucun entendement humain ne pourra jamais approfondir la possibilité, mais aussi dont aucun sophisme ne pourra jamais persuader, même à l'homme le plus vulgaire, qu'elles ne sont pas des idées vraies.

QUE LES FACULTÉS DE L'HOMME
SONT SAGEMENT APPROPRIÉES A SA DESTINATION PRATIQUE

SOMMAIRE.

Kant pose en principe que si la nature humaine est destinée à tendre au souverain Bien, il faut admettre que la mesure de ses facultés intellectuelles et particulièrement que le rapport de ces facultés entre elles est proportionné à ce but.

Cependant, la raison, dans son usage théorique, ne parvient pas à démontrer avec une parfaite évidence l'existence de ces notions de la liberté, de l'immortalité de âme, de l'existence de Dieu. Ainsi, il semble que la nature nous ait traités en *marâtre* en ne nous donnant que des facultés insuffisantes pour atteindre notre but. Mais une connaissance plus précise de ces notions mettrait obstacle en nous à la moralité, qui exige que nous obéissions à la loi sans crainte et sans intérêt.

EXTRAITS

Supposons, maintenant, que la nature ait exaucé nos vœux, et qu'elle nous ait donné en partage cette puissance d'esprit et ces lumières que nous voudrions bien avoir, et que quelques-uns se *vantent* même de posséder effectivement, quelle en aurait été la suite, selon toute apparence? A moins que notre nature tout entière n'ait été transformée, les *inclinations*, qui ont toujours le premier mot, réclameraient d'abord leur satisfaction; puis, se combinant avec les réflexions de la raison, elles réclameraient, sous le nom de *bonheur*, une satisfaction durable et aussi grande que possible; la loi morale élèverait ensuite la voix, pour contenir ces penchants dans leurs justes limites et même pour les soumettre tous ensemble, sans les prendre en considération, à une fin plus relevée. Mais, au lieu de la lutte que, dans notre condition présente, l'intention morale a à soutenir contre les penchants, et dans laquelle, après quelques défaites, l'âme peut toujours gagner en force morale, *Dieu* et l'*Éternité*, dans leur *majesté redoutable*, seraient toujours présents à nos yeux (car ce que nous pouvons démontrer parfaitement nous offre la même certitude que ce que nous pouvons voir de nos propres yeux). Certes, toute contravention à la loi serait par là même évitée ; ses ordres seraient exécutés ; mais comme l'intention qui doit présider à nos actions ne doit nous être inspirée par aucun ordre, tandis qu'ici l'aiguillon de notre activité serait devant nous, et *extérieur* à nous, comme notre raison ne serait plus obligée de s'élever, par un travail intérieur sur elle-même, jusqu'à l'idée vivante de la dignité de la loi, afin de puiser dans cette idée la force de résister aux penchants, alors, il arriverait que des actions conformes à la loi ne seraient plus faites que par crainte, pour la plupart, quelques-unes par espérance, mais aucune par devoir ; et qu'ainsi la valeur morale des actions, de laquelle dépend uniquement la valeur des personnes, et même celle de l'univers, aux yeux de la suprême Sagesse, cesserait d'exister. La conduite de l'homme, supposé que sa nature restât ce qu'elle est, serait métamorphosée en un pur mécanisme, où, comme dans un jeu de marionnettes, tout ferait les *gestes voulus*, mais où on chercherait *en vain la vie* dans les figures. Or, comme il en est de nous tout autrement ; comme, après tous les efforts de notre raison, nous ne parvenons qu'à une vue obscure et incertaine de l'avenir, et que le Maître du monde ne nous permet que de soupçonner son existence et sa majesté, sans que nous puissions ni les voir, ni les prouver clairement ; comme, au contraire, la loi morale, qui est en nous, sans nous menacer en rien ni nous rien promettre, exige de nous un respect désintéressé; puis, quand ce respect est devenu un sentiment actif et prédominant, comme la loi morale, alors, mais alors et par là seulement, nous ouvre des perspectives sur le monde suprasensible, mais en ne nous y laissant jeter que quelques faibles coups d'œil; pour toutes ces raisons, une disposition vraiment morale, une intention attachée immédiatement à la loi peut se produire en nous; et la créature raisonnable peut se rendre digne de participer à ce souverain bien, qui est proportionné à la valeur morale de la personne, et non pas simplement à ses actes. Par là se trouverait vérifié une fois de plus ce que l'étude de la nature et celle de l'homme nous enseignent assez, que la Sagesse impénétrable, par laquelle nous existons, n'est pas moins digne de vénération pour ce qu'elle nous a refusé, que pour ce qu'elle nous a donné en partage.

MÉTHODOLOGIE DE LA RAISON PURE PRATIQUE

Sommaire.

Après avoir donné une théorie des principes de la morale, Kant a voulu indiquer la méthode à suivre pour éveiller dans les âmes le sens de la vérité morale. Tous les préceptes qu'il donne à cet égard se ramènent, en dernière analyse, à celui-ci : pour enseigner la vertu, il ne faut pas faire appel à d'autre sentiment qu'au respect de la loi morale (p. 247-256).

EXTRAITS

Il est évident que les principes de détermination qui seuls rendent une maxime vertueuse et lui donnent une valeur morale, et qui consistent à se représenter la loi et à considérer comme un devoir la nécessité objective de lui obéir, doivent toujours être présentés comme les vrais mobiles qui seuls doivent guider nos actions ; en procédant autrement, on parviendrait à obtenir des *actions conformes à la loi*, mais non des intentions *conformes à la morale*. Toutefois, il est moins évident, peut-être même au premier abord paraîtra-t-il peu vraisemblable que, même subjectivement, cette manière de nous représenter la vertu toute pure soit capable d'exercer plus d'*influence* sur l'âme humaine, de lui fournir un mobile même plus propre à provoquer des actions conformes à la loi, de suggérer plus énergiquement la résolution de préférer la loi par pur respect pour elle à toute autre considération, que ne le feraient les attraits décevants du plaisir et tout ce qu'on peut considérer comme le bonheur, et même que la menace des douleurs et des maux de toute sorte. Pourtant, il en est réellement ainsi dans la nature humaine ; et, s'il en était autrement, ce ne serait pas en lui présentant la loi morale au moyen de détours et d'expédients destinés à prévenir en sa faveur, qu'on parviendrait jamais à produire chez l'homme des intentions vraiment morales. Tout ne serait, en lui, que pure hypocrisie ; et la loi, haïe ou méprisée, ne serait écoutée que dans un but d'intérêt personnel. On pourrait encore trouver dans les actions la lettre de la loi (la légalité), mais on ne pourrait trouver dans les intentions l'esprit de la loi (la moralité) ; et comme, quoi que nous en ayons, nous ne parvenons jamais, dans nos jugements, à nous dégager tout à fait de la raison, inévitablement, nous passerions, à nos propres yeux, pour des hommes indignes et misérables ; et ce serait en vain que, pour échapper à la mortification que nous inflige ce tribunal intérieur, nous chercherons des compensations dans les satisfactions qu'une loi (naturelle ou divine) admise par nous aurait, d'après cette opinion chimérique, attachées à un mécanisme de police réglé uniquement sur les actions, et insouciant des motifs qui les ont provoquées.

Il est vrai, et ceci ne peut faire question, que pour mettre tout d'abord dans la voie du bien moral une âme inculte ou dégradée, il est nécessaire de l'y préparer en l'attirant par l'appât d'un avantage personnel, ou en l'effrayant par la crainte de quelque dommage ; mais, dès que ce moyen mécanique a produit quelque effet, et que l'âme n'a plus autant besoin d'être tenue ainsi en lisière, vite, il faut se hâter de lui montrer le motif moral dans toute sa pureté, non seulement parce que le motif moral est le seul qui puisse fonder un caractère (c'est-à-dire une manière de voir conséquente avec elle-même, et fondée sur des maximes invariables), mais encore parce que ce motif donne à l'homme le sentiment de sa propre dignité, parce qu'il communique à l'âme une énergie qu'elle ne se connaissait pas pour s'arracher à toutes les attaches sensibles, lorsque celles-ci voudraient prédominer, et pour trouver dans l'indépendance de sa nature intelligible et dans la grandeur d'âme à laquelle il est appelé une compensation abondante aux sacrifices qu'il consent. Nous essaierons donc de prouver, par des observations que chacun de nous est à portée de faire, que cette propriété de notre nature, cette disposition à porter aux choses un intérêt purement moral, et, par conséquent, cette force qui nous porte à pratiquer la vertu par cela seul qu'elle nous est présentée, pourvu qu'en le faisant on ait su parler à notre cœur, est le mobile le plus puissant et, même, au regard de la constance et de la ponctualité dans l'observation des maximes morales, le seul mobile capable de nous déterminer au bien. Toutefois, il faut rappeler aussi que, si ces observations ne prouvent que la réalité d'un sentiment, sans montrer que quelque amélioration morale a été produite par ce moyen, cela n'infirme en rien la méthode qui consiste à rendre subjectivement pratiques, par la pure représentation du devoir, les lois objectivement pratiques de la raison pure, et cela n'autorise nullement à traiter cette méthode de fantaisie vide de sens. Car, puisqu'elle n'a pas encore été employée, l'expérience ne peut pas en constater le succès; toutefois, on peut demander des preuves de notre aptitude à recevoir l'influence de ce mobile ; ce sont ces preuves que je veux présenter brièvement ; ensuite j'esquisserai en peu de mots la méthode à suivre pour fonder et cultiver dans les âmes des dispositions vraiment morales.

Quand on est attentif au cours de la conversation dans une société qui n'est pas composée uniquement de savants et de raisonneurs, mais en partie de gens mêlés aux affaires et de femmes, on remarque qu'en dehors des anecdotes et du badinage, un autre genre d'entretien, le raisonnement, y tient aussi sa place ; car l'anecdote, qui, pour avoir de l'intérêt, doit avoir quelque nouveauté, est bientôt épuisée, et le badinage perd aisément sa saveur. Or, de tous les raisonnements, il n'y en a pas qui excitent à un plus haut degré l'intérêt de ces personnes que d'ordinaire la discussion ennuie, ni qui produisent plus d'animation dans une société, que ceux qui portent sur la *valeur morale* de telle ou telle action, et par là, sur l'opinion qu'on se fait du caractère d'une personne. Ceux mêmes, à qui, d'ailleurs, tout ce qui est subtil et raffiné dans les questions théoriques paraît sec et rebutant, se mêlent à la conversation, dès qu'il s'agit de décider de la valeur morale d'une action, bonne ou mauvaise, qu'on raconte, et ils montrent, pour découvrir tout ce qui pourrait diminuer ou tout au moins rendre suspecte la pureté des intentions du prochain, et par là, le degré de sa vertu, une précision, des raffinements, une subtilité, qu'on attendrait vainement de leur part en matière de spéculation. Et souvent, ces jugements nous éclairent sur le caractère de ceux qui jugent ainsi eux-mêmes autrui. Quelques-uns, en exerçant leurs fonctions de juge, paraissent enclins, surtout envers les défunts, à relever le bien qu'on en raconte et à défendre leurs actions contre les insinuations qui seraient de nature à faire douter de la pureté de leurs intentions, enfin à écarter le reproche de dissimulation, et de secrète malice qui dépouillerait les personnes de toute leur valeur morale ; d'autres, au contraire, plus disposés à se plaindre et à accuser, cherchent à attaquer cette valeur. Pourtant, il ne faut pas toujours attribuer à ces derniers l'intention d'écarter par des raisonnements subtils toute la vertu des actions proposées en exemple, dans le but de la réduire à n'être qu'un vain mot ; c'est souvent une bonne intention qui les rend sévères dans l'appréciation de la valeur morale des actions ; ils jugent d'après une loi qui n'admet point de compromis, et qui est telle que, lorsque l'homme met en parallèle sa conduite avec cette loi même, et non avec des exemples, elle fait tomber son amour-propre, et ne se borne pas à lui enseigner la modestie, mais elle la lui fait sentir, pour peu qu'il s'examine avec quelque rigueur. On peut néanmoins observer le plus souvent que si les défenseurs de la pureté des intentions se plaisent, partout où il y a présomption en faveur de la droiture de l'intention, à la montrer pure de toute tache, c'est qu'ils craignent qu'en rejetant tous les exemples comme faux, et en niant la pureté de toute vertu humaine, on n'en vienne à regarder la vertu comme une chimère, et à mépriser tout effort pour la réaliser comme une vaine affectation et comme une présomption mensongère.

Je ne sais pas pourquoi les éducateurs de la jeunesse n'ont pas fait usage, depuis longtemps déjà, de cette tendance de la raison qui fait qu'elle entre avec plaisir dans l'examen le plus subtil des questions pratiques qu'on lui propose, et pourquoi, après avoir pris pour base un catéchisme purement moral, ils ne se sont pas mis à fouiller les biographies de l'antiquité et des temps modernes, afin d'avoir sous la main des exemples des devoirs proposés dans ce catéchisme ; on pourrait, au moyen de ces exemples, exercer les élèves à comparer des actions analogues entre elles, accomplies dans des circonstances différentes ; par là, on exciterait leur jugement à discerner, dans ces actions, leur plus ou moins de valeur morale. C'est une chose dans laquelle les enfants, même dans leur première jeunesse, à l'âge où l'esprit n'est pas encore mûr pour tout autre genre de spéculation, deviennent bientôt très perspicaces ; de plus, les enfants sentent ce progrès de leur jugement, et n'y apportent pas un intérêt médiocre. D'ailleurs, il y a tout lieu d'espérer, et c'est là l'essentiel, que ces exercices fréquents par lesquels on les exerce à connaître la bonne conduite dans toute sa pureté ; que l'habitude, d'approuver cette bonne conduite, de remarquer avec regret ou avec mépris la manière d'agir de ceux qui s'en éloignent, bien qu'elle ne soit qu'une sorte de jeu dans lequel les enfants rivalisent à qui jugera le mieux, est bien propre à laisser en eux une impression durable de vénération pour la vertu et d'horreur pour le vice ; de tels exercices, en créant chez les enfants l'habitude d'envisager les actions au point de vue de l'approbation ou du blâme qu'elles méritent, établissent en eux les assises d'une moralité solide pour l'avenir. Seulement, j'émets le vœu qu'on leur épargne les exemples de ces actions soi-disant *nobles* (d'un mérite transcendant), dont nos écrits sentimentaux sont si prodigues, que l'on ramène tout au pur devoir et à la valeur que l'homme peut et doit se donner à ses propres yeux par la certitude qu'il a de n'avoir point manqué à son devoir ; attendu que tout ce qui n'aboutit qu'à de vains désirs ou à de vaines aspirations à une perfection chimérique, n'est bon qu'à produire de vrais héros de roman, qui, se prévalant de leur valeur transcendante, s'affranchissent des obligations communes et courantes, qui leur paraissent mesquines et insignifiantes.

Que si l'on me demande quelle est donc cette *pure* moralité qui doit être la pierre de touche de la valeur morale de chacune de nos actions, j'avoue qu'il n'y a que des philosophes qui puissent rendre douteuse la solution de cette question ; car, dans la raison du commun des hommes, elle est résolue depuis longtemps, non sans doute par des formules générales et abstraites, mais, par l'usage habituel, comme le discernement de la main droite d'avec la gauche. Nous allons d'abord montrer le caractère distinctif de la vertu dans un exemple, en nous représentant cet exemple soumis aux réflexions d'un enfant de dix ans, et nous verrons que, de lui-même, sans y avoir été instruit par son maître, il devait nécessairement juger comme il l'a fait. Qu'on raconte l'histoire d'un honnête homme, qu'on voudrait décider à se joindre aux calomniateurs d'une personne innocente, sans défense (comme par exemple Anne de Boleyn accusée par Henri VIII). On lui offre des avantages, des présents considérables, un rang élevé : il refuse. Jusqu'ici, ce récit ne produira dans l'âme de l'auditeur que l'assentiment et l'approbation, parce qu'il n'y a en jeu qu'une question d'avantages.

Mais on commence à lui faire entrevoir, s'il refuse, la perte de ses biens. Au nombre des calomniateurs se trouvent ses meilleurs amis, qui le menacent de lui retirer leur amitié, de proches parents qui menacent de le déshériter (nous le supposons sans fortune), des puissants, qui, en tout lieu et dans toute condition, peuvent le poursuivre et le tourmenter, le prince, qui le menace de lui faire perdre la liberté et même la vie. Autour de lui, pour que la mesure de ses peines soit à son comble, pour lui faire éprouver une douleur que seul peut éprouver intérieurement un cœur moralement bon, qu'on se représente sa famille menacée de la nécessité et de la misère extrême, *le suppliant de céder*, et lui-même, quoique honnête, n'étant pas cependant insensible à la pitié pour les siens, ni même à son propre malheur, et, dans le même moment où il souhaiterait n'avoir jamais vu le jour qui l'expose à une inexprimable douleur, restant fidèle à son dessein d'être honnête, sans chanceler, sans hésiter : par degrés notre jeune auditeur s'élèvera de la simple approbation à l'admiration, de l'admiration à l'étonnement, et enfin à la vénération la plus profonde, et à un vif désir d'être un jour un homme comme celui-là (sans souhaiter toutefois se trouver jamais dans de telles conditions) ; et précisément, la vertu, ici, n'a tant de valeur que parce qu'elle coûte beaucoup et non parce qu'elle rapporte quelque avantage. Toute l'admiration et même l'effort qu'on peut tenter pour parvenir à ressembler à un tel caractère, reposent ici totalement sur la pureté du principe moral, qu'on ne peut présenter de manière à le rendre sensible aux yeux de tous qu'en bannissant des mobiles de l'action tout ce que les hommes peuvent considérer comme faisant partie du bonheur. Ainsi la moralité a sur le cœur humain d'autant plus de puissance qu'elle lui est présentée plus pure. Il suit de là que, si la loi morale et l'image de la sainteté et de la vertu doivent exercer quelque influence sur notre âme, elles n'auront cet effet que si elles sont présentées au cœur dans toute leur pureté, sans aucun mélange de préoccupations intéressées ; et c'est pourquoi c'est dans la souffrance qu'elles apparaissent dans toute leur splendeur. Ce dont l'éloignement contribue à l'effet d'une force motrice doit avoir été un obstacle à cette force. Par suite, tout mélange de mobiles tirés du souci de son bonheur personnel est un obstacle, quand il s'agit de procurer à la loi morale de l'influence sur le cœur humain. — J'affirme en outre que, même dans ces actions qu'on admire, si le mobile qui a porté à les accomplir a été un sentiment profond de respect du devoir, ce respect du devoir a produit sur l'âme du spectateur une impression infiniment plus forte que celle qu'aurait éveillé en lui le spectacle d'une action dont l'auteur n'aurait agi qu'en vue de confirmer ses prétentions à la grandeur d'âme, à la noblesse et au mérite de ses intentions ; et, par suite, ce n'est pas le mérite, c'est le devoir, qui, lorsqu'il est présenté à nos âmes dans son véritable jour, sous son aspect de loi inviolable, exerce sur elle l'influence, non pas seulement la mieux déterminée, mais aussi la plus pénétrante.

De notre temps, où en provoquant des sentiments qui ne sont guère propres qu'à amollir le cœur ou des prétentions ambitieuses et présomptueuses, qui le dessèchent au lieu de le fortifier, on espère obtenir plus de l'âme humaine qu'en lui représentant son devoir d'une manière sérieuse et tout unie, mieux appropriée cependant à l'imperfection de la nature humaine, et plus capable de lui faire faire des progrès dans le bien, il est plus nécessaire que jamais d'insister sur la méthode dont nous avons parlé. C'est aller tout à fait contre le but qu'on poursuit, que de proposer aux enfants pour modèles certaines actions en les qualifiant de nobles, de généreuses, de méritoires et en cherchant par là à leur inspirer de l'enthousiasme pour de telles actions. Comme les enfants sont encore loin d'observer exactement les devoirs les plus ordinaires, comme ils sont encore loin de pouvoir en juger sainement, on ne ferait d'eux, par ce moyen, que des extravagants. Mais même chez la partie plus instruite et plus expérimentée de l'humanité, ce prétendu mobile, alors même qu'il est inoffensif, du moins est incapable de produire sur le cœur l'effet moral qu'on en attend.

Il faut que tous les sentiments, mais tout spécialement ceux qui sont appelés à provoquer un effort auquel nous sommes si peu accoutumés, produisent leur effet dans l'instant même où ils sont dans toute leur véhémence, avant qu'ils ne commencent à se refroidir ; sinon, ils n'agissent pas ; le cœur rentre tout naturellement dans son mouvement naturel et modéré, et retombe dans la langueur qui lui était propre, parce qu'on ne lui a donné qu'un excitant, et non un fortifiant. Il faut que nos *principes* reposent sur des idées ; sur toute autre base, on ne peut élever que des velléités qui ne peuvent donner à la personne aucune valeur morale, qui ne peuvent même pas lui inspirer cette confiance en soi, faute de laquelle l'homme n'aurait conscience ni de la moralité de ses intentions, ni de la droiture de son caractère, ce qui, pourtant, dans l'homme est le souverain bien. Comme ces idées doivent devenir subjectivement pratiques, il ne faut pas qu'elles restent en arrêt devant les lois objectives de la moralité, pour les admirer et pour apprécier la valeur infinie de ces lois morales dans leur rapport avec l'humanité ; leur fonction est de nous les montrer dans leur rapport avec l'homme et son individualité ; car, en ce cas, la loi nous apparaît sous une forme qui la rend digne de notre respect le plus profond, mais qui n'agrée pas autant que si elle faisait partie de cet élément dans lequel nous sommes par nature accoutumés à vivre ; loin de là, elle nous oblige à abandonner cet élément pour nous élever non sans renoncement de notre part, dans une sphère supérieure, où l'homme ne se maintient qu'avec peine et où il craint sans cesse une rechute. En un mot, la loi morale demande que nous lui obéissions par devoir, et non par une sorte de prédilection pour elle, qu'on ne peut ni ne doit supposer.

Sommaire.

1° On enseignera d'abord aux enfants à reconnaître, dans des exemples, quelles sont les actions conformes au devoir, et aux différentes sortes de devoirs.

2° On leur enseignera ensuite à juger les actions pour savoir si elles ont été faites *en vue de la loi morale*.

3° De là on s'élèvera à la notion négative de la liberté; on montrera qu'en obéissant au devoir, l'âme s'affranchit de la domination des passions et des besoins.

4° Enfin, on atteindra à la notion positive de la liberté, et l'on montrera que la loi morale nous fait éprouver, par la conscience que nous prenons de notre liberté, quand nous lui obéissons, un sentiment de *respect pour nous-même*. C'est sur ce respect de soi-même que peuvent être greffées toutes les bonnes intentions (p. 256-260).

EXTRAITS

La méthode (dans l'enseignement de la morale) prendra le cours suivant :

D'abord, il s'agit simplement de faire en sorte que le fait de juger selon les lois morales devienne pour l'enfant une sorte d'occupation naturelle, inséparable des observations qu'il peut faire, soit sur toutes les actions de son libre arbitre, soit sur les actions accomplies librement par d'autres personnes ; il faut que ce jugement passe en habitude ; il faut aiguiser ce jugement en demandant à l'enfant, si, objectivement, l'action est conforme à la loi et à quelle loi.

Le second point sur lequel l'attention de l'enfant doit être dirigée est la question suivante :

L'action a-t-elle été faite *en vue de la loi morale*, et, outre la légitimité morale qu'elle peut avoir, a-t-elle aussi, quand on examine l'intention qui préside à sa maxime, une valeur morale véritable ? Il est hors de doute que ces exercices et la culture morale qui en résultera pour la raison dans ses jugements pratiques, produiront nécessairement un certain intérêt pour la loi de la raison, et, par suite, pour les actions moralement bonnes. Car nous finissons par nous attacher à ce dont la contemplation nous fait sentir ce développement de nos facultés intellectuelles ; et surtout il y a toujours, dans tout ce qui produit la rectitude morale, quelque chose qui favorise tout particulièrement ce développement ; car c'est seulement d'un ordre de choses tel qu'elle puisse, au moyen de sa faculté *a priori*, déterminer selon des principes ce qui doit se faire, que la raison peut s'accommoder. Un observateur de la nature finit bien par s'attacher à des objets qui tout d'abord lui causaient de l'aversion, quand il découvre la parfaite finalité de leur organisation et que la raison se repaît de cette contemplation. Ainsi Leibnitz reportait avec soin et sans lui faire de mal, sur la feuille qu'il occupait, un insecte qu'il venait d'examiner soigneusement au microscope, parce qu'il s'était instruit en l'observant et qu'il en avait reçu, en quelque sorte, un bienfait.

Mais cette occupation du jugement, qui nous fait sentir nos propres forces intellectuelles, n'est pas encore, tant s'en faut, l'intérêt que nous prenons à la moralité des actions. Elle fait seulement que nous nous entretenons volontiers dans cette manière de juger ; elle donne à la vertu, c'est-à-dire à une manière de penser conforme aux lois morales, un aspect de beauté qui nous la fait admirer, mais non pas, pour cela, rechercher : de même tout ce dont la contemplation provoque en nous la conscience de l'harmonie de nos facultés représentatives, ce par quoi nous sentons fortifiées toutes nos facultés intellectuelles (entendement et imagination), produit une satisfaction que nous pouvons communiquer aux autres hommes, quoique l'existence de son objet nous laisse indifférents : nous ne voyons alors dans cet objet que l'occasion qu'il nous offre de découvrir en nous des dispositions naturelles à des talents qui nous élèvent au-dessus de l'animalité.

C'est à ce moment qu'entre en fonction le second exercice de la méthode ; il consiste à faire remarquer, en la saisissant sur le vif, l'intention morale contenue dans des exemples où se manifeste la pureté de la volonté ; tout d'abord, on ne fera voir que la perfection négative de la volonté, en ce sens que, dans une action faite par devoir, les mobiles tirés des inclinations n'exercent sur elle aucune influence ; par là, on fera remarquer à l'élève qu'il a conscience de sa *liberté* ; et, bien que ce renoncement à tous les mobiles sensibles éveille en lui un sentiment naissant de peine, cependant, par ce fait qu'il arrache l'élève à la tyrannie des besoins, même réels, il est pour lui le présage de la délivrance de ces multiples mécontentements, causés par l'antagonisme de tous ces besoins, et l'âme s'ouvre au sentiment d'un contentement qui dérive d'autres sources. Le cœur est ainsi allégé d'un poids qui l'oppresse toujours en secret, quand, en lui présentant des exemples de résolutions purement morales, on découvre à l'homme une faculté qui était en lui sans qu'il parvînt à la bien connaître : sa liberté interne, c'est-à-dire le pouvoir qu'il a de se dégager de l'impétueuse importunité des inclinations, si bien qu'aucune d'entre elles, même celle qui nous est le plus chère, n'ait plus d'influence sur une détermination pour laquelle nous ne devons user que de notre raison. Dans un cas où *je suis seul à savoir* que le tort est de mon côté, et quoique l'obligation d'avouer franchement ma faute et d'offrir une réparation rencontre une vive résistance dans la vanité, dans l'intérêt personnel, peut-être même dans un mécontentement assez justifié à l'égard de la personne que j'ai lésée dans son droit, je puis pourtant me mettre au-dessus de toutes ces sortes d'hésitations ; et j'acquiers, par la conscience de mon indépendance à l'égard de mes propres penchants et des caprices de la fortune, un sentiment de la possibilité de me suffire à moi-même, qui, même à d'autres égards, me sera toujours salutaire. C'est alors que la loi du devoir, par la valeur positive que l'obéissance à cette loi nous fait sentir en nous-même, trouve en nous un accès plus facile ; elle nous fait éprouver, par la conscience que nous prenons de notre liberté, un sentiment de *respect pour nous-mêmes*. Sur ce sentiment, quand il est bien fondé, quand l'homme ne craint rien plus que de se trouver coupable et méprisable à ses propres yeux dans cet examen intérieur qu'il fait de lui-même, on peut greffer toutes les bonnes intentions morales ; le respect de soi-même est, en effet, le meilleur, bien plus, le seul gardien qui puisse empêcher les suggestions basses et corruptrices de pénétrer dans l'âme.

CONCLUSION

Sommaire.

La contemplation du ciel étoilé au-dessus de nous, la contemplation de la loi morale en nous, remplissent l'âme d'admiration et de respect. L'immensité de l'univers, dans lequel nous ne sommes qu'un point, confond notre nature sensible. Mais la loi morale, qui nous fait prendre conscience de notre dignité d'êtres raisonnables, nous élève infiniment, en notre qualité d'êtres intelligibles, au-dessus de tout le reste de l'univers.

Toutefois, cette admiration et ce respect n'ont suffi à préserver de l'erreur ni la science, ni la morale. Les progrès de la science n'ont été assurés que du jour où l'utilité d'une méthode a été reconnue. Il doit en être de même pour la morale. Sans doute, dans ses applications, elle doit être à la portée de tous. Mais la critique des principes doit précéder ces applications. Cette étude sera désormais une science, dont la philosophie doit rester la gardienne (p. 260-263).

EXTRAITS

Il est deux choses qui remplissent l'âme d'une admiration et d'un respect toujours nouveaux, toujours croissants, à mesure que la réflexion s'y attache et s'y applique davantage : *le ciel étoilé au-dessus de moi, et la loi morale en moi*. Ces deux choses, je n'ai pas à les chercher ni à les conjecturer comme si elles étaient enveloppées d'obscurités, ou placées dans des régions transcendantes, en dehors de notre horizon ; je les vois devant moi, et je les rattache immédiatement à la conscience de ma propre existence. La première commence, pour nous, à la place que chacun de nous occupe dans le monde extérieur, et étend le rapport qu'a notre être avec le monde sensible, à cette immensité qui s'étend à perte de vue, où les mondes s'ajoutent aux mondes, et les systèmes aux systèmes, et, en outre, à ces temps illimités, dans lesquels se placent leurs mouvements périodiques, leur commencement et leur durée. La seconde de ces choses (1) commence à notre moi invisible, à notre personnalité, et nous place dans un monde qui est véritablement infini, mais où l'intelligence seule peut pénétrer, et avec lequel nous reconnaissons que nous sommes liés par un rapport (qui nous rattache également à tous ces mondes visibles) non plus contingent, mais universel et nécessaire.

Le premier de ces deux spectacles, celui de la multiplicité infinie des mondes, enlève en nous toute importance à la créature animale, qui, après avoir été (sans qu'on sache comment) douée pendant un court espace de temps de la force vitale, doit rendre à la planète (laquelle n'est elle-même qu'un point dans l'univers) la matière dont elle est formée. Le second, au contraire, relève infiniment la valeur de l'être intelligent qui est en nous, grâce à ce privilège de la personnalité, que nous confère la loi morale, et par lequel elle nous révèle que nous sommes doués d'une vie indépendante de la vie animale et même du monde sensible tout entier, autant du moins qu'on peut l'inférer de la destination que la loi morale assigne à notre existence, destination qui, loin d'être bornée aux conditions et aux limites de la vie présente, s'étend à l'infini.

Cependant, si l'admiration et le respect peuvent nous exciter à faire des recherches, ils ne sauraient en tenir lieu. Qu'avons-nous à faire, pour instituer ces recherches d'une manière fructueuse et appropriée à l'élévation de leur objet? Ici certains faits peuvent nous servir d'avertissement et d'exemple en même temps. La contemplation du monde a commencé par le spectacle le

---

(1) La loi morale.

plus splendide qui puisse s'offrir aux sens des hommes, et que notre entendement, dans sa plus grande extension, puisse embrasser, et elle a fini... par l'astrologie. La morale a commencé par la plus noble propriété de la nature humaine, par celle dont le développement et la culture sont d'une utilité infinie, et elle a fini... par l'exaltation ou par la superstition. C'est ainsi qu'il en est de tous les essais encore grossiers dans lesquels la partie la plus noble du travail dépend de l'usage de la raison ; c'est que l'usage de la raison ne s'acquiert pas de lui-même, comme celui des pieds, par un exercice fréquent, surtout quand il s'applique à des propriétés qu'on ne peut guère se représenter d'une manière immédiate dans l'expérience commune. Mais lorsque, dans la suite, bien tardivement, il est vrai, la maxime fut venue en honneur de réfléchir d'abord aux démarches que la raison doit faire, et de ne pas lui permettre de faire un pas en dehors de la voie frayée par une méthode bien déterminée, alors seulement la manière de juger du système du monde reçut une tout autre direction, et, en même temps, aboutit, grâce à ce changement, à des résultats incomparablement plus heureux. La chute d'une pierre, le mouvement d'une fronde, décomposés en leurs éléments et dans les forces qui s'y manifestent, étudiés selon la méthode mathématique, ont enfin produit cette vue claire du système du monde, qui restera invariablement celle de l'avenir, et dont on peut espérer que, grâce aux progrès de l'observation, elle pourra s'étendre, mais dont on n'a pas à craindre qu'elle puisse jamais rétrograder.

Cet exemple peut nous exhorter à suivre la même méthode dans l'étude des dispositions morales de notre nature ; il nous donne l'espoir de parvenir à un même succès. Nous avons, pour ainsi dire, sous la main, des exemples des jugements moraux de la raison. En les décomposant par l'analyse en leurs concepts élémentaires ; en employant, *à défaut de la méthode mathématique*, un procédé analogue à celui de la *chimie*, c'est-à-dire en cherchant, par des essais réitérés sur la raison commune, à obtenir la *séparation* de l'élément empirique et de l'élément rationnel que contiennent ces exemples, on pourra obtenir ces deux éléments à l'état *pur*, et, par là, faire connaître, d'une manière certaine, ce que chacun d'eux est capable de produire séparément. Ainsi, par là, on préviendra, d'une part, les erreurs d'un jugement encore fruste et peu exercé ; d'autre part, on évitera (ce qui est bien plus nécessaire) ces originalités téméraires, assez semblables à celles des adeptes de la pierre philosophale, qui, procédant sans investigation méthodique et sans connaissance de la nature, promettent d'ordinaire des trésors imaginaires, et en dissipent de véritables. En un mot, la science (entreprise selon les règles de la critique et dirigée avec méthode) est la porte étroite qui conduit à la *doctrine de la sagesse*; et par là il faut entendre, non seulement la connaissance de ce qu'on doit *faire*, mais aussi celle des règles que doivent suivre les *maîtres* pour être en état de faire connaître et de rendre accessible aux autres ce chemin de la sagesse sur lequel chacun de nous doit s'avancer, et enfin pour préserver les hommes de l'erreur. La philosophie doit toujours rester la gardienne de cette science ; car le public ne peut prendre d'intérêt à ses recherches subtiles ; mais il doit en prendre aux *doctrines*, qui ont besoin de cette préparation pour lui apparaître dans toute leur clarté.

TABLE DES MATIÈRES

	Pages.
Principaux ouvrages à consulter.	7
Biographie de Kant.	9

FONDEMENTS DE LA MÉTAPHYSIQUE DES MŒURS

Introduction.	12
Sommaire.	12

EXTRAITS

On appelle métaphysique (science de ce qui est au delà de la nature) une connaissance purement rationnelle, dont les principes sont *a priori*, c'est-à-dire antérieurs à toute expérience. Utilité, pour la morale, d'une telle métaphysique. Division de l'ouvrage. 13

PREMIÈRE SECTION

Passage de la connaissance rationnelle vulgaire de la morale à la connaissance philosophique.

Sommaire. 17

EXTRAITS

Une seule chose, dans l'homme, a une valeur absolue; c'est la bonne volonté, c'est-à-dire la volonté qui est déterminée à agir par la raison. La raison n'a été donnée à l'homme que pour produire en lui une volonté bonne par elle-même et non pour le guider dans la poursuite du bonheur. 18

La bonne volonté, dans l'homme, est la volonté qui agit par devoir. Cette bonne volonté se manifeste surtout quand l'action qui nous est prescrite par le devoir est contraire à nos inclinations. 24

	Pages.
Une action n'est pas bonne parce qu'elle flatte nos inclinations ; elle est bonne parce que son auteur s'est déterminé à l'accomplir en vertu d'un principe indépendant de la sensibilité. Or, il n'y a qu'un seul principe de cette nature : c'est la loi morale.	29
Définition du devoir. — Il résulte de ce qui précède que le devoir est la nécessité d'accomplir une action par respect pour la loi.	30
La loi étant universelle, agir par devoir, c'est *agir d'après une maxime telle que nous puissions vouloir qu'elle soit une loi universelle.*	33

DEUXIÈME SECTION

Passage de la philosophie morale populaire à la métaphysique des mœurs.

SOMMAIRE.	36

EXTRAITS

Raisons pour lesquelles on ne peut tirer les principes de la morale de l'étude de la nature humaine. — Nécessité d'une doctrine purement rationnelle de la morale, c'est-à-dire d'une métaphysique des mœurs.	39
Début de la métaphysique des mœurs. — Caractères de la loi morale.	
La loi, quand elle s'adresse à une volonté qui n'est pas, d'elle-même, déterminée par la raison, prend la forme d'un commandement. C'est un *impératif*	42
Un impératif est *hypothétique* quand il ne nous prescrit une action que d'une manière conditionnelle, et comme une action bonne à titre de moyen, dans l'hypothèse où nous nous proposerions certaines fins.	45
L'impératif *catégorique*, au contraire, nous commande une action, comme étant absolument bonne en elle-même	45
Parmi les impératifs hypothétiques, les uns commandent en vue de fins techniques, simplement possibles ; ils constituent les règles de l'*habileté* ; les autres commandent en vue d'une fin réelle ; ils prescrivent les moyens à prendre pour parvenir au bonheur ; ce sont des conseils de *prudence*. L'impératif catégorique énonce les commandements de la *morale*.	46

TABLE DES MATIÈRES

	Pages.
Les préceptes de l'habileté, de même que les règles de la prudence, ne sont, au fond, que des conseils. On peut toujours, en s'affranchissant de la fin, se dispenser de prendre les moyens d'y parvenir. Au contraire, seul, l'impératif catégorique est une loi, parce qu'il commande sans condition.	49
Formule de l'impératif catégorique: Agis d'après une maxime telle que tu puisses vouloir que cette maxime devienne une loi universelle de la nature.	52
Application de cette formule aux différentes classes de devoirs.	54
La formule du devoir n'est pas dérivée des propriétés particulières de la nature humaine.	59
L'impératif catégorique ne peut proposer à la volonté qu'une fin absolue, une *fin en soi*, et non une fin relative. Or, seul, l'être raisonnable et la personne humaine, en tant qu'être raisonnable, est une fin en soi. D'où la seconde formule de l'impératif catégorique: Agis de telle sorte que tu traites l'humanité, tant en ta personne qu'en la personne d'autrui, toujours comme une fin, et que tu ne la considères jamais comme un simple moyen.	62
L'autonomie de la volonté. L'impératif catégorique ne se conçoit que si nous sommes les auteurs de la loi à laquelle il nous ordonne d'obéir. Cette propriété qu'a l'être raisonnable de n'obéir qu'à une loi dont il est le législateur, est l'*autonomie* de la volonté. .	67
Le *règne des fins*. - L'ensemble de toutes les volontés législatrices constitue une sorte de système, analogue aux règnes de la nature, qu'on peut appeler un règne des fins.	70
Dignité de l'être raisonnable. — Dans un règne des fins, les choses ont un certain prix. Mais les personnes seules ont une dignité, parce que, seules, elles sont législatrices. L'autonomie de la volonté est donc le principe de la dignité de l'être raisonnable.	72
Examen des différentes formules du principe de la morale	75
De même que l'autonomie est la source du véritable principe de la morale ; de même, l'hétéronomie de la volonté est le point de départ de tous les faux systèmes	79

TROISIÈME SECTION
Passage de la métaphysique des mœurs à la critique de la raison pratique.

	Pages.
Sommaire.	85

EXTRAITS

La notion de liberté est la clef de l'explication de l'autonomie de la volonté.

L'idée de liberté peut être définie de deux manières : au sens négatif, la volonté est libre quand elle agit indépendamment de toute cause étrangère à elle ; au sens positif, la volonté est libre quand elle est autonome. 86

On doit supposer chez tous les êtres raisonnables la liberté comme une propriété de leur volonté.

On doit considérer comme libre un être qui ne peut agir que sous l'idée de la liberté. 87

De l'intérêt qui s'attache aux idées de la moralité.

Puisque l'idée du devoir exclut toute idée d'intérêt, comment expliquer que l'homme doive se soumettre aux règles de la morale ? 88

L'homme est un composé de deux natures. Par sa nature raisonnable, il appartient au monde intelligible ; par sa nature sensible, il appartient, comme le reste de l'univers, au monde des phénomènes. Comment l'être sensible, dont tous les sentiments et tous les actes sont rigoureusement déterminés par la causalité des lois de la nature, peut-il obéir à l'impératif catégorique, dont le principe est l'autonomie de la volonté, c'est-à-dire la liberté ? 91

Comment un impératif catégorique est-il possible ?

L'impératif catégorique est possible, parce que le monde intelligible contient en lui le principe du monde sensible et, par suite, de toutes les lois de ce monde. . 95

De la limite extrême de toute philosophie pratique.

La raison nous affirme donc que nous sommes libres ; mais elle dépasserait ses limites, si elle prétendait nous donner la perception ou le sentiment de notre liberté 100

MÉTAPHYSIQUE DES MŒURS

Éléments métaphysiques de la doctrine de la vertu.

EXTRAITS

	Pages.
Introduction à la doctrine de la vertu.	103
Explication de l'idée d'une doctrine de la vertu. . . .	104
Des raisons que nous pouvons avoir de concevoir une fin qui soit en même temps un devoir.	105
Quelles sont les fins qui sont en même temps des devoirs ?	106
Ces fins sont au nombre de deux : *A.* Du perfectionnement de soi-même.	107
B. Le bonheur du prochain.	108
La première condition de la vertu c'est l'empire sur soi-même.	110
La vertu suppose nécessairement l'*apathie* (absence de passion), considérée comme une force.	111

DOCTRINE ÉLÉMENTAIRE DE LA VERTU

LIVRE PREMIER

Des devoirs envers soi-même, en général. — 113

Des devoirs de l'homme envers lui-même autant qu'être moral.	113
Du mensonge.	113
De l'avarice.	116
De la bassesse.	117
L'homme n'a de devoirs qu'envers l'homme ; ses prétendus devoirs envers d'autres êtres ne sont que des devoirs envers lui-même	120

LIVRE II

Des devoirs de vertu envers les autres hommes.

Division en devoirs d'*amour* et devoirs de *respect* . .	122
I. Du devoir d'aimer son prochain en particulier.	124
Division des devoirs qui procèdent de l'amour du prochain	125
A. Du devoir de bienfaisance.	126
B. Du devoir de reconnaissance.	127
C. La sympathie, d'une manière générale est un devoir.	129

II. Des devoirs de vertu qui procèdent du respect qu'on doit au prochain.	131
Des vices qui portent atteinte au respect dû aux autres hommes. Ce sont *l'orgueil*, la *médisance*, la *raillerie*.	135
A. L'orgueil.	135
B. La médisance	136
Conclusion de la doctrine élémentaire de la vertu. C'est dans *l'amitié* que sont unis le plus étroitement l'amour et le respect du prochain.	137
Des vertus de société.	141

MÉTHODOLOGIE

De l'enseignement de la vertu.	143
Fragment d'un catéchisme moral.	147

CRITIQUE DE LA RAISON PRATIQUE

SOMMAIRE. 150

Objet de ce traité.

Division. — Comment la raison peut-elle déterminer la volonté? Est-ce par elle-même ou par l'intermédiaire d'un sentiment?

Division. — L'examen de cette question est l'objet de l'Analytique de la Raison pure pratique.

2. — Pour admettre l'existence du souverain Bien, la raison se croit autorisée à affirmer certaines idées auxquelles il ne lui paraît pas possible de renoncer. L'examen de cette question est l'objet de la Dialectique de la Raison pure pratique.

3. — Le traité se termine par une Méthodologie. . . . 150

DOCTRINE ÉLÉMENTAIRE DE LA RAISON PRATIQUE

ANALYTIQUE DE LA RAISON PURE PRATIQUE

Des principes de la raison pure pratique.

SOMMAIRE. 152

EXTRAITS

La volonté est la faculté d'agir par des principes. Ces principes peuvent être des maximes ou des lois. Y a-t-il des lois de la volonté?. 153

TABLE DES MATIÈRES

Pages

Les principes sont formels ou matériels. Les principes matériels sont ceux qui donnent à la volonté, pour principes de ses déterminations, un objet de désir. — De tels principes ne peuvent être qu'empiriques et, par suite, ils ne peuvent fournir de lois pratiques 156

Tous les principes matériels se ramènent, en dernière analyse, à la recherche du bonheur 157

Les plaisirs, si délicats qu'on les suppose, ne correspondent jamais qu'à une faculté de désirer inférieure. La faculté de désirer supérieure est la volonté, et ne peut être déterminée que par la raison. Il suit de là que la loi de la volonté ne peut être un principe matériel; mais qu'elle est nécessairement un principe formel 158

La recherche du bonheur est une loi de notre nature, mais elle ne peut pas être la loi de la pure volonté. Elle ne peut fournir que de simples maximes, mais non un principe objectif du libre arbitre 162

La loi de la volonté ne peut être qu'un principe formel, et non un principe matériel, puisque cette loi doit être universelle 165

Une volonté dont la loi ne peut être qu'une loi formelle est une volonté libre 168

Réciproquement, une volonté libre ne peut avoir d'autre loi qu'une loi formelle 169

La connaissance de la loi est ce qui nous permet de connaître notre liberté 170

Formule de la loi : *Agis de telle sorte que la maxime de la volonté puisse toujours valoir en même temps comme principe d'une législation universelle* 171

La volonté humaine n'est jamais assez parfaite pour se conformer de tout point à la loi; cet état serait la *sainteté*. Mais elle peut et doit tendre à se rapprocher indéfiniment de la loi; cet état est la *vertu* . . 171

L'autonomie de la volonté est l'unique principe de nos devoirs; au contraire, toute hétéronomie est directement contraire à la moralité 173

Pour cette raison, le principe du bonheur personnel ne peut jamais être une loi pratique 175

La loi pratique n'est pas non plus dérivée d'un sens moral particulier 176

Du concept d'un objet de la raison pure pratique.

	Pages.
SOMMAIRE.	183

EXTRAITS

Les seuls objets de la raison pratique sont le bien et le mal; mais la connaissance de ces deux notions dérive de la connaissance de la loi morale; elle ne la précède pas	183
Il y a opposition entre le bien moral et le bien physique; la langue allemande exprime cette opposition par des mots différents.	185
L'objet véritable de la raison n'est donc pas le bien physique	187

Des mobiles de la raison pure pratique.

SOMMAIRE.	188

EXTRAITS

La loi morale, pour déterminer la volonté, ne peut avoir recours à aucun mobile étranger à elle-même	189
Pour que la loi morale agisse en nous, il faut qu'elle-même devienne l'objet immédiat d'un sentiment. Ce sentiment est le *respect*.	190
Analyse du respect. Le respect est distinct de la crainte, de l'affection, de l'admiration; il est la soumission à la loi	196
La moralité consiste dans le respect de la loi, et non dans le goût que nous inspire la vertu.	200
L'origine de ce sentiment du respect est dans *notre personnalité*, c'est-à-dire dans notre liberté, et dans l'indépendance, où nous sommes, en notre qualité d'êtres intelligibles, par rapport au mécanisme de la nature	203

Justification critique de l'analytique de la raison pratique.

SOMMAIRE.	209

EXTRAITS

Les principes de la moralité sont les principes mêmes de la raison pratique. En effet, la raison pratique

TABLE DES MATIÈRES

Pages.

exclut de ses déterminations tout sentiment de plaisir et n'admet qu'un seul mobile : le respect pour la loi 209

SOMMAIRE. 211

EXTRAITS

La moralité ne nous interdit pas de chercher notre propre bonheur, pourvu que cette recherche ne nous porte pas à agir contrairement au devoir; mais la recherche du bonheur ne peut jamais être la source de la vertu 211

SOMMAIRE. 213

EXTRAITS

La moralité n'est possible qu'autant que l'homme est libre. Et pourtant notre conduite est déterminée par notre caractère, et notre caractère lui-même est déterminé par les lois inflexibles de la nature. Solution. Notre caractère empirique est déterminé, sans que nous puissions savoir comment, par notre caractère intelligible. De sorte que notre moralité tout entière est notre propre ouvrage. 214

DIALECTIQUE DE LA RAISON PURE

SOMMAIRE. 218

EXTRAITS

La dialectique de la raison pure pratique a pour objet l'examen de la légitimité de certaines propositions, qui ne sont pas susceptibles de démonstration, mais qui sont impliquées par la morale (Kant appelle ces sortes de propositions des postulats de la raison pratique). Ces postulats sont: l'immortalité de l'âme, l'existence de Dieu, la liberté 218

De la dialectique de la raison pure dans la détermination de l'idée du souverain Bien.

SOMMAIRE. 219

EXTRAITS

Le souverain Bien consiste dans l'union parfaite de la vertu et du bonheur. Mais la vertu et le bonheur ne

Pages.

sont pas, comme l'ont cru les anciens, deux éléments dont l'un est impliqué dans l'autre. Ce sont deux éléments d'espèce différente 219

L'antinomie de la raison pratique.

Sommaire 223

EXTRAITS

Sur les rapports de la vertu et du bonheur, les anciens ont soutenu deux thèses opposées. Pour Epicure, le désir d'être heureux conduit nécessairement l'homme à la vertu. Pour les stoïciens, la conscience d'être vertueux, c'est le bonheur même, et il n'y en a pas d'autre. 223

Solution critique de l'antinomie de la raison pratique.

Sommaire. 225

EXTRAITS

La première thèse est absolument fausse : car, ou bien, elle implique une contradiction : on n'est pas vraiment vertueux si l'on n'accomplit son devoir qu'*afin* d'être heureux ; ou bien elle renferme un cercle vicieux : on donne au mot bonheur une acception particulière ; on le fait consister uniquement dans le contentement de soi, dans les satisfactions de la conscience. Or, les satisfactions de la conscience supposent déjà la vertu. La seconde thèse n'est vraie qu'en partie. Sans doute, la vertu produit le contentement de soi-même. Mais il s'en faut que ce sentiment, tout négatif, nous procure tout le bonheur auquel la vertu a droit 225

De l'immortalité de l'âme, considérée comme un postulat de la raison pure pratique.

Sommaire 233

EXTRAITS

La loi morale prescrit à l'homme de tendre à la sainteté. Mais la sainteté, pour un être fini, ne peut être conçue que comme un progrès, allant à l'infini, vers une parfaite conformité des intentions avec la loi morale. Or, la notion d'un tel progrès implique la persistance indéfinie de la personnalité, c'est-à-dire l'immortalité de l'âme. 233

De l'existence de Dieu, considérée comme un postulat de la raison pure pratique.

Sommaire. 237

EXTRAITS

La réalité du souverain Bien exige l'existence d'une cause suprême de toute la nature, distincte de la nature même, et qui serve de principe à l'accord de la vertu et du bonheur. 237

Des postulats de la raison pure pratique.

Sommaire. 241

EXTRAITS

Les postulats de la raison pratique ne sont pas des dogmes théoriques, mais des hypothèses *réclamées* par la loi morale. 241

Que les facultés de l'homme sont sagement appropriées à sa destination pratique.

Sommaire. 244

EXTRAITS

Il semble qu'en nous refusant la connaissance réelle de l'existence d'un Dieu rémunérateur et de la vie future, la nature nous ait traités en marâtre. Mais une telle connaissance mettrait obstacle à la moralité, qui exige que nous obéissions à la loi sans crainte et sans intérêt. 244

MÉTHODOLOGIE DE LA RAISON PURE PRATIQUE

Sommaire. 247

EXTRAITS

Tous les préceptes à suivre dans l'enseignement de la morale se ramènent au suivant : Pour enseigner la

vertu, il ne faut pas faire appel à d'autre sentiment
qu'au respect de la loi morale. 247

Sommaire. 256

EXTRAITS

1. On enseignera d'abord aux enfants à reconnaître, dans des exemples, quelles sont les actions conformes au devoir et aux différentes sortes de devoir.
2. On leur enseignera ensuite à juger les actions pour savoir si elles ont été faites *en vue de la loi morale*.
3. De là on s'élèvera à la notion négative de la liberté; on montrera qu'en obéissant au devoir, l'âme s'affranchit de la domination des passions et des besoins.
4. Enfin, on atteindra à la notion positive de la liberté, et l'on montrera que la loi morale nous fait éprouver, par la conscience que nous prenons de notre liberté quand nous lui obéissons, un sentiment de *respect pour nous-même*. C'est sur ce respect de soi-même que peuvent être greffées toutes les bonnes intentions. 256

CONCLUSION

Sommaire. 260

EXTRAITS

La contemplation du ciel étoilé au-dessus de nous, la contemplation de la loi morale en nous, remplissent l'âme d'admiration et de respect. Toutefois, ces deux sentiments n'ont pas suffi à préserver de l'erreur ni la science, ni la morale. Les progrès de la science n'ont été assurés que du jour où l'utilité d'une méthode a été reconnue. Il doit en être de même pour la morale. Sans doute, dans ses applications, la morale doit être à la portée de tous. Mais la critique des principes doit précéder ces applications. Cette étude sera désormais une science, dont la philosophie doit rester la gardienne. 260

Paris. — Imp. Alcide PICARD et KAAN, 192, rue de Tolbiac. — 13-3-1906.

www.ingramcontent.com/pod-product-compliance
Lightning Source LLC
Chambersburg PA
CBHW050643170426
43200CB00008B/1131